Minzu University of China
UNDERGRADUATE TEACHING RESEARCH
中央民族大学本科教学研究
第十二辑

加强教学建设 提高人才培养质量

JIAQIANG JIAOXUE JIANSHE
TIGAO RENCAI PEIYANG ZHILIANG

鄂义太 陈理 主编

中央民族大学出版社
China Minzu University Press

图书在版编目（CIP）数据

加强教学建设 提高人才培养质量：中央民族大学本科教学研究．第十二辑/鄂义太，陈理主编．—北京：中央民族大学出版社，2012．11

ISBN 978－7－5660－0336－2

Ⅰ．①加… Ⅱ．①鄂… ②陈… Ⅲ．①高等学校—民族学校—教学研究—文集 Ⅳ．①G759．2-53

中国版本图书馆CIP数据核字（2012）第283579号

加强教学建设 提高人才培养质量

——中央民族大学本科教学研究/第十二辑

主　　编　鄂义太　陈　理
责任编辑　满福玺
封面设计　汤建军
出 版 者　中央民族大学出版社
北京市海淀区中关村南大街27号　邮编：100081
电话：68472815(发行部)　传真:68932751(发行部)
68932218(总编室)　68932447(办公室)
发 行 者　全国各地新华书店
印 刷 厂　北京宏伟双华印刷有限公司
开　　本　787×1092（毫米）　1/16　印张：22．125
字　　数　382千字
版　　次　2012年12月第1版　2012年12月第1次印刷
书　　号　ISBN 978－7－5660－0336－2
定　　价　56．00元

目　录

教育教学理念

教学研究与改革

课程建设

教学管理研究

教育教学理念

高校就业教育的导向性研究

严奉姬

随着教育事业的不断发展，每年有数百万名的高校毕业生走向社会，这个庞大的人力资源的合理流向，对中国经济和社会的持续发展战略起着举足轻重的作用。现在的中国仍是人口众多、地区间发展很不平衡、城乡差距很大的发展中国家。一个地区的经济和社会发展终究是要靠人的素质，通过人才资源的合理分配来解决。目前，高校毕业生就业实行“双向选择、自主择业”的制度，去什么地方、选择什么工作由学生自己决定。但作为教育部门，高校毕业生就业教育应该贯穿从国家经济和社会发展大局出发选择就业地区和工作岗位的原则，鼓励毕业生到基层和西部需要开发的地区，鼓励毕业生创业创新求发展，为国家经济和社会发展战略服务。

高校就业教育要正确引导和鼓励学生走向最需要他们的地区就业。最需要高校生的地方往往是人才最缺、经济文化最落后，同时又是发挥人才作用最大、发展潜力最大的地方。从全国来说，相对落后的地方是中西部地区和广大农村，教育普及程度不高，环境艰苦，生活水平低；但另一方面自然资源丰富，尚待开发的项目很多，投资经营成本低，发展机遇多。所以可以说，也是高校毕业生最初创业和事业起步可选的地方，是较为容易从经济地位和社会地位上更高层次提升自己的地方。

中国经济和社会要持续发展，挖掘中西部地区和广大农村的发展潜力是关键问题之一。2012 年 2 月 20 日，国务院批准了国家发展和改革委员会《西部大开发“十二五”规划》。《规划》按照中央关于到 2020 年西部地区要实现综合经济实力上一个大台阶、人民生活水平和质量上一个大台阶、生态环境保护上一个大台阶的总体要求，在综合经济、基础设施、生态环境、特色产业、公共服务、人民生活、改革开放七个方面提出了西部大开发“十二五”时期的奋斗目标。主要包括：区域经济增速和城乡居民收入增速“双高于”全国平均水平，新增铁路营业里程 1.5 万公里，森林覆盖率力争达到19%左右，单位地区生产总值能源消耗下降15%左右，单位工业增加值用水量降低30%，九年义务教育巩固率达到90%以上，城镇化率超过45%等。并指出，为西部地区重点城市每年培训培养当地经济建设急需的高层次管理类人才2万人；为远贫困地区、边疆民族地区和革命老区每年重点扶持培养1万名急需的教师、医生、科技人员、社会工作者、文化工作者紧缺专业技术人才。实现上述西部大开发规划目标，要靠大量的人才培养和引进。通过高校毕业生就业教育，使学生了解各地区的发展规划，了解什么地方最需要自己、最适合自己发挥作用，由此选择职业，规划生活目标，为当地经济和社会发展做贡献。

高校就业教育要正确引导和鼓励学生走向基层，锤炼自己德才兼备。所谓基层单位是指科研和生产第一线。提倡到基层就业是因为：一方面基层单位缺少受高等教育的各类专业人才，高校毕业生容易专业对口学以致用，能发挥骨干作用，有较大的发展潜力和空间；另一方面通过与广大工人、农民和基层干部的接触，通过艰苦环境的磨炼，有利于大学生树立大局观念和群众观念，提升政治觉悟和道德水平。温家宝总理在《同南开中学的师生们谈心》时说过："一个领导者最重要的是要懂得民情、民心、民意，而民心向背决定政权的存亡……在中国不懂得穷人，不懂得农民和城市贫困阶层，也就不会懂得穷人的经济学，更不可能树立穷人的教育观……政府是穷人最后的希望，民众的贫穷是政府最痛心的事。"① 中组部2012年1月6日《关于做好2012年高校生村官选聘工作的通知》中指出，计划2012年新增中央财政补助名额4.86万名，吸引更多优秀毕业生到村任职，推进实现"一村一名高校生村官"的目标。今后从有基层工作经验的人员中聘任各类人才已经成为我国人才聘任的基本制度，报考公务员的人员"必须具备相应的基层和生产一线工作经历"已经成为国家以及地方各级公务员报考的必备条件。

高校毕业生到基层，到工厂农村，到艰苦的地方磨炼自己，不仅是当地经济建设和社会发展的需要，又是继承社会主义事业的政治需要。只有经过基层锻炼，才能了解民情、民心、民意，才能锻炼解决实际问题的能力。中央民族大学法律系毕业生祝德光1997年放弃留在大城市工作的机会，主动申请到国家级贫困县贵州省赫章县参加工作。1999年，祝德光主动向组织申请，到贫困乡古达苗族彝族乡任乡长助理，在任乡长助理的一

① 《光明日报》，2011年10月29日。

年间，踏遍全乡75个自然村寨的山山水水，高质量地完成了全乡扶贫调查工作，并组织为100多户农村无房户修建了住房。于2001年担任该乡副乡长，分管人口与计划生育、教育和卫生等工作。在工作中认真推行人口与计划生育政策，使人口出生率与自然增长率降到全县平均水平以下，获得全县第一名。2003年3月，因为工作业绩突出，被选为赫章县人大常委会副主任。2006年8月，调任另一个国家级贫困县贵州省威宁彝族回族苗族自治县担任人民政府副县长，并分管农业和扶贫工作。他结合威宁高寒山区的实际，提出了“谷区果、山区薯、平地烟、高山畜、庭院禽、环路菜、草海积雨区及沟沟岔岔形成观光农业和茶药开发带”的农业产业发展思路。以全县特色优势农作物马铃薯与夏秋天然反季节蔬菜作为农业产业化生产经营的突破口，使贵州省威宁县跻身于全国四大马铃薯种植县之一，已把该县打造成“中国南方马铃薯之乡”，将该县马铃薯淀粉加工企业申报为省级龙头企业。仅此一项就使全县近120万人每年每人增收150元以上，为产业化扶贫创出了新路。他被选为第十一届全国人民代表大会代表。

高校就业教育要正确引导和鼓励学生敢于创业，学以致用，练就本领。提倡创业，有利于解决就业，减少失业率，减少闲杂人员，稳定社会；有利于发挥个人才干和创新能力，为社会创造更多财富，同时将自己磨炼成为德才兼备的社会骨干。鼓励创业，首先要解决观念问题。创业是有本事、有自信的表现，不是就不了业才创业。从某种意义上，创业比就业更需要决心和胆识，更需要聪明才智。鼓励创业，要给予正确的指导，使学生树立依法经营和诚信意识，这是他们政治上健康成长、事业上由小到大的根本保障。创业初期，要对困难和挫折甚至失败有充分的思想准备，要学会冷静地分析问题和解决问题，要有毅力和耐心，防止冲动和盲目。要为学生讲授经营管理知识和方法。要明智地选好适合自己的项目，不要看不起小项目，要量力而行，不能只求规模大，不能想一口吃胖，否则会前功尽弃。要使学生树立创新和竞争意识。要有眼光，要经常注意市场行情和趋势，不断创新技术，研发新产品，提升竞争力，适应发展潮流。1998年毕业于中央民族大学的匡俊英被分配到一家事业单位，可以过着无忧的生活。然而，他却满怀雄心壮志地寻找自主创业的门路。他认真分析自身的情况后认为，自己刚出校门，对图书行业比较熟悉，打算开一家书店。但解决创业资金和销售地点是令他最头疼的难题。经过一段时间的调查，他发现北京高校的学生每年军训结束后，把迷彩服、军鞋都扔到垃圾箱里。于是，他跑遍北京高校以低价统一购进军训服装，然后转卖给建筑工地的工人，经过两年多的奔波赚得了几万块的创业资金。2000 年春天，他用这些经费在北京西郊租房成立了“北京万国经典书城”，但由于地处偏僻，来往顾客少，书城经营困难重重。为了让外界知道万国书城，他向社会各界发送大量邀请函，还与一些单位搞文化共建。他本着“送书培养人们读书兴趣，培育购书市场”的理念，建立学习沙龙，把图书免费赠送一些单位和读者。当人们享受到他赠送的书籍，畅游在知识的海洋中时，渐渐记住了这个坐落在偏僻的西郊的万国经典书城。随着顾客的增多，书城经营日益火爆。在创业初期赠书过程中匡俊英体会到了书城的价值和奉献的乐趣。匡俊英累计向社会捐赠价值 1.36 亿元的图书。2008 年他获得“中华慈善奖”最具爱心慈善捐赠个人，2009 年被评为“中国十大慈善家”之一。在企业自身的发展壮大与回馈社会、投身公益事业之间，匡俊英找到了一个完美的结合点。

创业的人是处在最基层的人，最能了解老百姓的生活和疾苦，他们最能从实践中体验到创业的艰辛，最有可能将自己锤炼成为思想觉悟高、道德高尚，有胆有识的经济和社会高层管理人才。

去国家最需要的地方建功立业，磨炼自己，才能补上高校毕业生缺乏实践经验的“先天不足”和不能深入基层的“水土不服”现象，才能把自己培养成理论联系实际，做到能上能下，能说能干的适合新时期需要的全面发展的人才。

（作者单位：法学院）

浅析外语网络自主学习中的学生行为模式：以新视野系统为例

王向华　马明胜

一、引　　言

当今社会是一个高度信息化的社会，人们获取知识不再局限于书本和课堂，通过自主且有目的的学习，借助日益发达的网络环境，就可以足不出户地获取有益于自身发展的信息。网络化的浪潮也席卷了大学的校园，如今的大学课堂虽然仍以课堂教学为主，但网络化的学习方式也得到了长足的发展，通过引入专业化的教学辅助系统，可以有效减轻老师的备课负担，而网络特有的交互式学习也可以部分缓解课堂的枯燥，在高校基础课程教学，特别是大学英语教学中可以有效增加同学的课外学习途径，提升同学的外语听说技能。

在传统心理学理论中，某一类问题的反复出现背后必然有某种规律在悄然支配，把分析解决某类问题的方法总结归纳到理论高度，就出现了模式这一说法。在一个良好模式的指导下，有助于任务的顺利完成，有助于做出一个优良的方案，从而达到事半功倍的效果，而且可以有效利用前人的成熟经验，得到解决问题的最佳办法。同学在自主学习的过程中会明显带有个人习惯印记，而群体中的个体又常常会受到群体行为潜移默化的影响。一般而言，人的行为可分为四个层次，即被动性行为、自发性行为、自觉性行为和自动性行为。这四个层次是依次递进的，实际上也是个人行为习惯形成的四个阶段，到最后一个行为层次即自动性行为阶段时，也就是习惯已经形成时，也就可以说有了一定的行为模式存在，本文试图通过对新视野系统中的用户（老师和学生）使用记录数据进行分析，找出其中的规律和行为模式，进而思考有针对性的解决方法，使自主学习系统得到更为充分的利用，师生更好地从中受益。

二、新视野系统简介

大学英语新视野系列教程是由外语教学与研究出版社出版发行的一套国家十一五规划教材，该系统是基于 PHP/MYSQL 的 B/S 架构的网络自主学习系统，在客户端的浏览器中安装相应的录音及语音识别插件后，即可连接局域网内服务器端进行自主学习，该系统提供了较为完备的习题集和辅助练习项目，对学生的听说能力培养大有裨益，采用了交互式学习方法，可有效替代传统的英语听说课程，为任课老师节省了大量的时间，任课老师只需在有网络连接的客户端上登陆该系统即可完成对同学学习任务的分派、监督、指导等常规学习过程，与以往所使用的 C/S 架构的英语学习系统（如体验英语、交互英语）相比，操作上要更为简便，所提供的管理系统也便于监控学生的学习情况，帮助老师制定教学进度。

当前系统中共有 2010 级 36 个班级约 2000 人，2011 级 41 个班级约 2000 人，分别按照学期进行大学英语新视野 1、2、3、4 级的网络学习。

三、心理及行为模式分析

（一）系统记录数据类别

新视野系统提供了学生及任课老师的多项统计数据，包括以月为单位的在线时间、登录次数等信息，并对其中的部分信息进行了简单的图表统计，下表（表 1）为系统提供的数据类别的简单统计，从这些统计数据中可以发现同学对这套系统的使用情况。

本研究所使用数据均来自新视野系统中记录的信息，并且以 2010 级部分班级及老师的使用记录为研究对象，从中选取了 2011 年（3 月至 6 月，9 月至 12 月）的系统记录进行了分析，在综合对比之后总结出了部分学生的部分学习行为特征。

表1　新视野管理系统记录数据类别类别

类别	统计内容
学生	在线时间总计
	在线时间月统计
	人均在线时间月统计
	在线时间日统计
	人均在线时间日统计
教师	在线时间总计
	分账户在线时间统计
	在线时间月统计
	人均在线时间月统计
	在线时间日统计
	人均在线时间日统计
班级	在线时间总计
	人均在线时间
	个人在线时间最长
	总计登陆次数
	人均登陆次数
	个人登录次数最多

（二）心理及行为模式分析

1. 厌学心理及完成任务心态作祟

近些年来，新“读书无用论”甚嚣尘上，这直接影响到了大学生的学习动力和方向，因而厌学心理在学生群体中也较为常见。所谓厌学心理是指学生对学习不能满足自己的需要而产生的一种不满意甚至厌烦的情绪，是学习兴趣、态度、意志、动机、信念等受到损伤而形成的一种对学习生活的扭曲的情感。从图1和图2可以看出，学期末（6月份和12月份）无论是师生的平均登录次数，还是在线时间等在一学期中的增长是最为明显的，从系统记录数据来看，基本上相当于前三个月的总和，这就可以说明，有相当多的学生对网络学习兴趣不够，平时不认真努力，而是在期末时突击进行，对自我要求不高，学习目的不明确，缺乏动力，抱着混文凭和“60 分万岁”的态度，不安心、不用心去学习，从而导致了期末蜂拥而至去完成任务以获得相应成绩的状况尤为突出，而老师的相应记录也间接反映了这一问题。

表 2　学生在线时间月统计（去除了 1 月、2 月和 7 月、8 月的数据）

1	月　份	3	4	5	6	9	10	11	12
2	使用过系统的学生人数	1583	1293	1308	1675	1235	1807	2772	3265
3	学生注册用户在线时间总计	6069.67	4065.91	5101.42	13366.55	2141.39	4131.27	13681.83	30387.66
4	平均每人在线时间（约）为	3.83	3.14	3.9	7.98	1.73	2.29	4.94	9.31
5	单个学生最长在线时间	41.28	42.09	77.69	84.89	29.48	43.23	42.5	126.28
6	学生登录次数总计	9483	5904	6689	15280	4939	6987	19018	34269
7	平均每人登录次数（约）为	6	5	5	9	4	4	7	10
8	个人最多登录次数	35	38	31	58	46	33	47	90

表 3　教师在线时间月统计（去除了 1 月、2 月和 7 月、8 月的数据）

1	年　月	3	4	5	6	9	10	11	12
2	使用过系统的教师人数	18	7	7	11	12	16	18	19
3	在线时间总计	6	7.2	8.15	18.66	8.96	12.26	13.59	28.7
4	平均每人在线时间（约）为	0.33	1.03	1.16	1.7	0.75	0.77	0.76	1.51
5	单个教师最长在线时间	2.12	3.8	2.1	3.75	2.38	2.75	2.28	6.67
6	登录次数总计	74	38	37	73	58	74	96	144
7	平均每人登录次数（约）为	4	5	5	7	5	5	5	8
8	个人最多登录次数	19	15	10	15	18	12	12	23

2. 从众心理广泛存在

从众心理在我们的社会生活中广泛存在，尽管不同的定义在表达上有所差异，但其实质并无差别。从众是指个体在群体影响或者潜在压力下，改变自我的判断、信仰或行为，使之与群体中的大多数人相一致的一种倾向。在日常生活中，参照群体、群体性规范与群体性压力是广泛存在的，个体在受到群体的暗示或提示时，会被引导做出群体要求或期待的行为。在网络学习过程中，以宿舍或者班级为单位的集体或者集中学习的情况比较常见，从语音室开放的记录来看，大致是每天的10点钟和下午4点钟机房会有较多的同学来进行自主学习，而这些学生大部分是一个班或者在一起刚上完课的学生，所以从众心理在学习时间安排上占了很大的比例，是较为典型的一种学习行为习惯。

3. 契约精神及互动性建设不足

现代社会正在逐渐向诚信社会、契约社会转变，契约社会大致有以下四个特点：一是自主性，立约各方不受干预和胁迫，享有签订契约的自主权。同学入校学习，就相当于和学校、老师等建立了契约，学生有责任努力学习，学校有责任创造学习条件，老师有责任认真教书育人；二是平等性，契约的内容是双方或多方通过协商而确定的，基于平等并力图体现平等；三是统一性，契约因各方拥有相同目标而建立权利义务关系；四是自觉性，契约生效后，契约执行依靠的是各方的自觉履行。基于平等关系、实行契约管理是一个社会民主、文明的标志。契约又可分为文本契约和心理契约。文本契约实行的是制度管理和刚性管理，心理契约实行的是人本管理和柔性管理。在现代社会管理中，采用柔性的心理契约管理可以弥补刚性管理的不足，能达到事半功倍的效果。

用契约理论来分析指导外语课外自主学习，就能够发现其中存在的一些问题，学生在前期选择学习内容时基本没有参与权，学习系统原则上由相关教研室考察后确定，在此期间同学没有足够的参与权与知情权，也无法提供自己的想法；在课外学习的内容方面，具体的学习任务由任课老师来指定，学生也缺乏自主性。学生学习兴趣不高还与缺乏统一性和自觉性有关，因而如何在老师与学生之间建立一种心理契约应该是需要研究解决的一个问题。

从表2和表3可以看出，在任课老师经常登录（以在线时长来衡量）监督学生学习的情况下，学生的学习积极性也相应会提高（以班级总计时间来衡量），这表现为学生最长个人在线时间和班级总计时长均在一个较高的水平上，从中看到的是师生之间的良好的互动氛围，学生们积极学习，老师认真监督和指导；反之，如果任课老师经常不登录（通常在线时长为零），自然而然的监督就会少一些，给学生的感觉就是这样的学习并不重要，表现在系统记录中就是班级总计时长等维持在一个相对较低的水平，从这些数据大致可以看出，师生之间是可以通过网络互动来互相影响的。因此，营造良好的互动氛围是提升学生的学习兴趣和积极性的重要手段，在自主学习过程中，如果老师不认真监督，学生很可能也就不重视，自然也就不会投入太多的时间来进行自主学习。由此看来，自主学习过程仍需要老师适当的参与，尤其需要老师做好督促工作，合理安排学习进度，以增进学生学习的积极性。

表4　3月份部分数据

教师账号	在线时长（小时）	登录次数总计	负责班级	班级总计时间（小时）	最长个人在线时间
01	2. 12	10	78	115. 91	13. 15
			62	161. 52	14. 21
			71	169. 51	18. 12
02	1. 13	19	58	162. 38	11. 76
			67	172. 97	13. 81
			76	211. 68	16. 29
15			59	78. 95	12. 79
			70	55. 44	6. 08
16			49	194. 74	16. 95
			59	78. 95	12. 79
			61	115. 32	17. 45

表5　6月份部分数据

教师账号	在线时长（小时）	登录次数总计	负责班级	班级总计时间（小时）	最长个人在线时间
04	3. 75	9	57	425. 13	26. 32
			65	420. 47	23. 84
			75	543. 43	24. 93
05	3. 5	9	51	307. 78	32. 48
			52	503. 22	44. 55
			53	476. 63	16. 29

续表

教师账号	在线时长（小时）	登录次数总计	负责班级	班级总计时间（小时）	最长个人在线时间
10			56	261.98	28.35
			66	303.11	27.77
14			61	216.09	19.73
			63	253.89	14.39

说明：为保护个人信息，表2 和表3 中教师账号和班级均用数字代替，并且挑选了3 月份和6 月份的数据（其他月份数据类同），表中教师账号以在线时长为先后顺序进行排列，且只对排名前两位和后两位的师生数据进行了对比分析。

四、改进与建议

素质教育始终是高等教育追求的目标，增强学生的自主性，发挥学生的能动性是素质教育的根本，从我校外语自主学习的现状来看，我们还需要在以下方面进行努力：

（一）积极利用契约意识，适当引导学生参与

契约意识内涵十分丰富，其包含着责任意识、义务意识、诚信意识、权利意识、自我控制意识、自我约束意识等，其中诚信意识是灵魂，义务意识和责任意识是前提，权利意识是动力，自我约束意识和自我控制意识是保证。老师应该在日常的课上授课和课下监督中适当增加同学的参与度，使同学意识到自己也可以对学习的内容有一定的选择权，也有责任和义务把学习搞好，即使是课外自主学习也要加强自我约束和控制，不放任，不自弃，师生之间以期达到一种心理上的契约，共同提升学习质量。

（二）增强团队意识，形成从众心理的正面效应

高校在日常的管理中要尤为重视宿舍和班集体管理，积极营造奋发进取的学习氛围，授课老师更要重视学生小团体的建设。特别要注意营造积极、上进、民主的班级氛围，这样的氛围容易增进学生的归属感，使学生从情感上认同这个集体，以来自这个团体为荣，从而增加团体的凝聚力，

如果集体中的每一分子感到自己与集体的关系越密切，就越愿意采取与集体相一致的行为，并会自觉地为了维护集体的形象和利益而约束自己。学习过程也是如此，相对于松散的课外学习而言，成立小团体的作用也是显而易见的，通过在课堂上的小组讨论等方式就可以营造这样的氛围，小团体也可以形成大的集体，带动大家共同学习，不让自主学习变成“鸡肋”，而要让其成为培育良种的“沃土”。增强同学的听说能力，对他们日后的成长也是大有益处的。

（三）教会学生应对消极影响

生活中总会有消极的个人或者团体存在，大学中也如此。并不是所有的团体都是积极上进的。在每个人的生活中都会不可避免地要遇到消极的事物，许多学生就是因为面对同伴的消极压力时不知该如何处理而最终选择了盲从。学习也同样如此，面对错误的做法，应当有说“不”的勇气。在做人方面，首先应培养学生明辨是非的能力，再在这个基础上鼓励和训练学生敢于拒绝，善于拒绝，自觉抵制那些不良影响，树立正确的学习观。

（四）营造良好互动氛围

鲁迅先生在《呐喊》自序中曾经这样写道：“凡有一人的主张，得了赞和，是促其前进的，得了反对，是促其奋斗的，独有叫喊于生人中，而生人并无反应，既非赞同，也无反对，如置身毫无边际的荒原，是够手足无措的了，这是怎样的悲哀啊！”这段话深刻地说明了学习中缺乏互动的后果，缺少了必要的互动，也就没有了前行或奋斗的动力，网络学习中虽然不是面对面的交流，但透过网络同样可以感觉到一种无声的互动，这种源于师生之间的互动有助于相互了解，有助于学生端正学习态度，形成良好的学习方法。如果放任自流，缺乏互动，自主型学习将可能出现无人愿意学习的局面，但如果认真引导，积极营造良好氛围，师生都可以享受到网络化的便捷，老师减轻了负担，学生得到了锻炼，教学质量相应也就有了保证。

五、小　结

网络化的社会加快了我们的生活步伐，也给学习过程带来了很多的便捷，传统的课堂授课虽然仍不可少，但是充分发挥同学的能动性，积极利用课外时间进行自主学习，在师生之间形成良好的互动，也是提高学生能力的一个重要途径，教育教学质量的最终体现还是在我们的学生身上，自主型的学习在大学生学习生活中占据了很大部分，如何引导学生形成良好的自主学习的方式方法，充分利用课外时间，开阔视野，培养实用技能，仍然是提高教育教学质量需要考虑的问题。

课外自主学习过程是一个相对松散的过程，个人意志和习惯在其中占据了主导地位，如何把个人行为中好的一面向集体推广，如何形成好的自主学习习惯，就需要我们来研究自主学习中存在的模式，利用心理学的一些理论，对好的模式进行引导，对不好的一面进行思考和研究，努力营造好的自主学习氛围，有利于同学素质和能力的培养。

参考文献

[1] 孙玉文等：《关于大学生心理健康教育现状分析与对策》，载《商场现代化》2011年第21期。

[2] 顾红等：《高校心理契约式德育：人本德育的追索与超越》，载《现代教育科学》2011年第6期。

[3] 计铁园：《漫谈从众心理与大学生英语学习》，载《科技信息》2011年第31期。

[4] 黄鑫等：《心理模式：教学设计的新基础》，载《电化教育研究》2004年第9期。

（作者单位：教务处）

量子力学教学中深化创新性思维的培养①

杨玉平　邹　斌　张谷令

一、引　言

量子力学是在微观粒子波粒二象性基础上描述微观量子现象的学科。它是在物理学研究进入微观领域之后，传统的经典物理学理论无法解释许多新的实验现象的基础上发展起来的。同时，它又是许多现代物理学课程的基础，在物理学的发展史上起着承前启后的作用。量子力学基本思想及其前沿知识对于人们深化微观世界的认识与高科技接轨产生了深远的影响。

量子力学理论体系的形成是以打破经典物理观念为特点的，因此必须把基本概念、方法和规律等诸多的创新性清晰地展示给学生，使他们建立清晰的物理学图像。但是由于课程涉及的理论知识抽象，数学计算繁难，要求学习者必须具备坚实的经典物理学和数学基础。近几年，通过优秀课程"量子力学"的教学改革实践，我们本着夯实基础的原则，采用与时俱进的教学方法和教学理念，加强学生创新性思维和能力的培养，努力探索特色鲜明的教学模式，为提高教学质量不懈努力。

二、在基础教学中把握物理思想实质，渗透创新性思维

（一）利用量子力学发展史，加深对物理概念的把握

量子力学的发展几乎就是年轻人的天下，被人们戏称为"男孩物理

---

① 本文是2011—2013年度中央民族大学优秀课程"量子力学"、2012年度中央民族大学应用物理学专业综合改革试点项目和2010—2013年度中央民族大学素质教育通识课程"物理学与人类文明"的阶段性成果。

学”，为我们提供了很好教学素材去教育和激励学生。在量子力学教学中，适当介绍科学家获得伟大成就的史实，不仅能活跃课堂气氛，激发学生学习兴趣，而且使学生在学习物理知识的同时，深刻领悟到这些大师们所具有的创新思想，有助于学生理解和掌握科学研究的方法，培养学生严谨的治学精神及其创新的精神。另外，我们还从原始史料出发，对量子力学的建立和发展进行实事求是的分析，特别是对量子力学早期的实验现象、概念的提出和理论的发展进行完整的介绍。这样不但可以激发学生学习兴趣，促进研究性、探究性和人文教学，并能使晦涩、抽象的量子力学概念得到进一步的深化理解。在这方面，J. Mhra 和 H. Rechenberg 合著的五卷本 The Historical Development of Quantum Theory 以及曹天元所著的《上帝会掷筛子吗?》等书给了我们很大的帮助。

（二）创造实验情景，以实验和实践为基础深化量子力学的原理

由于量子力学主要研究微观粒子的运动规律，理论太抽象，许多量子现象和日常的生活不符合甚至相违背，因此在教学中教师必须强调量子力学首先是一门试验性的科学，应从实验事实去推理分析，不直接与主观经验联系，并时时将新的概念和结论与经典物理学的结果作比较，使学生能正确理解量子力学的基本概念，从而学会处理具体问题的方法，掌握量子力学的精髓。例如，在讲解物质粒子的波粒二象性时，可通过多媒体课件演示电子衍射实验表明粒子所具有的波动性和粒子性。当单电子发射时，屏幕上仅仅出现一个亮点，说明电子具有粒子性；当发射大量电子，最终在屏幕上出现电子的衍射条纹，说明了电子还具有波动性。又例如，通过 Matlab 编程实现线性谐振子、氢原子等微观粒子的波函数对应的三维概率分布，势垒的透射、反射现象和势阱的能级分布等，通过这种演示鼓励和辅导学生对量子力学中理解有困难的知识点以形象、直观形式展示出来，使学生更快的理解所学的新内容。另外，我们还充分利用学生的积极性和好奇心，对于一些存在 ague 的问题展开课堂实景教学。比如，在通过讲解电子双缝衍射实验得到波函数的态迭加原理时，就如何理解电子的波粒二象性时我们设计了一个精彩的情景剧，让两个同学分别扮演粒子和波，并进行争论，在毫无休止、不分胜负的争论中最终得出物质波的波粒二象性及其态叠加原理的真谛。

（三）“启发引导 + 研究讨论”的教学模式

将单纯的传授知识变成“传授知识 + 启发引导 + 研究讨论”的形式。

首先，我们根据教学目标、教学性质和学生的知识水平等特点，以启发引导的方式，进行课堂互动，对量子力学的基本概念和理论，进行深入的讨论和理解。对于一些与经典物理相悖的量子问题，往往通过诱导、反问等方式充分调动学生的思维主动性，引导他们自己找到正确的“量子观”；对于看似简单、实则隐含丰富量子理论的问题，我们往往提出一些非常规问题，让学生寻着固有的知识和思路，得出相反（或是错误）的答案，然后再点出其问题所在，找到正确的答案，这样可以让学生印象更深刻，理解更深入。

通过启发、引导的教学模式，增加教师和学生双方的互动，引导学生发现问题，设想解决问题的办法，锻炼和提高创新欲望和能力。在此基础上，还组织学生通过思考和讨论，自己掌握量子物理思想及其科学的世界观、方法论。曾经组织学生通过在课下阅读参考文献，以“二十世纪波尔和爱因斯坦的跨世纪之争”为题在课上展开激烈的讨论，通过此次讨论，不但激发了学生的兴趣，并且对量子力学理论及其本质含义得到了更深一步的理解和掌握，取得了很好的教学效果。另外，还采用“课堂独立作业”和“自编习题册”形式，考查学生独立理解、独立学习、独立完成作业的能力。

三、了解量子力学前沿进展，增强创新性思维

（一）量子理论新进展及其在现代科技中的应用

近年来，随着科学技术的不断进步及其在现代科技中的应用，量子力学理论在教学领域又有了新的进展。它开拓了一个高新技术时代，其前沿教学研究已将很多科技成果引入了实际教学中来。特别是物理学和物理实验技术的进展，已将很多量子力学中原来有争议的问题，通过实验得到证实；通过实验探讨一些基本理论，并做出图像，使我们在教学中对一些基本理论问题的理解和认识进一步深化，从而使学生对一些抽象问题的理解更加直观，更加准确。因此，在教学过程中，我们注重通过开设必要的窗口和接口，使学生及时了解本学科的前沿进展，对他们今后的学习、科研工作定会有所裨益。例如，在介绍德布罗意波长和波粒二象性时，适当引入了玻色-爱因斯坦凝聚的前沿课题，通过介绍玻色凝聚的实验条件来阐述波粒二象性，并且让学生估算玻色凝聚时原子的德布罗意波长；又如在

介绍无限深势阱的能级结构时，适当穿插近年来理论和实验都非常关注的量子阱（一维）、量子点（三维）和半导体超晶格的内容，以及在纳米技术和介观物理前沿中的应用等；又如在讲授势垒隧穿的内容时，引入高分辨扫描电镜的工作原理，并展示几张扫描电镜拍摄的介观图片，这对于有意向选择微电子技术和纳米材料作为研究生方向的同学来说大有益处。类似的，可通过增加相干态、压缩态、纠缠态、电磁感应透明现象、量子变换、量子相位、量子信息论等前沿知识作为量子力学前沿教学的接口，使学生较快进入这些领域。实践表明，学生对课程前沿内容有着浓厚的兴趣，会提出各种问题与教师进行探讨，从而也培养了学生的探索精神。

（二）重视教学与科研的有机结合

在量子力学教学过程中，作为教学主导教师不仅要传授知识，还担负着发现未知和培养学生探求新知能力的任务。教学内容与科研内容紧密结合，理论联系实际，把中央民族大学理学院部分教师的相关科研成果转化为课程内容，开阔学生的学术眼光和视野。又如：我院有相当一部分应用物理专业和光信息科学与技术专业的学生参加大学生创新性实践计划项目的研究，且以纳米结构半导体材料为研究对象，而半导体物理的基础是固体物理中的能带理论，固体物理的基础就是量子力学。另外，纳米结构半导体材料的许多新颖效应均和量子力学有关，比如量子尺寸效应等。还有，我们还结合科研项目和量子力学理论，给学生提供一些综合性的思考题，比如根据玻尔理论计算 ZnO、Si 等半导体的激子半径等，以提高学生综合运用理论知识去分析和解决实际问题的能力。

我们也鼓励学生结合 URTP 项目把量子力学涉及的问题作为期中论文来做，在学生选题时，有意识地引导学生在量子力学的相关理论及拓展方面进行考虑，让学生就感兴趣的问题进行相对广泛的调研，写出完整的综述报告，并且要求学生参考学术论文的写作规范，在选题、内容、格式和文献引用等方面进行仔细推敲。这样做既是为学生进行科学研究作铺垫，又能使之更深入地理解和掌握所学知识，培养较强的科学精神和创新意识。

（三）通过网络教学平台，定期发布量子力学前沿讲座

由于学生较多（一次授课约 90 人）、课时相对较少，所以我们充分利用网上交流平台，缓解了课堂教学资源的压力。我们除了在网上提前向学生发布上课使用的课件、教案、参考文献等素材，还定期将国内外量子力

学领域的最新理论研究以及技术应用更新到网站上，特别是将国内外的知名专家在中国科学院物理所、清华大学、北京大学等知名学府所做的报告ppt或是视频发布到网上。比如中国科学院理论物理研究所孙昌璞院士的“从宏观量子效应到固态量子计算”，加利福尼亚大学洛杉矶分校的“Transport measurements in Quantum Hall system（量子霍尔系统的传输性测量）”，南京大学知名教授、长江学者于扬的“超导量子比特测量”，清华大学薛其坤院士的“自旋电子学的基本问题研究”等，这都极大地提高了学生自主学习的积极性。另外，2011 年 11 月，我们还有幸邀请海外知名学者 D. Grischkowsky 教授为学生做学术讲座两次，通过专家的讲解，让学生了解科学前沿、量子理论在通信领域中和半导体器件量子化的实际应用情况以及将来的发展前景。

四、总　结

结合量子力学课程的具体特点，本文就如何综合运用量子力学史、多媒体课件模拟实验和启发式教学模式，在基础教学中渗透创新性思维；如何通过学术报告、教学网络平台和教学与科研结合等方式，联系量子力学前沿进展，对增强创新性思维的培养等问题进行了全方位的探讨，希望能够对培养学生的创造性思维有一定的促进和借鉴作用。

（作者单位：理学院）

民族院校思想政治理论课“多样一体”立体化分层教育教学模式探微

——以中央民族大学为例

邵士庆

《中共中央国务院关于进一步加强和改进大学生思想政治教育的意见》（中发〔2004〕16号）指出：“大学生是十分宝贵的人才资源，是民族的希望，是祖国的未来……加强和改进大学生思想政治教育，提高他们的思想政治素质，把他们培养成中国特色社会主义事业的建设者和接班人，对于全面实施科教兴国和人才强国战略，确保我国在激烈的国际竞争中始终立于不败之地，确保实现全面建设小康社会、加快推进社会主义现代化的宏伟目标，确保中国特色社会主义事业兴旺发达、后继有人，具有重大而深远的战略意义。”

民族院校作为培养少数民族人才的摇篮，更是肩负着重大的历史责任。作为大学生思想政治教育主渠道的思想政治理论课在民族院校人才培养工作中起着重要的作用。近年来，在各级领导和学校党委的领导、支持下，中央民族大学的思想政治理论课逐渐形成了较为稳定、稳中有进的“多样一体”立体化分层教育教学模式。该模式立足于适应民族院校的特殊性、复杂多样性，在实践中不断与时俱进，并逐渐成形。

一、民族院校的突出特点

与普通院校相比，民族院校存在以下几个方面的突出特点，对思想政治理论课的教育教学有着重要的影响。

（一）民族性特征突出

民族院校具有特殊性，与汉族学生为主的非民族院校不同，民族院校的大学生，绝大部分来自于少数民族，有着极强的民族心理、民族文化和民族传统等民族性表征，其思想和行为带有明显的民族烙印，有着较强的民族敏感性、民族警惕性、民族自尊性和民族情结。与汉族学生相比，少数民族大学生明显多了一种民族的文化符号、价值体系和心理表征。

（二）文化融合碰撞现象明显

民族院校的大学生，来自于全国各地不同的少数民族，就组织层面而言，他们构成了一个多民族融合的大家庭；就文化层面而言，民族院校形成了多元民族文化共存共生的文化生态。随着不同民族学生的交往和交流，不同的民族文化不断地交流、融合与碰撞。这种组织、文化生态具有正、负双重效应。正面效应是有利于各民族学生互相取长补短，促进整体提升、进步；负面效应是各民族小团体容易形成“文化壁垒”，阻碍交流，影响团结。

（三）存在“语言壁垒”

民族院校的学生绝大多数来自少数民族。这些少数民族学生，尤其是单一民族院系学生都不太熟悉汉语，他们喜欢使用本民族语言进行日常交流，这无疑在各民族学生之间形成了“语言壁垒”，造成交流障碍。思想政治理论课都使用汉语作为教学语言，对“民考民”类（以少数民族语言高考）学生较为不利。

（四）情况复杂多样，水平参差不齐

民族院校是个多民族大家庭，学生来自于不同的民族、不同的地区。由于受民族区域自治法、地方民族自治法规和条例的约束和调整，各民族地区之间、民族地区与非民族地区之间的中学教育在内容、方式等各个方面不尽相同，乃至存在很大差异。尽管大家“殊途同归”，来到同一个学校，组成同一个班级，但大家的“起点”并不一致，水平参差不齐。如果在大学里按同一个标准和模式授课，学生自然难以适应。

二、民族院校思想政治理论课的实施原则

针对民族院校的特殊性、复杂多样性，民族院校的思想政治理论课必须坚持以下几个重要的实施原则，以统领全局，保证实效。

（一）普遍性与特殊性相结合的原则

民族院校在思想政治理论课教学上与一般院校（非民族院校，以下

同）既有相同性，又有自己的突出特点。这些特点决定了民族院校的思想政治理论课教学在设计理念上，必须坚持普遍性与特殊性相结合的原则。既要坚持思想政治理论课的一般规律，又要注意特殊性，形成富有民族特色的思想政治理论课教育教学模式。民族院校最大的特殊性就在于民族性，有效地发挥这一特殊性的正面效应，将会极大地促进思想政治理论课的实效性。

（二）统一性与多样性相结合的原则

民族院校在专业设置、生源情况、民族成分、学生民族语言等方面，情况较为复杂，具有多样性。以中央民族大学为例，在专业方面：文科、理科、艺术、体育一应俱全；生源方面：学生来自全国各地、五湖四海，发达地区和不发达地区；民族成分方面：五十六个少数民族，基本俱全；民族语言方面：既有精通汉语又精通本民族语言的学生，又有不熟悉汉语的学生。因此，思想政治理论课教学在坚持统一性的基础上，必须结合专业、民族成分、民族语言和具体课程属性等情况灵活实施，不能搞“一刀切”、“一把尺子”。

（三）整体性与层次性相结合的原则

民族院校既有一般院系，也有单一民族院系；既有普通文理专业，也有艺术、体育专业；既有来自偏远民族地区的学生，也有来自发达地区的学生。来自不同专业、民族、地区的学生在知识基础方面存在着较大的差异，所以思想政治理论课教学必须在坚持整体性的基础上，充分考虑到学生的知识基础差异，采取梯级的层次性教学模式。不同的专业、院系之间要有难易差别。单一民族院系存在着“语言劣势”，艺术、体育生思想政治理论基础薄弱，对这些院系的学生应该降低难度，结合他们各自的自身优势，转换考核目标和方式。因此，在思想政治理论课教学的整体性设计方案中要体现出层次性原则。

（四）原则性与灵活性相结合的原则

民族院校的思想政治理论课教学必须遵循中央和国家的有关文件。中共中央、国务院、中宣部、教育部对于加强和改进大学生思想政治教育工作，搞好高校的思想政治理论课教学发布了若干重要文件，如《中共中央国务院关于进一步加强和改进大学生思想政治教育的意见》（中发〔2004〕16号）、《中共中央宣传部教育部关于进一步加强和改进高等学校思想政治理论课的意见》（教社政〔2005〕5 号）、《中共中央宣传部教育部关于进一步加强高等学校思想政治理论课教师队伍建设的意见》（教社科〔2008〕5 号）等。这些文件必须予以贯彻和遵守，这是原则。但是，民族院校在贯彻这些相关文件的时候，必须结合学校实际，采取切实有效的贯彻措施和实施方案予以灵活地实施。唯有如此，才能真正收到实效，才真正符合文件的本意和精神。因此，民族院校的思想政治理论课教学必须坚持原则性与灵活性相结合的原则。

三、教学环节：多层次梯级教学模式

教学是思想政治理论课的主线和中心任务，包括课堂教学和实践教学两个环节。这两个环节都要贯彻多层次梯级教学理念。

（一）课堂教学——特殊教学、重点教学、分类教学

1. “六观”教育进课堂，加强特殊教学、重点教学和针对性教学

针对民族院校的特殊性，认真做好世界观、人生观、价值观、民族观、宗教观、祖国观“六观”教育、特别是民族团结教育课堂工作。马克思主义学院始终重视“六观”教育的研究和实践。2009 年由马克思主义学院牵头申报的首都大学生思想政治教育课题“当代少数民族大学生“六观”教育研究”获得批准立项。“05”方案实施之初，学院就针对各门课程的特点加入“六观”教育内容。除“民族理论与民族政策”课主要对学生进行民族观、宗教观和祖国观教育外，还要求在“马克思主义基本原理概论”课中加入马克思主义宗教观教育内容；在“中国近现代史纲要”中加入祖国观教育内容；在“毛泽东思想和中国特色社会主义理论体系概论”课中加入民族观教育内容；在“思想道德修养与法律基础”课中加入宗教观和祖国观教育内容。另外，根据国家形式的需要，及时增加或调整相关的教学内容。

2. 实施艺术类、体育类、民考民类分类教学

艺术类、体育类、民考民类学生与普通文理类学生相比，在理论基础、接受能力、学生特点、语言状况等方面存在一定的差距，必须实施分类教学，因“类”施教。否则，按照同一标准授课，就很难适应学生的需要。

（1）师资配备。艺术类、体育类、民考民类的班级，都是配备经验丰富的年富力强的教师授课。刚走上工作岗位的青年教师一年内不能安排教

授艺术类、体育类、民考民类的班级。任课教师必须加强教学研究，适应学生特点，灵活调整自己的授课方式。

（2）内容选择。教师必须根据学生特点，结合学生的专业背景，科学地调整、择取教学内容。教材的使用、教学课件的制定必须坚持原则性与灵活性、普遍性与特殊性相结合的原则予以科学地调整。

（3）多层级分类。分类教学不是简单地把普通文理类和艺术类、体育类、民考民类分开，二是一个多“层级”分类。根据情况有一级分类、二级分类、三级分类等。普通文理类和艺术类、体育类、民考民类的分类是一级分类，艺术类、体育类和民考民类学生在汉语水平方面存在很大差距，他们的分类属于二级分类。艺术类内部也存在差别，舞蹈类的学生大多数没有经过高中阶段的学习，而是由中专、初中直接考进来的，学生的理论基础要比音乐、美术的薄弱，这种情况在教学中必须予以重视和考量，这种分类就属于三级分类。当然，不是每一个层级的分类都按同一标准调整教学，而是随着层级的细化，调整的幅度递减。

（二）实践教学——优化实践教学内容，形成契合课程、形式多样、梯次衔接的实践教学模式

1. 总体布局

中央民族大学，作为民族类高校的最高学府，近年来，一直被高度重视，并积极探索思想政治理论课实践教学的有效形式，在充分论证、深度调研和广泛吸收兄弟院校先进经验的基础上，统筹规划，逐步形成了符合课程特点、形式多样、梯次衔接、讲究实效的思想政治理论课实践教学模式（“一揽子”计划)。“中国近现代史纲要”实践教学形式采取“主题参观和历史遗迹参观”；“思想道德修养与法律基础”实践教学形式采取“开展义工活动和法院旁听”；“民族理论与民族政策”实践教学形式采取“民族观或民族因素”社会调查；“马克思主义基本原理概论”实践教学采取以“走近马克思”和“科学技术的作用”为主题的社会调查和经典著作读书活动，每学期根据专业予以灵活调整；“毛泽东思想和中国特色社会主义理论体系概论”采取“研究性主题学习”，教师布置主题，学生分组讨论，制作 PPT 进行课堂汇报展示。五门公共课实践教学形式总体架构内在地包含着“夯实知识、理论基础——锻炼基本素质、培育基本素养——掌握基本方法——剖析认识现实问题”的逻辑主线，实现“增长知识、扩大视野、提高能力、提升境界”的育人目标。

2. 注意事项

（1）要将“民族”因素纳入实践教学的各个环节。基于民族院校的特点，要在主题选择、实施过程、结果考核等实践活动的各个环节有机融入“民族”因素，充分发挥“民族”因素的积极效应，努力调动学生的积极性和学习兴趣，不断增强实践教学的实效性。需要强调的几个重要方面是：一在主题选择上，要尽量挖掘“民族”资源，帮助学生确立与民族有关的主题。如在社会调查类的实践形式中，可以调查不同群体的民族观，在读书报告类的实践形式中，可以联系现实，选择马克思主义经典作家有关民族的论著进行集体阅读、研讨。二在实践方式上，可以充分发挥民族院校多民族大家庭的优势，组建多民族实践小组，整合利用多民族优秀文化精髓和传统，促进不同民族学生的团结、协作，对学生实施“过程教育”；三在调查的范围和区域选择上，可以重点选择民族地区、民族社区、民族聚居区等民族区域。

（2）具体实践形式要符合课程特点。各门思想政治理论课程都具有各自具体的属性和功能，有着不同的育人目标。各门课程的具体实践形式都要符合本门课程的总体育人目标，实践的方式、方法要符合课程特点、课程属性。实践的形式具有针对性，实践的结果才有实效性。

（3）各门课程的实践形式要统筹规划，具有关联性。包括毛泽东思想与中国特色社会主义理论体系概论、中国近现代史纲要、思想道德修养与法律基础、马克思主义基本原理概论、民族理论与民族政策在内的五门思想政治理论课的实践教学形式要统筹规划，形成一个相互关联的有机整体，共同构成一个科学的育人体系。

四、考核环节：多类型分层次考核体系

考核是思想政治理论课教学的重要环节，有着不可或缺的重要意义。考核是对学生学习效果的检验、对教师教育教学效果的检验，也是对教学管理效果的检验。考核有着重要的评价和激励功能。考核事关学生的切身利益，考核环节设计是否科学合理，关系着考核的结果是否客观公正。

民族院校的特殊性，决定了考核方式方法不能简单划一，必须坚持实事求是和严肃认真的原则，根据具体情况灵活设定。近几年，经过在实践中的不断摸索和探索，中央民族大学的思想政治理论课逐渐形成了多类型分层次考核体系。

（一）考核方式

思想政治理论课的考核分为平时考核、期中考核和期末考核。平时考核侧重于考核学生的学习态度，是一种“过程”考核。学习是一种过程，不是临时突击考个好分数。知识是日积月累的，能力是逐步提高的，思想是潜移默化的。没有过程，无法断定结果的好坏、真假。期中考核是一种阶段性考核，通过阶段性总结有利于及时发现问题，及时纠正问题，调整教学方式方法，及时改进教学。期末考核是一种总体检验。

平时考核采用的方式根据课程特点和学生特点，采用考勤、课堂提问、作业（课堂与课后）、讨论、撰写小论文、学习笔记、观后感等。期中考试的形式由课程组或教研室自主确定。期末考试：采取卷面形式在学校考试周内进行，期末考试的试卷由学院统一格式和要求。三部分的成绩构成期末总成绩。其中，平时成绩占20%，期中成绩占20%，期末成绩占60%。艺术类、体育类、民考民类的成绩比例可以做适当调整，加大平时成绩的比重。

（二）期末考试的类型

期末考试分为闭卷考试、开卷考试和半开半闭考试。闭卷考试为主，开卷考试为辅。学院鼓励富有创意、具有科学性、有利于人才培养的考试改革。闭卷考试主要针对普通文理类学生，开卷考试针对艺术类、体育类、民考民类学生。严格控制开卷考试的范围和对象。艺术类、体育类、民考民类也不是全放开。开卷考试必须履行严格审批程序：一是在学期初教研室必须提交申请报告，论证开卷考试的必要性；二是试卷的设计必须符合学院规定的格式和要求；三是坚持不降低质量和标准的原则。

五、成　效

中央民族大学的思想政治理论课教育教学模式还处于不断探索完善的过程中，与先进的兄弟院校相比，还有一定差距。但经过全院教师的不断努力，在学校的大力支持关怀下，在实践中也初步取得了良好的效果。

（一）课程方面

1. 课程体系建设日趋完善。五门公共课逐渐形成了有机统一体，共同构筑了一个富有民族特色的思想政治理论教育体系，为少数民族人才马克思主义理论素养的培育奠定了良好的基础。

2. 形成了育人共识，明确了改革方向。全院形成了“多样一体”立体化分层教育教学的共识，教学成效的显现使全院教师坚定了改革的信心决心，明确了改革的方向，增强了改革的动力。

（二）课堂教学方面

1. 分类教学增强了教学的针对性，提高了教学的实效性，适应了不同层次的学生需求。学生的满意度逐渐增高，课堂出勤率大为改善。近几年来，学生对老师的网上评教分数越来越高，绝大多数都在 90 分以上，有的老师高达 99. 9 分。从学生对老师的主观评价意见来看，学生整体对老师的满意度相当高。由于学生评教是匿名的，该结果具有一定的客观性。

2. 锻炼了师资队伍。通过多层次的分类教学、重点教学和针对性教学，使一批年轻教师很快适应多样化的教学要求，成长为教学行家和教学能手，学院每年都有教师在北京市获得重要的教学奖项。

（三）实践教学方面

1. 实践效果

（1）学生积极参与，调查（读书）报告撰写认真、规范。各班级学生都能按照老师的要求认真组建小组，积极开展调查活动。绝大多数实践小组都能按照老师讲解的规范格式认真撰写调查报告，有的小组制作相当精美，还打印成彩色文档（尽管老师不作要求），曾有一同学把自己的调查体会制作成一幅长达两米的书法作品，颇令人感动，给老师和同学们留下了很深的印象。

（2）课堂汇报相当精彩。各小组制作一个 10 分钟的 PPT 课件进行课堂汇报交流。每学期，课堂汇报交流都是整个社会调查活动的高潮部分和精彩部分，每次课堂汇报气氛都十分活跃和热烈，深得学生的期待和欢迎。学生参与的热情相当高，每个小组都是群策群力，竭尽所能的展示自己的才华和能力，课件的内容和形式都是十分精美并富有个性。

（3）提高了学生正确运用马克思主义理论观察分析社会问题的能力。学生是实践教学活动的最大受益者，通过实践教学，既培养了学生关注、思考社会问题的意识，又提高了学生自觉运用所学理论分析社会问题的能力，同时还加强了学生的理论素养，增强了学生学习理论尤其是马克思主义理论的兴趣。

2. 获奖情况

在2010年首都高校思想政治理论课学生社会实践优秀论文评选中，马克思主义基本原理概论课程有一实践小组获得二等奖；在2011年首都高校思想政治理论课学生社会实践优秀论文评选中，中国近现代史纲要课程有一实践小组获得二等奖，学校获得优秀组织奖。

（四）考核方面

多类型分层次考核体系使得考核更加公平公正，既保证“实体公正”，又实现“程序公正”。减少了考试纠纷，大大降低了学生的不及格率。既保证了课程的教学质量，又保证了学生成绩的正常和正态分布，避免出现大面积的不及格现象。

（作者单位：马克思主义学院）

“卓越工程师教育培养计划”现状研究及相关思考

宋 伟 杨国胜 吴立成 刘向春

一、“卓越工程师教育培养计划”现状

我国目前虽然已经成为工程教育大国，其中开设工科专业的本科高校达1003所，占本科高校总数的90%；高等工程教育的本科在校生达到371万人，研究生47万人[1]，然而大而不强，多而不精，普遍缺乏创新性和实践性成为影响和制约我国经济发展的一大问题。中国工程院常务副院长、浙江大学校长潘云鹤在《走向创新——关于中国创新型工程科技人才培养》中也提到，尽管我国工程教育培养规模居于世界前列，但是工程教育创新、人才培养质量与建设创新型国家战略目标和现实需求存在巨大差距。同时，招聘企业一方面抱怨工科毕业生工程实践能力弱化、不适应企业要求等问题；另一方面又不愿意接受大学生实习，不愿意参与到高校工程师培养的工作中。因此，尊重工程文化、改革高等工程教育，加快创新型工程科技人才队伍建设成为当前工程教育界的一大呼声。天津大学校长龚克认为：工程教育在当前和今后一段时期都是中国高等教育的重头戏，工程创新人才培养应是各类创新人才培养模式的突破口。[2]

发达国家的工程师教育培养体系主要有两大模式：以美国为代表的《华盛顿协议》成员国模式和以德法为代表的欧洲大陆模式。[3]前者注重知识的全面性和实践创新性，后者注重工程实践能力的培养，着重培养工程师成品，两种培养模式均取得了很好的效果。但由于适应环境的不同，他国的教育模式不能完全为我所用，急需寻找一种新的教育培养计划，在借鉴国外工程师培养模式的基础上，结合当前国际发展趋势，不断开拓创新，走出一条独具中国模式的适应国家工业、企业需求的各类型工程师教育之路，以增强我国核心竞争力，为建设创新型国家、走新型工业化道路服务。这就是我国“卓越工程师教育培养计划”着重需要解决的重点

问题。

卓越工程师教育培养计划是贯彻落实《国家中长期教育改革和发展规划纲要（2010—2020年）》实施的高等教育重大计划，该计划的实施，使得高等教育面向社会需求培养人才，从而调整人才培养结构，提高人才培养质量，为新形势下的工程师教育提供重要的示范和引导作用。[4-8] 在2009年9月，教育部正式启动卓越工程师教育培养计划试点工作，并于2010年6月23日，在天津大学隆重召开的“卓越工程师教育培养计划”启动会上印发了12所高校的试点方案，批准了61所高校为第一批试点高校，其中省属高校26所，部属高校16所，既有综合型大学，又有地方院校，同时还兼顾了行业背景较强的工科院校。2012年4月公布了第二批共133所试点高校。

与传统工程教育培养区别在于，“卓越工程师教育培养计划”（后称“培养计划”）的三个特点要求工科专业在人才培养模式、教师队伍、课程教材、教学方式、教学管理等方面需要进行重新思考和定位。这三个特点是：一是领域内企业参与培养过程；二是学校依照通用标准和行业标准培养工程人才；三是强化培养学生的工程能力和创新能力。

教育部提出的“培养计划”是未来较长时间内我国高等工程教育改革的重大举措，是促进高校培养适应社会和经济发展需要的高级专门人才的一项新的“质量工程”，是衡量一个学校一个专业是否有特色，其培养水平高低的重要衡量标准。到目前为止，我校尚未有专业进入“培养计划”。因此，基于以上现状的研究，结合我校信息工程学院工科专业学生培养过程中存在的一些问题，谈谈我校工科专业在工科人才教育培养方面的一些思考。

二、我校工科专业工程师培养相关思考

我校作为唯一一所“211工程”、“985工程”重点建设的民族院校，在培养少数民族地区工程师方面具有较大的责任和义务，而信息工程学院承担着为少数民族地区和西部地区培养具有电子信息、计算机、通信和自动化等厚实专业知识和创新能力的应用型专门人才的重任。目前，我校还未进入“卓越工程师教育培养计划”行列，但从长远着手，我们应该以卓越工程师教育培养计划为指导，制定适合自己专业特色的卓越工程师计划，从而扩大专业影响，提高我校工科专业的知名度，为学生就业提供帮助。本人通过对北京交通大学、桂林电子科技大学、西安电子科技大学等

高校卓越工程师教育培养计划进行调查和研究，结合实际情况，谈谈以下一些思考。

信息工程学院自2007年组建以来，以学科发展为中心，巩固本科教学，发展研究生教育，加强科研和创新体系建设，各方面均取得了突破性进展。但和其他工科院校相比，基础弱，底子薄依然是学院一段时期内面临的困难，而信息技术创新十分活跃，新技术新成果不断涌现的特点，时刻激励着学院领导和老师思考如何培养学生，培养的学生能否在很长一段时期内满足社会需求，学生的就业前景如何等相关问题。而“卓越工程师培养教育计划”为我们提供了建设思路。本人认为，新形势下工科教育水平的提高，一定程度上，应该按照“卓越工程师教育培养计划”执行，认真学习教育部有关该计划的文件和资料，领会“培养计划”意图，根据学院实际情况，制定卓越工程师培养计划和工作方案，探索校企联合人才培养新模式，成立产学研联合培养试验班。下面借鉴西安电子科技大学的成功经验，谈谈我院进行“卓越工程师教育培养计划”可能的具体实施措施[9]：

（一）加强宣传攻势，确保优质生源

通过宣传“培养计划”主要思想和方式，定期面向全院学生进行选拔，鼓励进入“培养计划”学习，挑选优秀学生组成试点班。同时为加强学生的管理和学习指导，为学生配置学习导师。学习导师主要负责学生学习、心理等方面的工作，指导学生制定个性化学习方案，解决学习中遇到的问题。确保学生对卓越工程师教育培养计划有正确的认识和向往。

（二）更新教育教学观念，优化人才培养方案

学院应以能进入“卓越工程师培养计划”为目标，进一步审视和研究特色专业的培养方案，并组织有关老师对国内外著名高校，特别是已进入“培养计划”相关高校同类专业培养方案进行调查研究，借鉴其先进的办学理念和培养模式，结合国家和社会需求，特别是少数民族地区和西部地区的需求，把电子信息技术领域的最新成果和发展趋势及时引进课程中，对教育教学观念不断更新，对培养方案不断优化。制定的培养方案应注重知识的全面、实践动手能力提高和创新性的提升为目标，采用“核心课程+专业课程+实践课程”的形式，建立专业课程群和专题课程，将培养内容做到“宽口径、跨领域、重实践、现特色”。另外，教学过程应结合生产过程的实际情况，体现企业需求。培养过程体现通识教育、工程基础教

育、工程专业教育三个阶段，即第一二年重点学习包括数学、物理等方面基础理论知识，适当开设专业基础理论课；第三年进行专业课和实践教学的学习；第四年进入企业实习，到现场直接操作，将前三年所学的理论和实际工程相结合，学习实际生产过程中所需工艺和设备情况。努力掌握先进技术和理念，提升工程实践能力和管理能力，增强对企业的适应力和竞争力。通过一年深入企业或行业一线，结合实际项目，依托工程现场开展研究，研发能力和自身素质方面得到有效锻炼和提升，最后完成毕业设计。

（三）创新教学方式、方法，提高教师教育、教学水平

新的教学方式、方法应能有效激发学生学习兴趣，调动学生学习的积极性和主动性。因此教师应在遵循教学基本规律和原则的基础上进行探索和实践，以知识点为主线，整合课程体系，优化教学内容，突出实践教学环节，加强启发式、问题驱动式、案例教学等各种教学方法的结合，将理论与实践紧密结合，增强教学的针对性和互动性，促进学生在学习和实践过程中学会思考、合作和创新，从而真正发挥教师在教学过程中的主导作用和学生在学习过程中的主体作用。在专业基础课程的教学过程中，强调与工程实践相结合，课堂中应尽可能多引入工程实践例子，并适当压缩课内学时，为更多实践环节提供充足时间。课后作业以综合型设计题目为主，强调团队合作，使学生把所学的理论知识运用到实践项目中。

"培养计划"涉及大量的工程实践项目的培训和学习，从而改变了传统由校内老师独自授课的模式，改由企业教师和校内教师共同授课。其中企业教师应具有现场工作经验，拥有工程师及以上技术职称，思想道德、文化、工程、身心素养良好，有强烈的社会责任感。校内专业教师应具有较强科研背景和工程经验，在实际工作中考虑工程实际情况，如成本估算、生成、检验等环节。同时，为不断提高教师教学水平，学院应经常组织教师参加国家精品课程培训、专题培训和观摩教学名师示范教学等，定期组织青年教师教学基本功大赛，为教师切磋技艺、交流教学经验、展示风采提供平台。同时应完善教师激励机制，鼓励教师到公司兼职或挂职，特别是国际大公司的锻炼定会提高教师的国际视野和能力，从而增强专业实力。

（四）构建合理考核评价体系，促进教学质量全面提高

由于"培养计划"涉及更多实践环节，传统凭借试卷成绩的考核方式不再适用，新的考核方式应包括对学生考核标准和老师考核标准：应根据培养计划中课程性质确定学生考核方式，即理论课以试卷考试为主，而实践课以考查为主，并鼓励考试方式多样化，如采用大作业、论文、答辩、调研报告、上机操作等方式进行，引导学生的自主学习和研究探索精神。而由于参与“培养计划”的老师需投入更多时间在实践环节，可采用加大课程系数，提高课时费，在职称评定时给予政策优惠等措施鼓励教师积极参与，从而持续有效地提高本专业的教学质量和教学工作水平。总之，新的工作考核标准应具有针对性，较好地符合教学实际，为调动参与教师的积极性打下基础，为稳定教学秩序，推进教育教学改革和教学质量提供服务。

（五）加快教材建设步伐，确保教学计划顺利进行

教材作为老师施教的教育工作和资料，同时作为学生的基本资料和掌握理论的载体，在计划实施过程中具有举足轻重的作用，好的教材能让学生迅速掌握该领域的专业知识，同时让学生了解该领域的背景和未来发展方向。因此，通过教学改革奖励机制，鼓励具有丰富教学经验和科研经验的教师参与教材建设工作，保证教材质量水平。并通过凝练教师科研成果，建设一批优秀教材和精品课程，为专业建设提供良好基础，扩大专业影响，提高专业知名度，并力争进入国家级优秀教材行列。编写的教材应具有如下特点：（1）自成体系，能够形成课程群和立体教材结构；（2）系统完整，内容精练；（3）理论联系实际，注重理论知识与实际应用的紧密结合。

（六）建设校企联合人才培养基地，落实企业学习计划

在“培养计划”中，工程实践为其特色环节，即专业培养方案中从课程设置，教师要求等方面均体现出企业学习的重要性，并通过建立校企合作制，要求学生第四年进入企业实习，并在企业完成毕业设计。因此，联合培养基地的建立，学校导师和企业导师的共同参与，理论基础和实践课程结合，为有效地解决工程师动手能力不强，创新能力不足提高思路。学生通过一年进入企业的现场学习、观摩和实际动手操作等过程，将会对所学知识加深认识，并感到学有所用。因此采取积极措施，加强学校和优秀企业的合作，建立实训基地，搭建实践平台，培养实践能力，提高创新能力。另外，学院可采取激励措施，鼓励教师开展实验教学改革研究，在实验环节，增加综合性、设计性实验和以项目为载体的研究性实验，并通过

自制实验仪器设备提高教学质量。

（七）积极参加竞赛，积极参与科研，提高实践动手能力

在教学实验室开放的同时，加强科研实验室的开放，让学生尽早地参与到教师的科研任务中，培养科研素质和科研思维，了解当前的研究热点和难点，扩大视野。导师应对该类学生制定合理的学习计划，弥补知识上的欠缺。同时科技竞赛大多由该领域大公司赞助，能较好体现业界急需的知识和能力，因此应鼓励学生参与科技竞赛，并将往年的竞赛试题作为训练内容。对于电子信息类专业，应鼓励学生参与全国大学生电子设计竞赛、北京市大学生电子设计竞赛，全国大学生程序设计竞赛、工程训练综合能力竞赛、大学生数学建模竞赛、英语竞赛等，对积极参加并取得了优异成绩的学生进行奖励。

总之，以提高本科教学质量，进入“卓越工程师教育培养计划”为目标，加强和重视质量工程建设，积极推进教学改革，在政策、经费资助等方面给予保障，调动广大教师积极参与，为培养“综合素质高、基础理论扎实、工程实践能力强、工作作风务实”的学生而共同努力，从而提高社会影响力和声誉。

三、结　　论

未来10年是我国创新工程科技人才培养的重大战略机遇期，卓越工程师教育培养计划对促进高等教育面向社会需求培养人才，全面提高工程教育人才质量具有十分重要的引导和示范作用，我们应以进入“卓越工程师教育培养计划”为目标，以信息技术社会，特别是少数民族地区和西部地区的需求为导向，在计算机、自动化、电子信息与通信工程教育背景下，以工程技术为主线，通过优化整合课程体系和培养方案，建立一批优秀的校企联合培养基地，在注重理论基础学习的同时，强化工程实践教学，在提升学生工程意识、工程素质和工程实践能力方面下苦工、下硬功，持续为少数民族地区培养一批“研究型、管理型、创新型、国际型”的卓越工程师，使得我校工科专业在国内外高校的地位和社会影响力有所提高。

参考文献

[1]《教育部启动实施“卓越工程师教育培养计划”》，教育部网站，2010年6月。

[2] 龚克：《建立卓越工程师教育的中国模式》，载《中国教育报》2010 年 9 月 6 日。
[3] 张安富、刘兴凤：《实施“卓越工程师教育培养计划”的思考》，载《高等工程教育研究》2010 年第 4 期，第 56—59 页。
[4] 王贵成、张明雷：《“卓越工程师教育”中青年教师教学能力培养研究》，载《煤炭高等教育》2010 年第 3 期，第 91—93 页。
[5] 李曼丽：《独辟蹊径的卓越工程师培养之道——欧林工学院的人才教育理念与实践》，载《大学教育科学》2010 年第 2 期，第 91—96 页。
[6] 李培根：《工程师教育培养该可以卓越》，载《中国高等教育》2011 年第 6 期，第 13—14 页。
[7] 赵建国：《实施“卓越工程师教育培养计划”的几点思考》，载《电气电子教学学报》2011 年第 s1 期，第 15—17 页。
[8] 陈启元：《对实施“卓越工程师教育培养计划”工作中几个问题的认识》，载《中国大学教学》2012 年第 1 期，第 4—6 页。
[9]《以实施“卓越计划”为契机，大力推进教育教学改革，全面提高人才培养质量》，http：//www. moe. edu. cn/publicfiles/business/htmlfiles/moe/s6339/201203/132782. html。

（作者单位：信息工程学院）

通识课教学中存在的问题和对策研究

——以“国家公务员制度”为例[①]

周晓丽

人力资源被誉为“第一资源”，而人才是人力资源的中坚力量。21 世纪最宝贵的资源是人才，而这个世纪需要什么样的人才是一个需要审视的问题，不同的时代对人才需求的侧重点不同，这就要求教育界做出新的调整。作为学历教育最后一道关口的高等教育不再仅仅培养具备某种专业知识和技能的人才，而是要培养知识广博、具有创新能力、实践能力等全面素质的人才。

一、专与博的辩证关系

我们在日常生活中描述一个人才最常听到的是“专家”一词。的确，无论是哪一领域的专家，都是需求者最渴望的稀缺资源。看到专家这一字眼，如果我们仅从字面理解，将其仅仅理解为“专”那就会失之偏颇。虽然专家展现在我们面前的是对于某一领域深入研究的成就，但支撑他们达到这一境界的肯定是更广博的知识积累；所以对于交叉学科的研究是现代科学研究的特点之一，这些领域是科学发展的突破点，也是诞生创新型人才的聚集区，没有跨学科甚至是多方面知识的积累，就很难有突破性的成就。这个事实使我们去思考专和博的辩证关系问题。

博是专的基础，专是博的深化发展。没有博学的知识，就不能形成稳固的知识平台；没有专的深入，就只能是似懂非懂，不能形成真正的核心竞争力。专家展现在我们面前的专业水平令我们惊叹，但其背后的渊博知识却不让我们为之乐观。加之部分人受实用主义思想影响过深，直指某一

---

① 本文是 2011—2012 年度中央民族大学校级教学改革立项项目“素质教育通识课‘国家公务员制度’”的阶段性成果。

狭小的领域，不去关注其他。这样做成功的可能性很小，也不符合人才成长的规律。

我们在大学生培养中，在本科阶段只是进行专业的基本分离，但同时也开设通识课。“厚基础、宽口径”的人才培养模式是本科阶段，尤其是培养本科低年级学生的特点。而进入硕士阶段相对狭窄，进入博士阶段就只是研究方向。教育部在现在的学科设定上是：12 个学科门类，这对应大学里的院系；89 个一级学科对应大学里的本科专业；386 个二级学科对应研究生的专业设置。教育部的学科设置和大学里的课程设置遵循的就是从博到专的人才培养途径。过于功利者的选择则是与这种科学培养机制逆道而行。除非特殊和个别领域之外，人才成长离不开前述科学的培养之道。有些大学生担心学到的知识将来可能没有用，但是却淡忘了学习知识是开阔视野、提升能力最快的途径。许多大学生对渊博知识、专才培养的奠基和支撑作用认识不够。

专家实质上是在广博知识基础上培养高深专业的人才。能够向高处发展的关键取决于对基础的认识和积累，积累的广博知识只有内化为自己的思想后，才能有向上发展的可能。没有博览群书，就不会找到自己的兴趣和方向，没有广博的基础就无以向高层次发展，就好比建造金字塔，地基一定是要宽的，宽厚的地基才能使塔向更高的维度发展。可能有人会问，那为什么还要分学科专业？这出于两个方面：一是有利于人们深入研究打造专业人才；二是人类的时间和能力的有限性。学科专业的划分不是固有的，是随着社会的发展而逐步形成的。专业的设置有利于人们在选择之后集中有限的时间和精力展开学习和研究，更有利于培养人才，但就此否认多方面知识的积累则是有害的。当然，因为生命有限，博的一面不可以无限扩大，有了一定的基础就应该考虑向高处发展了，当高度达到一定的位置时就一定会受到局限，此时需要做的就是把基础再适当地扩宽，在此基础上再向高度发展，如此循环，博与专就构成了一个动态的过程。在这样的一个过程中，我们有限的生命就会趋近于自我生命的极致，而不至于浪费了有限的生命，也就自然会造就既有广博的基础又有高精的成功，生命也就因此博大精深了。

我们年轻的学子，应该如何把握两者之间的度？通识课的设置在这方面给了大学生们很好的帮助。在众多的学科知识体系中，作为教育工作者，我们依靠集体的力量，结合国家要求、社会需求和学校实际为大学生们选择设定了通识课，这本身就是在如海的知识里圈定了一个范围，给出了一个框架。在这样的一个范围内，学生根据自身的兴趣爱好进行甄选。

那么这些已经进入自我选定的通识课学习的大学生们的通识课学习效果如何？在学习中暴露的问题有哪些？这些问题又应该如何破解？笔者结合学校开设的通识课以及自己在通识课教学过程的实际加以分析。

二、通识课教学中存在的问题

（一）通识课程目标和课程设置不完善、不合理

通识教育的目标旨在培养积极参与社会生活的、有社会责任感的、全面发展的社会人和国家公民。但从实际情况看，政治素质和全面素质的培养成了主要内容，人本理念没有得到很好的体现，忽略了最基本的对公民素质的培养。在课程设置方面，通识教育课程设置的最大问题是对通识教育课程设置缺乏系统的研究与规划。首先，通识课设立成了许多大学一哄而上的流行之举，众多学校一个模式设置。使以人才多样化、个性化以及创新性为目的的通识课成为模式化培养人才的又一个模具。大学本身是有分类的，不同的大学培养人才的目标不同。一些技工和高职高专类学校若是和著名综合性大学开设相同的通识课，那肯定是缺乏科学的规划和设计。

中央民族大学作为“985”高校，这一定位旨在为民族地区培养高层次的人才。考虑到其为民族类院校的最高学府，就应结合民族地区的文化现状，认真研究涉及开设通识课的相关问题。但现实情况是课程设置比例不协调，虽然学校开设的通识课程门类齐全、数量众多，但也仅是人文类课程与科学类课程的简单相加，虽然在人才培养过程中可以起到传授两种不同文化的作用，但也容易造成两种文化的零散和不完整，呈现出自由随意和散乱拼凑的状态，未能将两种课程很好地相融合，更体现不出通识教育的综合性和跨学科性，无法呈现给学生系统知识的“全貌”。我们的通识课设立需要进一步整合与开发，好在这个工作正在进行中。

（二）课程内容过于知识化，教学形式较为单一

通识教育培养的首先是人格与知识系统健全的公民，而不仅仅只是专家。某一领域的高层次专家不可能大批量的生产。近年来高校扩招，接受大学教育不再是扩招前人们认识的那样：大学生个个都是天之骄子。大学生也是普通劳动者，这样的理念应该树立。通识课的内容不应该过于专业化和知识化，不应该把特别专业化的课贴上通识课的标签，或者把某些专

业课程降低要求作为通识课。通识课应该是一种基础性的、普适性的课程。

有些通识课需要实地探访、学生亲自体验或者是情景模拟，但是由于学校教学设施的现状、部分教师的懒惰以及学生平时学习习惯，很多本该采取讨论、实地考察、情景模拟等教学形式的通识课，仍然沿用讲授这一单一的形式。

（三）教师队伍建设和教学管理亟待加强

实事求是讲，现在通识课的老师，很多人自身就没有受过通识课教育，对通识课的理解还不够。在思想观念、知识体系、能力素质等方面与实施通识教育对师资的要求还有相当的距离。这种情况很容易造成“通识课就是降低了要求的专业课”的误解。学生需要的是综合性的知识，而老师更关注自己的学术专长。另外，现在大部分学校并没有拿出针对通识课教师的激励措施，还仅仅是盯着教师在专业领域发表文章的级别。教师的现状，加之相对单一的教学方法，使得学生选择通识课仅仅只是混个学分。逃课、课堂不注意听讲、不积极参与讨论等成了不少通识课的常见现象。这就要求我们在加强师资建设的同时还要加强教学管理。

三、提高通识课教学的思路和对策

（一）明确通识课教学目标，规范课程设置

通识课程的基本目标是“人”的培养，这是第一位的，其次才是知识与能力的培养。把大学生首先看作具有一定潜力的普通劳动者，要做好以下三方面问题：第一，加强学生的公民意识和公民道德教育，培养其良好的公民素质。第二，引导学生塑造学生的完美人性，树立正确的世界观、人生观和价值观。第三，依据多变的世界现实，注重培养学生的学习能力、实践能力、创新能力、交际能力等，提升学生的可持续发展能力。笔者所从事的“国家公务员制度”通识课教学，主要目的是让学生掌握不同学科的研究思路、方法、模式，并学会运用批判的态度来接受知识，为今后的终身学习和个人未来发展提供全面的支持，同时，对于将来有志于进入公务员队伍的学生也具有直接的现实意义。对于如何解决大学生进入公务员队伍后的“知识恐慌”和“本领危机”等相关问题，这门课的设置及普及会给这些学生很大的帮助。而对于将来不进入国家公务员队伍的学

生，对公务员职责义务的认识，有助于我们将来同政府打交道时明确自身和公务员双方的权利和责任，使我们能更有效地监督政府，促进政府更好地为社会和人民服务。

在课程的设置上，要做到取长补短，就是让理工科大学的学生加强文科课程的学习，而综合性大学的学生加强理工科课程的学习。中央民族大学结合自身的地位和学校特征，则应该加强理科的学习，可以尝试开设诸如数理基础、社会调查与统计、民族志、跨文化交流等方面的课程。课程的设置在初始阶段可以多一些，让学生和教学实践来检验这些课程，在这个基础上再做进一步的减缩。这类似于去饭店吃饭，我们最初提供的是包含有众多菜品的菜单，让顾客自己根据口味来点菜。在实践中将具有更多学生点选的课程经过磨炼打造成优质的通识课，对于点选较少的课程，可以通过“第二课堂”、“课外兴趣小组”以及跨校选课的形式予以满足。总之，课程设置是做好通识课教学的基础性工作，做好这方面的工作，对于以后工作的顺利展开和实现设立通识课的目标具有重要的作用和深远的意义。

（二）充实课程内容，实施多样化教学方式

通识课的内容的确定一定是经过认真研究做出的选择，通识课的教学不是“填鸭式”的知识灌输，而是要做到有效利用学分有限的“通选课”来着重建设通识课中的核心课，通过甄选在内容上做到“少而精”。在通识课内容的选择上，可以引导学生阅读和思考反映思想大师灵魂的著作，数理课程中与生活紧密结合的事例，引导学生敢于思考、挑战权威，鼓励学生参与实践、学有所用。笔者所从事的“国家公务员制度”通识课教学在明确目标的前提下，在教学过程中把课程内容与学生自身所学专业有机地结合起来。具体来说可以采用以下方法：

一是问题设置的“公共性”。就是问题的设置既与课程学习相关，同时又给学生足够发挥的余地，让学生分析、讨论或者回答的问题，能够从不同的视角加以阐释和解答。二是将学科知识以专题的形式进行教学，在内容上将各个民族的特色与现实的公务员制度结合起来。比如，在讲公务员层级划分时，尝试从历史上不同民族的首领的称谓讲起，例如，可汗、土司、单于、赞普、头人、伯克、台吉等，并将其本身的层级划分和现在公务员层级划分进行比照。这一方面很容易地普及了知识，另一方面也使来自不同民族的学生有了亲切感，对学习有了兴趣，激发了他们自主学习的热情，学习效果很好。三是补充新内容，注重中外比较借鉴。目前，我

国公务员制度尚处于不断完善过程中，特别是在《公务员法》颁布后，还需要建立一系列相配套的关于公务员录用、考核、培训、晋升等方面的具体措施，所以在教学中坚守以《公务员法》为中心的思路的同时，要时刻关注与之相关的新规章的出台。例如，2007 年 4 月 22 日，温家宝签署的第 495 号国务院令《行政机关公务员处分条例》；中共中央组织部、人事部 2008 年 2 月 29 日的《公务员职务任免与职务升降规定（试行）》；中共中央组织部、人力资源与社会保障部 2008 年 7 月 16 日的《新任公务员任职定级规定》等。因此，在公务员制度课程的教学过程中，要时时关注公务员制度的发展和变化，及时更新教学内容。另外，要注重与国外公务员制度的比较教学。

教学方式多样化是要求根据课程的教材，选择灵活的教学方法。应根据教学内容灵活运用教学方法，充分利用学校资源，采取实物和图片展览相结合、举行专题讲座、参观等各种非课堂教学的不同方法来实施教学；在教学时根据学科特点，可以采取讲课、写读书报告、提交个人作业、模拟演练、小组讨论等多种形式相结合的教学方式进行。针对学校设施不能完全满足需求的大环境下，在不能改变环境的条件下，我们改变的只能是自己。笔者充分利用分组讨论、让学生模拟情景演练、讲故事等方法来实现较好的学习效果，同时利用兄弟院校的资源，实现互通有无。这种借助校外资源的方法，既使学生对知识有了深刻的认识，同时也在学习中锻炼了学生的社会交往能力。

（三）加强教师队伍建设和提升教学管理水平

在我们学校深入研究通识课的教师少之又少，更多的老师只是登台讲授通识课。而教学科研能力突出的教授，把精力主要放在专业课的讲授和研究方面，他们不愿意承担学校通识课的教学。再者，现在在岗教师所受的教育多是非通识教育，教师要从事通识课教学，就需要从思想观念到知识结构上实现一次跨越。对于这些问题的解决，除了加强思想工作之外，还应加强教师考评中的“参与通识教育教学”这一方面的权重。可以考虑将积极参加学校通识课研究和教学的老师，按照研究成果、教学成绩和学生评价等进行不同层次考核，考核成绩记入绩效，绩效可以折抵教学和科研任务。这种方法一方面可以鼓励教师积极参与通识课研究和教学，另一方面，这一过程本身就是对自身没受过通识课教育的老师们的一次“补课”。同时可以模仿专业课教学竞赛，按照不同的教学方法，在通识课教师中展开教学竞赛，颁发荣誉证书和奖金，在物质和精神两方面予以激励。另外，学校要建立通识课教师培训制度，通过培训提高教师的通识课教学水平。

教学管理是保障教学质量的重要手段。针对一部分学生选过通识课之后混学分的行为，学校要给予任课教师一定的权力，可以处理行为和表现过差的学生，对于极少数表现过差的学生，不仅该科目不能得到相应学分甚至会直接影响到该生操行的评价。当然，通识课要面向全校学生，让学生自选并给出一到两周的试听时间，然后再注册选课。一旦选课成功，学生就应该在上课出勤、课堂听讲、小组活动、实践报告、课程作业等所有方面遵循任课教师的要求。只有这样才能保证教学质量，实现开课目标。对于需求学生较少、达不到开课基本要求的课程，可以充分利用好校园文化、社团、协会、社会实践和各种校内外活动等来实现这部分学生的需求。当然，与选课比后者无法获得学分。当然，上课的学生也不是消极被动的，学生要对任课教师提出合理化的建议，监督教师教学情况，评价教师教学成果，通过这种方式不断改进和提升通识课的教学质量。

通识课教学对于我们是一个相对较新的课题，提高教学质量需要多方面的努力，教育行政部门、学校领导、教师的团队合作是搞好通识课教学的关键因素。我相信通过多方面的努力，我们一定能够实现通识课教学质量的提升，为教育改革和为国家培养优秀人才做出应有的贡献。

参 考 文 献

[1] 张寿松：《大学通识教育课程论稿》，北京大学出版社 2005 年版。
[2] 熊贤君、金保华：《通识教育的课程设置与实施途径》，载《教育评论》2000 年第 4 期。
[3] 黄俊杰：《大学通识教育的理念与实践》，华中师范大学出版社 2001 年版。
[4] 李曼丽、汪永铨：《关于通识教育概念内涵的讨论》，载《清华大学教育研究》1999 年第 1 期。
[5] 李曼丽：《通识教育——一种大学教育观》，清华大学出版社 1999 年版。

（作者单位：管理学院）

关于提升大学生积极心理资本促进学业发展的思考

刘艳文

一、引　言

大学生的心理健康和学业发展日益成为高等院校关注的焦点。心理资本在学习领域中的研究已清晰表明，心理资本的四个维度（自信、希望、坚韧性、乐观），不仅能对学生的学习成绩产生积极影响，也对大学生的情绪、生活和工作等均有较大的影响。[1]心理资本的四个子维度对学业成就有显著正向影响和较强的预测力[2]，高心理资本的学生，其学业成绩相对较好，而且他们的人际关系也相对较好。大学生积极心理资本和学业倦怠、学业拖延等之间也有着密切的负相关关系，且达到较高的显著水平。[3]了解中央民族大学大学生的积极心理状态，进一步分析个体心理资本水平对学业发展的影响，不仅有利于我们发现和把握大学生在成长过程中的问题，也有助于我们进一步有针对性地提供组织支持和心理辅导来改善中央民族大学在校大学生的学业发展。

二、研究方法

（一）研究样本

本文以中央民族大学的本科在校生为样本，对大学生学业发展和心理资本发展现状进行调查。本研究通过问卷调查选取来自于中央民族大学外国语学院、民族学与社会学学院、经济学院、朝鲜语言文学系等院系的学生作为样本，共发放400份问卷，实际收回有效问卷356份，有效回收率为89%，其中学生样本的年级分布为大二（N＝132），大三（N＝160）和大四（N＝64）；女生数量为262人，男生数量为94人；有269人担任过学生干部，87 人没有相关经历；19 人是特长生，337 人是非特长生；90 人是贫困生，266 人是非贫困生。

（二）测量工具

在本研究中，心理资本水平的测量使用由 Luthans 等人编制的心理资本量表[4]，该量表共 24 个题项，由自信、希望、坚韧性和乐观四个分量表构成，每个分量表均由 6 个题项构成，使用 5 点利克特量表进行计分，在本研究中心理资本量表的 Cronbach's α 系数为 0.89，各分量表的 α 系数分别为 0.84、0.83、0.68 和 0.78。

在校大学生的学业发展包括学习倦怠，学业绩效和学业拖延三个变量，其中对大学生学习倦怠的测量采用连榕修订的大学生学习倦怠调查量表[5]，共有 20 个题项，使用 5 点利克特量表进行计分，在本研究中的 α 系数为 0.82；对学业绩效的测量由于采用匿名施测方式很难直接获得客观数据，本研究参考徐淑英等人编制的个人绩效问卷，结合学生的实际情况进行相应修改，共有 8 个题项，使用 7 点利克特量表进行计分，在本研究中的 α 系数为 0.89；学业拖延方面引用一般拖延量表[6]中与学业发展相关的 7 个题项，使用 7 点利克特量表进行计分，在本研究中的 α 系数为 0.75。

（三）统计分析方法

使用 SPSS18.0 进行描述性统计、相关分析、t 检验和回归分析。

三、数据分析与结果

（一）描述性统计与相关性分析

描述性统计与相关性分析的结果见表 1，各变量的均值、标准差无异常之处。心理资本各维度之间的相关系数介于 0.45 和 0.51 之间，说明存在较明显的相互影响关系。自信、希望、坚韧性和乐观四个变量均与学业绩效显著正相关、与学业倦怠和学业拖延显著负相关。学业绩效与学业倦怠、学业拖延之间呈显著负相关；学业拖延和学业倦怠之间有一定的正相关关系。

表1　变量的均值、标准差和相关系数

变量	均值	标准差	1	2	3	4	5	6
1. 自信	3.65	0.71						
2. 希望	3.29	0.74	0.46**					
3. 坚韧性	3.52	0.66	0.51**	0.55**				
4. 乐观	3.52	0.73	0.45**	0.49**	0.54**			
5. 学业倦怠	2.82	0.47	-0.30**	-0.44**	-0.40**	-0.38**		
6. 学业绩效	4.10	1.04	0.31**	0.46**	0.40**	0.29**	-0.40**	
7. 学业拖延	3.85	0.98	-0.17**	-0.30**	-0.24**	-0.18**	0.47**	-0.33**

注：*表示 $p<0.05$；**表示 $p<0.01$；***表示 $p<0.001$

（二）不同群体的差异性分析

差异性检验（见表2）表明，性别差异、是否担任过学生干部、是否是特长生以及是否是贫困生等因素，会在大学生心理资本和学业发展的不同维度上形成显著差异。与差异性检验结果相对应的各变量的均值和标准差见表3。

表2　差异性分析的t检验结果（t值）

	性别	是否学生干部	是否特长生	是否贫困生
自信	-0.58	7.74***	0.35	-2.40**
希望	-0.76	2.70***	-0.34	-0.60
坚韧性	-0.96	2.99***	-2.03**	0.12
乐观	-2.69***	2.82***	-0.73	-0.07
学业倦怠	2.67***	-4.08***	4.72***	-2.29**
学业绩效	-0.68	1.53	-2.31**	0.16
学业拖延	0.73	-1.58	2.41**	-0.42

注：*表示 $p<0.05$；**表示 $p<0.01$；***表示 $p<0.001$

男生和女生在乐观和学业倦怠方面存在显著差异。相较于男生而言，女生更为乐观，她们的学业倦怠水平也更低一些。担任过学生干部的大学生在自信、希望、坚韧性和乐观这四个变量上显著优于没有担任过学生干部的学生，而且他们的学业倦怠水平较之一般同学也更低。特长生在坚韧性方面显著弱于其他学生，并在学业发展水平的各个维度上均与其他学生存在显著差异。他们总体呈现出更高的学业拖延和学业倦怠水平，且学业绩效水平也更低。贫困生作为一个特殊的学生群体，他们在自信水平上显著低于其他学生，并且表现出更高的学业倦怠水平。

表3　差异性检验对应各变量的均值和标准差

	自信	希望	坚韧性	乐观	学业倦怠	学业绩效	学业拖延
男				3.42 ±0.70	2.88 ±0.48		
女				3.55 ±0.73	2.79 ±0.47		
学生干部	3.74 ±0.68	3.32 ±0.72	3.56 ±0.66	3.55 ±0.71	2.78 ±0.47		
非学生干部	3.36 ±0.71	3.18 ±0.78	3.41 ±0.65	3.41 ±0.77	2.92 ±0.47		
特长生			3.34 ±0.73		3.06 ±0.38	3.79 ±1.11	4.08 ±0.68
非特长生			3.53 ±0.65		2.80 ±0.48	4.13 ±1.04	3.84 ±0.99
贫困生	3.56 ±0.68				2.76 ±0.46		
非贫困生	3.68 ±0.72				2.84 ±0.48		

（三）心理资本水平对学业发展的影响

基于以上的差异性检验结果，设定性别、是否是学生干部、是否是特长生和是否是贫困生为控制变量，以学业拖延、学业倦怠和学业绩效为因变量，以心理资本的四个维度为自变量进行回归，分析结果见表4。

表4　心理资本水平对学业倦怠、学业绩效和学业拖延的影响

变量	学业倦怠		学业绩效		学业拖延	
	方程1	方程2	方程3	方程4	方程5	方程6
性别	−0.09***	−0.06**	0.02	0.01	−0.02	−0.01
学生干部	0.13***	0.08***	−0.056*	0.01	0.05*	0.02
特长生	−0.14***	−0.12***	0.079**	0.06**	−0.06*	−0.05
贫困生	0.07**	0.09***	−0.01	−0.03	0.01	0.02
自信		−0.03		0.08**		0.00
希望		−0.27***		0.32***		−0.25***
坚韧性		−0.15***		0.18***		−0.10***

续表

变量	学业倦怠		学业绩效		学业拖延	
	方程 1	方程 2	方程 3	方程 4	方程 5	方程 6
乐观		-0.14***		0.00		0.00
F	7.59***	36.91***	2.67**	32.92***	1.06	11.13***
R^2	0.05	0.28	0.02	0.26	0.01	0.10
ΔR^2		0.23***		0.24***		0.09***

注：*表示 p<0.05；**表示 p<0.01；***表示 p<0.001；表中的回归系数为标准化系数；模型2、4、6 的 ΔR2 的计算分别以模型 1、3、5 为基础。

具体而言，在模型 2 中，当心理资本各维度进入到回归方程时，希望、坚韧性和乐观三个变量的回归系数分别为 -0.27（$p<0.001$）、-0.15（$p<0.001$）和 -0.14（$p<0.001$），它们均能够显著降低学生的学业倦怠水平。心理资本四个维度的变量加入后，模型 2 相对于模型 1 的 ΔR^2 为 0.23（$p<0.001$），表明在控制性别等控制变量的作用下，心理资本水平对学业倦怠的解释力为 23%。

在模型 4 中，当心理资本各维度进入到回归方程时，自信、希望和坚韧性三个变量的回归系数分别为 0.08（$p<0.01$）、0.32（$p<0.001$）和 0.18（$p<0.001$），它们均能够显著提高学生的学业绩效水平。心理资本四个维度的变量加入后，模型 4 相对于模型 3 的 ΔR^2 为 0.23（$p<0.001$），表明在控制四个控制变量的作用下，心理资本水平对学业倦怠的解释力达到了 24%。

在模型 6 中，当心理资本各维度进入到回归方程时，希望和坚韧性的回归系数分别为 -0.25（$p<0.001$）和 -0.10（$p<0.001$），它们均能够显著降低学生的学业拖延水平。心理资本四个维度的变量加入后，模型 6 相对于模型 4 的 ΔR^2 为 0.09（$p<0.001$），表明在控制四个控制变量的作用下，心理资本水平对学业倦怠的解释力为 9%。

四、结论与讨论

（一）控制变量对心理资本和学业发展的影响

本次调查表明，中央民族大学男生在乐观维度上的得分显著低于女生，他们应该是心理资本开发和提升的重点对象。这与之前学者研究的结论有些差异，已有的结论强调男女生在自信方面存在显著差异，且男生要高于女生，而在其他维度的差异并不具有统计学意义。[7]

有学生干部经历的学生“技高一筹”，他们在心理资本的各个维度上都有更好的表现。得益于担任学生干部期间在责任担当、沟通协调、团队合作，以及相互帮助和组织支持等方面的经历，他们更容易对自身能力和自我价值有客观的认知，更容易形成积极的归因风格并拥有更高的希望水平。这在很大程度上表明，心理资本的提升必须建立在良好的社会参与和人际交往之上。

与一般认为特长生在自信和坚韧性等方面更具优势的判断不同，本次调查结果显示特长生在坚韧性方面显著低于其他学生，而且他们在学业倦怠、学业绩效和学业拖延三个方面的表现均比其他学生要差。如何让特长生在专长和学业两方面保持平衡，如何提升特长生对于学习的热情和坚韧性，如何将特长生的专注精神融入生活和学习中等多方面的问题，都是学校针对特长生这个群体应该给予特别关注的。

高校贫困大学生作为一个独特群体是否也存在“心理贫困”问题，已经成为高等教育和社会关注的焦点。一方面，贫困大学生由于经济状况不佳，面对日益严峻的就业形势，容易产生无力感，觉得无法掌控自己的未来，特别是在相互攀比的氛围下，总感觉自己低人一等，进而导致失望和悲观情绪；另一方面，由于贫困生在经济方面的压力，他们更希望在毕业后凭借自身所学谋求一份好的工作，一旦学校的课程体系和市场需求之间关联性不强，贫困生较之其他学生会更容易产生厌学和倦怠情绪。在本研究中，贫困大学生在自信水平上显著低于其他学生，并且较之其他学生有着更高的学业倦怠水平，这在一定程度上为我们敲响了警钟。

（二）心理资本各维度对学业发展有正向的积极作用，但影响因素和强度各不相同

心理资本的四个构成变量对学业发展均有显著的正向影响，其对学业倦怠、学业绩效和学业拖延的总效应（R^2）分别为0.23、0.24和0.09，表明心理资本在大学生学业发展的决定因素中扮演着重要角色，学校应该重视对大学生心理资本各个维度的有效开发。具体而言，心理资本各维度对学业发展的影响并不相同。相较于其他两个心理资本维度，希望和坚韧性在本次研究中对学业发展的三个维度均有显著的预测作用。希望同时包含了目标设定的理性和目标实现路径受阻时及时进行调整的灵活性，在本研究中对学业绩效、学业倦怠和学业拖延均有最强的预测效度，其值分别为0.32（$p<0.001$）、-0.27（$p<0.001$）和-0.25（$p<0.001$）。拥有

高坚韧性的个体，在充满压力和不确定性的环境中从不轻言放弃，并能及时调整和发展自己，在本研究中对学业发展是仅次于希望的预测变量，其对学业绩效、学业倦怠和学业拖延的预测效度分别为0.18（$p<0.001$）、-0.15（$p<0.001$）和-0.10（$p<0.001$）。

乐观的个体倾向于将积极的事件归于内部，而将消极的事件归于外部，并以此作为适应不确定变化的一种手段。在本研究中，乐观仅对学业倦怠有显著影响，预测效度为-0.14（$p<0.001$）。对于乐观主义者而言，那些影响学业倦怠的不利因素如学业压力、与同学的关系、生理表现等，并不意味着会带来这样或那样的挫折，相反可能是带来成功的机会。就这一角度，乐观的学生更容易应对学业倦怠。

自信是影响个体绩效最为关键的影响因素。而在本次调查中，自信虽然对学业绩效有显著影响，但其预测效度仅为0.08（$p<0.01$），远低于希望和坚韧性对学业绩效的预测效度。这在一定程度上表明，提升学业绩效不仅要对自己有信心，更重要的是要有较高的希望水平，既能够设定现实而又有挑战性的目标，并在最初设想受阻时能够找到替代路径来实现所期望的目标，此外还要有在困境中积极应对、永不放弃的毅力。

五、提升中央民族大学大学生心理资本的建议

（一）针对大学生进行心理干预以提升心理资本水平

积极心理学运动提示我们，我们应该更好地去发展那些能够决定个体成功的关键因素，如自信、乐观、希望等，而不应该仅仅关注那些导致个体失败的因素，如抑郁、自闭等。与少数学生极端的消极心理状态相比，提升大多数学生的积极心理状态无疑更具建设性意义。心理资本的可开发性已经得到共识，个体的积极心理状态在采取心理资本干预措施后会有显著提升。此次调查显示，中央民族大学大学生的心理资本得分处于中等水平，总体而言在塑造积极心理状态方面仍有较大的提升空间。学校应该开设相应的心理辅导课程，重点培养学生的乐观精神，通过体验成功、树立榜样等手段增强他们克服学习困难的信心。通过克服障碍、执行计划等手段帮助他们在不断挑战和超越的过程中提升自己的希望水平和坚韧性，同时还可以通过鼓励学生积极参与体育锻炼、记录感恩事件、积极参与集体活动等多种方式进行积极的心理干预来提升大学生的心理资本水平。

（二）鼓励学生积极参与社会实践和学生活动

相较于以认知技能为核心的人力资本，社会资本和心理资本更能预测大学生的成功和长久发展。死读书，考高分并不是学业发展的真正内容，大学生在学习知识的同时必须要关注自身的能力提升和身心发展。调查表明，担任过学生干部的学生普遍具备较高的心理资本，他们在学业发展的各个方面也优于没有担任过学生干部的学生。这在很大程度上是因为学生干部的相关工作在积极性和责任心上有较高的要求，承担此类工作对于大学生的心理成长和学业发展有积极的促进作用。而且应该引起重视的是，积极心理资本的开发是一个人与社会之间交互的过程，学校应该创造条件提供发展性环境，支持学生积极参与社会实践活动进行自我锻炼，帮助学生实现全方位的发展。

（三）针对大学生中的特殊群体提供支持性的发展环境

分析结果显示特长生比非特长生更容易产生学业倦怠和学业拖延现象，他们的学业绩效水平较低，并且在心理资本的坚韧性方面显著低于其他学生。一般而言，特长生由于基础相对较差，他们在英语、高等数学等重头课程上比较吃力，加之需要同时兼顾业务专长和学业发展两个方面，很容易在大学生活的开始阶段就在学习上产生挫败感和无助感，进而产生较高的学业拖延和学业倦怠水平和较低的学业绩效水平。针对特长生，学校可以考虑有组织地加强特长生与老师和其他学生之间的互动，一方面能使他们有更多展示自身特长的机会，借助积极的反馈和认可策略来提升他们的自信心；另一方面也有助于他们在遇到学习困难的时候能够感受到同学的帮助和组织的支持。而就特长生提升坚韧性的自我修炼而言，可以通过积累相关的知识、经验和技能，拓展社会关系网络等手段来积累韧性资产；通过疏导不良压力和转移消极情绪等方法来减少负面的影响因素；以及在逆境中不轻言放弃，通过学会自我调节来积极应对困境等获得预期的改善。

贫困生在此次调查中也被作为一个独特的群体进行分析，他们在心理资本尤其是自信方面的得分显著低于其他学生。考虑到此类学生通常要面对更多的经济压力和家庭负担，他们能否拥有积极的心理状态更有可能影响其对于困难和挑战的应对方式。学校一方面应该通过提供助学贷款、助学金和奖学金，创造勤工助学机会等手段尽可能减轻贫困大学生就学期间的经济压力；另一方面学校还应有的放矢地重点对贫困学生开展减压和正确对待压力的心理辅导，鼓励贫困学生主动选择和参加社团，积极参加各类集体活动和社会公益活动，要尽可能地给予他们自我展现的机会，引导他们积极构建人际关系网络并认识到自身的优势，帮助他们从积极应对挑战中获得成就感来提升自信心。

参考文献

[1] 胡烨妃、骆宏：《心理资本在学习领域中的研究进展》，载《中国校外教育》2010年第8期，第4—5页。

[2] 王雁飞、李云健、黄悦新：《大学生心理资本、成就目标定向与学业成就关系研究》，载《高教探索》2011年第6期，第128—136页。

[3] 付立菲、张阔：《大学生积极心理资本与学习倦怠状况的关系》，载《中国健康心理学杂志》2010年第11期，第1356—1359页。

[4] Luthans F、Youssef C. M、Avolio B. J：《心理资本——打造人的竞争优势》，李超平译，中国轻工业出版社2008年版。

[5] 连榕、杨丽娴、吴兰花：《大学生的专业承诺、学习倦怠的关系与量表编制》，载《心理学报》2005年第5期，第632—636页。

[6] Lay C H：“At last，my research article on procrastination”，“Journal of Research in Personality”，1986年第4期，第474—495页。

[7] 梁栋：《不同学习成绩大学生心理资本的比较分析》，载《教育科学》2010年第11期，第156页。

（作者单位：外国语学院）

教学研究与改革

外语专业基础阶段学生批判性思维的培养

桃格茹

作为一种“思维技能运动”，批判性思维（Critical Thinking）有着一个较长的发展历史。它既是一种哲学运动，同时也是一种教育与心理学运动。早在20世纪初期，社会学家威廉·葛雷安·索姆奈就在其《社会习俗论》一书中指出：“批判性思维是塑造优秀市民的最佳教育方式。”[①] 杜威也非常赞成这一看法。虽然在其教育理念中并未直接正式提出“批判性思维”这一术语，但他的“反省性思维”或“反思”就是教育界现在所提的批判性思维，即“能动、持续和细致的思考任何信念或被假定的知识形式，洞悉支持它的理由以及它进而指向的结论”。换句话说，就是“一种有目的的，对知识的过程、理论、方法、背景、证据和评价知识的标准等正确与否做出自我调节性判断的思维过程”。[②] 20世纪80年代末，美国哲学学会将批判性思维界定为：“有目的的，自我校正的判断，这种判断表现为解释、分析、评估、推论以及对判断赖以存在的证据、概念、方法、标准或语境的说明。”并指出：“一个理想的批判性思维者通常具有以下特征：惯于提问，知识全面，信赖理智，心胸开阔，思想灵活，公正评价，不带偏见，慎做结论，乐于斟酌，善于应对复杂问题，勤于搜集资料和信息，专注于探究，不懈寻求问题答案。”[③] 可见，批判性思维没有学科边界，任何涉及智力或想象的主题都可从批判性思维视角考察。目前我国外语专业学生的培养中，一个突出问题就是学生逻辑思维能力低下，缺乏综合分析、批判思维能力。虽然表面上看，不少同学表达流利，发音标准，事实上却缺乏缜密的逻辑结构，条理性差。因而，在大力倡导素质教

---

① Critical Thinking—Tools for Taking Charge of your Learning and your Life [M], Richard Paul and Linder Elder, Prentice Hall, 2001: 378.

② Dumke G. Chancellor’s Executive Order 338. California State University, Chancellor’s Office, Long Beach. 1980.

③ 王源生：《关于批判性思维》，载《求索》2004年第7期，第139页。

育、新型教学和创新型社会建设的背景下，培养外语专业学生批判性思维能力就成为我们应思考的问题。

一、传统的英语教学模式

目前，我国英语专业本科阶段的教育现状是一二年级开设听说读写等专业基础课，三四年级开设翻译、语言学、文学等专业方向高级课程。无论是基础课还是专业方向高级课程都相对较为独立，尤其是专业基础课程，依然是一种“以课文为中心”的传统教学模式。即依照课本以单词讲解，语法难点为主，通过知识传授和对语言项目的反复操练，大量背诵来增强学生的语感。这种以教师为中心的课堂教学重模仿、轻创造，重语言准确性、轻内容创新性。因而，很难达到学生知识的交融的目的，也削弱了对学生逻辑思维能力和思考辨析能力的培养。保尔（R. Paul）提出：“学生在课堂教学中学习的知识是‘惰性知识’，这种知识是学生所拥有的、逻辑上相关但不能被应用的知识。”① 认知心理学家沃尔夫称其为“静态知识”，而批判性思维理念强调的核心是逻辑知识与逻辑思维能力之间的关系，或者更简单地说是知识和能力之间的关系，因此，如何将这种“惰性知识”或“静态知识”转化为“动态知识”即知识转化为技能就显得尤为重要。其次，从主客体关系上来看，传统的教学模式中教师是知识传授的主体，学生是客体，主客体之间是一种以教授课本语言知识为中心的单向的知识流动。虽然基础阶段的专业教学将课本置于中心，课堂教授的“静态知识”与课后练习中相应的知识熟练与运用（即运用知识的能力）似乎符合知识的生产和积累，但很明显课堂上教师为主体和学生为客体的关系并未改变，学生只是在机械被动地运用知识，并没有真正积极主动地参与到知识生产积累的过程中去。因而，其逻辑思维能力并未真正得到培养和训练。

人本主义学习观的提倡者卡尔·罗杰斯认为人类具有天然的学习潜能，但是真正有意义的学习却只发生在所有学习内容具有个人相关性和学习者能主动参与之时。他强调以学生为中心，重视“真实情境”中的兴趣学习，认为那是一种有意义的体验性学习。因为在真实的情境中，当所学的对他有切实的个人意义时，学习者才会去感受、去做、去行动，他的智

① 钟启泉：《现代课程论》（新版），上海教育出版社 2003 年版，第 25 页。

力活动和感知、情感活动交织在一起，他才会全身心地投入到学习中去。因此，在整个教学过程中教师要充分认识到，学生是有个性的认识主体、实践主体、自我发展主体，要引导学生根据自身的思考逻辑做出自我的目标定位，利用积极性与主体性，将惰性的课本知识转化为主体性知识，努力实现学习主体的回归和创造性思维的培养。

二、外语教学中培养批判性思维的几个重要环节

批判性思维的培养没有固定模式，随着各学科的教学目标及内容不同，教学方法也相应变动。对于外语教学而言，尤其是基础阶段的教学，我们认为把对学生批判性思维能力的培养融入专业课课程教学之中是较为理想的方式。在这个过程中，以下几个环节至关重要：

（一）转变现有的教学理念

教学理念对教学的影响具有双重性：教学理念来自于教学实践，同时它又反过来指导教学实践。传统的教学理念中，课本被看作是知识的唯一载体，其中的语言基本知识成为英语教学的主要内容。而教师是教学的主体，是知识的占有者和传授者，具有权威的力量；学生是客体，是知识的被动接受者，是知识的存储体，虽然通过课堂学到了一定的知识，但并未真正将所学静态知识转化为动态知识。因而，这种教学模式严重地挫伤了学生的创造精神和实践能力，导致学生学习的厌倦感，也就不可能形成批判性精神，不可能具备创造性思维方式。事实上，外语教学不应是知识的被动积累，而是培养塑造人的一种过程。这种过程应是将惰性知识或静态知识转化为动态知识的过程。因此，教师应积极转变原有的陈旧理念，用发展和变化的观点把握知识的本质和性质，充分调动学生的积极性和创造性，激发学生的多向思维，充分为学生提供自我发现问题和自我表达的机会，让他们自我发现信息，实现与外部知识的有效连接，真正做到让学生成为学习的主体，变被动知识接受者为主动学习创造者，才有可能培养其批判性思维和创造性思维。

（二）尝试不同的教学模式

陈旧的外语教学模式是典型的灌输式记忆存储，因而，学生也容易养成一种思维惰性，懒于思考，更多依赖于教师或教参提供的标准答案，而不能主动地进行批判性思考。鉴于此，在新生一入学开始上专业课时，就

要有意识地改良学生的学习方法，培养锻炼学生批判性思维能力，首先重要的就是教学目标的设定。这种教学目标的设定不应等同于传统的外部驱动目标，如要在基础阶段通过专业四级或在高年级阶段通过八级考试的应试目标（虽然这是必要而且也很重要）。这种教学目标应是利用批判性思维以及建构主义的指导理论帮助学生建立自主目标和主体发展意识，从学习的需要出发，借助自我中心思维和概念重构来实现知识的内化。也就是说，在这样一种根据学生自身特点所确定的学习目标的指引下，让学生在教学过程中充分发挥主体性优势，掌握学习的方法，感受的方法，利用主体思维能动地将书本的惰性知识转化为动态知识，并由此引起其主体行为的变化，实现自我主体发展和批判性思维的培养。其次，教学内容的选择应在课本的内容基础上立足于真实的外部世界，将教学内容与学生的真实环境相关联，让学生通过个人、小组、集体等多种解难释疑探究尝试活动，将自己所学知识应用于解决实际问题，从而达到开发学生智力，发展学生批判性思维，培养学生自学能力的目的。在这样的教学课堂中，教师扮演的角色就不仅仅是知识传授者，更多的是和学生一样的参与者、引导者，为学生设立探究的氛围，促进探究的开展，把握探究的深度，评价探究的成败。这样，学生就和教师、教学目标、教学内容及外部知识建立起一个良性、可控的链接，从而通过不同的途径达到目标和实现进步。再次，建立动态的教学模式。具体而言有批判性的阅读、文论解析、角色扮演、案例教学等。当然，根据不同的要求和目的以及不同的内容，课堂教学的模式也应随之变化，但最终的宗旨是最大限度地让学生在思维方面得到训练，以批判性阅读为例。批判性阅读是学生在理解文本的基础上，根据一定的原则和标准对读物的真实性、有效性、及其价值进行判断，并作出评价的一种阅读。这种阅读通常分为三个层次：了解性阅读、理解性阅读和反思性阅读。批判性的阅读的主要步骤有：预习文本，获得相关话题的背景知识；决定文本的组织结构，提出问题，审视理解；归纳作者的观点并评估读者关于该话题的背景知识；最后同其他同学或读者共同合作讨论阅读文本中的观点。可见，这种批判性的阅读是一种科学的阅读方法和态度，要求读者以积极开放的态度去阅读，运用批判性思维，不只停留或满足于基本的篇章理解，而是追求更深层次的审视和质疑。外研社《现代大学英语》基础阶段每册的第一课通常都为有关教育、思考或学习的文章。这种安排体现了编者从一开始就确立了培养学生批判性、创新型思维的思想。无论是 Half a day，Another School Year – What For，The Thought Card，还是 Your College Years，Thinking as a Hobby 和 The pleasures of learning 无一不是如此。正如 The Thought Card 中的西蒙博士："他通过提问，引出其他老师从未提及的话题进行教学，他提出质疑促使我们去思考，并且是深刻的思考。社会问题，政治问题，个人问题，所有一切都犹如磨坊里有待研磨的谷物成为他课堂上讨论的话题……"在学生到达理解性阅读阶段后，反思性的阅读自然而然成为探究更深话题的过程，学生可以同意、部分同意或不同意文中提到的观点，但他必须总是考虑"为什么"。这个过程就是学生在培养批判性思维的过程，是将静态的文本知识内化称动态知识的过程。又如利用西方文论或文学批评来阐释文本，使学生能够在理解性阅读的基础上参与到文本意义建构的活动中来，体会阅读的快乐，学习西方文化，赋予文章新的内涵，从而实现探索文化内涵和实现人文价值的目的，这样，学生批判性思维能力也能得到有效训练和培养。现以《现代大学英语》第一册第二课《回家》为例，简要说明如何利用西方文论来激发学生将静态知识转化为动态知识，同时又促进静态知识的发展，实现相辅相成的作用。《回家》的故事发生在一个春天，主要场景是在一辆前往佛罗里达度假的车上，车上除了外出旅游的 6 个年轻人，还有一名叫温格的乘客。温格沉默寡言，独坐一隅，引起了同车年轻人的好奇。在其中一个女孩的追问下，温格讲起了自己的往事。原来温格是刚刚获得假释的罪犯，在狱中曾写信给妻子，表达了自己的愧疚和歉意，并表示如果妻子改嫁他人，他也毫无怨言，之后二人再无联系。如今在不能确定妻子是否还能接受自己的情况下，温格告诉妻子，如果接受他，就请在小镇入口的大橡树上系上一条黄丝带，那他就回家；如果不能接受他，他将随车而去，远走他乡。就在汽车驶入小镇的瞬间，年轻人们看到了满树的黄丝带，欣喜若狂；温格则热泪盈眶地下了车踏上了回家的路。

文章以第三人称叙述，增强了故事的戏剧性。由于前一课书恰好是以第一人称描写的故事。在这里，故事的讲述发生了变化，正好用来讲述文章叙事技巧的变化，让学生体会由于视角的转变，文章会给读者带来什么样的阅读效果？通常，当作者面对同样的素材、同样的主题采用不同的叙述方式时，作品产生的效果就会截然不同；而同一个故事由于叙事视角、叙事技巧的差异，作品所体现出来的整体韵味也会大不相同。每一种讲述方式都会在读者身上产生独特的阅读反应和情感效果。因此，如何讲述直接决定着这种效果能否得到实现。本文采用的第三人称视角，就使故事叙述起来显得相对客观、公正。同时，这种叙述也拉开了作者与文本，尤其是其人物、读者与文本的距离，使人物的内心情感真正成为审美对象。《回家》一开始就对故事的时间、地点和人物进行了介绍，这种第三人称的叙事视角充分发挥了它的全知性，叙述者就好像是无处不在的摄像机镜头一样，由远及近，由外到里，从车外的风景进入到了车里的乘客；从年轻人活泼好动到温格的沉默寡言，虽然没有直接描写温格的心理活动，但通过他“身着不合体的浅棕色套装，满是灰尘的脸……过多的吸烟而发黄的手指”，以及“他不停地咬着下唇……好像完全没有意识到其他人的存在”的描写，读者可以强烈地感觉到人物外部的行为事实上是内心活动的反映，动作的客观描述使文章的立体感清晰地展现在读者面前，温格那种忐忑、焦虑又渴望的内心一下子就跃到了读者面前，使读者想知道这个人到底是谁？这事实上在叙事的过程中抛给了读者一个悬念。通常，为加强作品的思想、艺术感染力，作家和导演通常在处理情节结构时使用各种手法引起观众或读者的悬念来体现作品中的矛盾冲突，本文也不例外。接着，在这种全知的视角之下，叙述者从各个角度和各个层面向读者透露信息：温格是一名刚刚获得假释的罪犯，现在在回家的途中，但这个旅途能否有终点还未知……“你成家了吗?”“我不知道。”“你不知道?”“是的。”“那么你现在要回家了，而什么都还不知道?”“是的。”虽然都指向温格，但叙述者在文中与主人公拉开距离，使得这一叙述者也成为故事的一名读者，与真实读者一起关注情节的发展、人物的命运，最大限度地拓展了审美空间。当女孩将温格的故事告诉同车的伙伴时，所有的人都被触动。叙述者并未直接说明年轻人是如何被触动的，但随着他们的表情快速的变化以及温格此时的神情对比“温格将目光从车窗移开，脸绷得紧紧的，又恢复了……冷漠神情”，以及“离布朗兹威克只有10英里了，只有5英里了，车内一片寂静……”所有人的心脏都像温格一样跳动地异常快，故事到了高潮，在“突然所有的年轻人都从他们的座位上跳了起来，大声叫着、喊着、欢呼着，手舞足蹈，摇晃着紧握的拳头以示胜利和兴奋，除了温格……”悬念解除。由此，从戏剧性的角度讲，结果不仅是读者关注的焦点，而如何引向这个结局成为他们更为关注的另一个焦点。读者浓厚的兴趣也正是在这之前的那个阶段各个人物的经历的内心和外部动作变化。最后，“温格泪眼婆娑地望着那棵系满了黄丝带的橡树，缓缓地从座位上站起来，用力地支撑着自己，走到了车的前部，踏上了回家的路”。

本文的故事背景为20世纪60年代的美国，正值美国年青一代的反叛，他们蔑视传统、辍学以寻求物质和精神上的谋生。人类的一些优秀的价值观，如同情心、理解、信任和爱似乎消失殆尽。因而呼唤回归，呼唤爱是人们的渴望。本文通过这样一个假释犯和一群年轻人共乘一辆车的经历，表达了一种强烈的“回家”的愿望。而文中所采用的叙事方式也为故事增添了浓厚的情感色彩。

这正是利用西方文论，在提升动态知识的同时反作用于其静态知识，最终实现两种知识的转化和共同发展，从而实现批判性思维的训练和培养。通过这样的一种学习方式，极大地激发了学生的参与性，在课堂讨论中，学生会讲述自己的感受，甚至将这种探究的方式反拨到第一课，仔细对比第一课中所利用的第一人称叙事方式在传递主题思想、人物刻画以及效果方面的作用，学生学习能动性大大提高，有效地促进了教师的进一步教学。

角色扮演和案例分析也都是很好的训练和培养学生批判性思维的方法，但角色扮演要避免单纯的模仿，而是让学生在自己创作的情境中进行表演，这样才有利于学生从思维模仿到思维创新的过程。

三、结　语

批判性思维的培养是一个长期的过程，必须在实践中反复练习。同时，它对于教师也提出了很高的要求，教师的教学能力、表达能力、引导能力、观察学生的能力、道德教育能力、精神感召能力、与学生交往的能力、组织能力以及业务能力都对培养学生批判性思维的培养和训练至关重要，这也是大学素质教育的本质所在。因此，只有当教师具有创新意识，并不断地探究与设计，创新教学、批判性思维能力的培养才能得以不断实施。

（作者单位：外国语学院）

对外汉语词汇教学的创新模式研究①

孙晓明

词汇教学是语言教学的中心环节，贯穿着对外汉语教学的全过程。目前的国际外语教学新理念认为词汇是交际的工具，强调将词汇运用到语言交际中的能力。在这种新的教学理念的指导下，如何建立与交际活动和交际任务相结合的词汇创新教学模式，更好地培养学习者的交际能力，是一个非常值得探讨的问题。而以功能为导向的对外汉语词汇语料库的建设，在这一新的教学模式中将起到至关重要的作用。

一、以功能为导向的汉语词汇语料库的建设构想

以功能为导向的对外汉语词汇语料库的建设，可以将词汇教学与语言交际能力的培养结合起来，可以帮助学生围绕语言交际能力的培养、围绕语言功能来习得词汇。在国外词汇语料库建设领域，加拿大蒙特利尔大学的 Cobb 教授带领的团队所开发的 Compleat Lexical Tutor 的词汇学习和研究网站 http：//www. lextutor. ca/就提供了丰富的语料库资源和各种功能强大的词汇检索和分析工具。在对外汉语词汇教学和研究领域，尚未拥有这种语料库和网络资源。我们可以根据学习者的需求创建小型专业语料库以满足特定的词汇拓展需求，具体的设想是，创建基本交际、生存、社会活动、个人信息以及综合信息等五大模块语料库，在每个模块下分设各种话题的开放型主题语料群。正如 OpKeeffe，McCarthy & Carter[1]所指出的：小型专业语料库具有更可行、更实用的教学应用价值。

我们划分五大模块语料库的依据，主要是根据《高等学校外国留学生汉语教学大纲》所涉及的交际任务并结合汉语教学的语言功能来划分。我

① 本研究得到国家社科基金青年项目“汉语国际推广背景下的词汇等级标准研究”（项目批准号：10CYY019）和中央民族大学自主立项项目（项目批准号：0910KYQN39）的资助。

们将词汇分为五类：基本交际类、生存类、社会活动类、个人信息类以及综合信息类。这就构成了主题层级的第一级。在第一级的基础上，可以根据每一类主题层级的具体主题分类，构成主题层级的第二级。基本交际类词汇主要包括与人打招呼、相互介绍、表示感谢、歉意、祝贺、受邀参加宴会、基本社交礼仪、书信用语等与日常交际相关的基本词汇。生存类词汇主要包括饮食、购物、寻医问药、寻求帮助、基本生活服务（如去银行存取钱、理发、照相、洗衣、办护照）等日常生活所必需的相关词汇。社会活动类主要包括旅行交通、邮电通讯、参观访问、娱乐休闲、体育运动、获取媒体信息等参与社会集体活动的相关词汇。个人信息类主要包括个人基本情况、婚姻和家庭、学习和工作、爱好和特长、看法和态度、打算和愿望、做某事的原因和目的等与个人信息紧密相关的词汇。综合信息类囊括了除上述四类词汇以外的其余词汇，主要包括环境自然、行政外交、经济贸易、文化艺术、法律道德、科普等相关词汇。在主题层级第二级的基础上，进一步划分具体的话题，就构成了主题层级的第三级。例如，在主题层级的第一级包括生存类这一词汇类别，第二级又包括饮食类这一功能类别，而第三级可以包括“餐馆就餐”这一具体话题。

二、语料库指导下的主题词汇教学模式

（一）理论基础

Chomsky[2]在论述语言系统时曾经指出，一个掌握语言的人要具备该语言的词汇知识，即词库（lexicon）。词库是具体词项的所有属性，这些属性包括每个词项的音位形式表述、句法范畴表述和语义特征。在人脑的心理词库中，词汇并非杂乱排列的，而是一个有组织的词汇集合。我们认为，词语通过语义联系结成网络，在语义上相互联结的词汇往往在交际功能方面属于同一功能类群，这样可以让人们在交际时快速地提取目标词。学习者在口语表达时会使用话题的图式触发该话题的心理词库，最终实现为具体词语。同时，某一话题的心理词库往往是由同一功能类的词汇组成，这些词语跟话题高度相关，且具有共同的语用特征和意义联系，往往属于同一语义场。

McCarthy[3]提出，一个人在用词语表达对真实世界的认识时，存在一种词语的谱系关系。在这个关系中，处于最上层的是“语义空间”（semantic space)，“语义空间”由各种“语义场”（semantic fields）组成。语义场的概念表达了人们对真实世界的知识或概念，并实现为各种“词语场”（lexical fields)，“词语场”由一些具体的词语构成。

德国学者 J. Tries 在 20 世纪 30 年代最先提出语义场理论（Semantic Field Theory)。他指出：词的概念在记忆中是通过一个广泛的关系网络来表征的，每个词的概念表征为网络中一个独特的节点，并借助各种关系与其他的词汇相互联系，构成完整的系统。Channell[4] 进一步指出，词汇在心理词典中是按照语义编排的。如果学习者通过语义关系建立词汇之间的联系，可以在产出词汇时挑选出合适的目标词。事实上，语义场理论指导下的词汇习得是把词汇按某个主题进行分类来记忆，将生词与已有的语义系统建立联系，从而对词汇的含义以及词汇间的关系理解得更深刻。然而，如果学习者通过语义场记忆词汇，很容易把目标词的意思同语义场中其他单词的意思混淆起来。Tinkham[5] 的研究发现，组成语义场的词汇比没有意义联系的词汇更难记忆。这是因为，如果学习者在学习新词时，连同它的同义词、反义词一起学习，学习者虽然掌握了新词的含义，但往往会将新词与其他词汇混淆。然而，如果教师在运用语义场理论进行词汇教学时强调词汇的组合和搭配，可以弥补这一问题。

Sinclair& Renouf[6] 在 COBUILD 语料库项目研究的基础上提出词汇大纲（lexical syllabus）的思路和设想，明确指出词汇教学的重点应放在三个方面：一是语言中最常见的词形；二是这些词形的核心用法模式（patterns of usages)；三是它们的典型组合（ combinations)。由于汉语缺乏词形变化，因此我们在建构语料库时无需考虑第一点，但这至少提示我们，在利用语料库进行词汇教学时，必须考虑词汇的核心用法模式和典型搭配。教师指导学生掌握词汇搭配，可以为学生提供模式化的语块。

“搭配”这一概念是英国语言学家 J. R. Firth 在 50 年代首先提出来的。他认为理解一个词要首先看它的结伴关系，即词与词之间的横向组合关系。这种结伴关系属于词义的一部分，即来自语义上的约定俗成。一般来说，词语的搭配不是由逻辑或频率决定的，而是约定俗成的。教师应该帮助学习者了解词语搭配。如果学习者缺乏词语搭配的知识，往往会借助母语翻译确定搭配，带来词汇产出的偏误。

词汇搭配对语言教学具有非常重要的意义。Cowie[7] 将词汇组合称为构建语言的预制语块。他主张语言是由有意义的语块组成，语块组合起来，就可以产出连贯的语篇，口语中的句子只有非常少数是完全新创造出来的句子。在语言习得的过程中，学习者会经历一个大量使用未经分析的词汇组合的阶段，这一阶段为其以后的学习打下基础。在这一阶段里，学习者会记住一些在交际中使用频率较高的常用语，然后加以模仿运用到类似的交际环境中。在交际活动中，学习者可以理解这类组合的构成，可以正确使用这些组合。学习者在模仿和使用词汇短语的基础上，也会将这些组合加以分解，再进行重新排列，创造出更多的可以用于交际的新句子。因此，词汇教学要提高学习者语块意识。我们在教学中有意识地指导学习者学习词汇组合和固定搭配，将为他们的语言发展打下坚实的基础。

至于该教哪些词汇组合，使用频率无疑是最重要的选择标准。Alexander[8]指出，词汇组合在第二语言中出现的频率是决定教授词汇组合的一个标准，而语料库的运用可以帮助评判词频。Gaims & Redman[9]提出，决定教授词汇组合的标准是实用性。依赖教师个人判断很困难，运用计算机统计使用频率则相对容易。由此可见，利用语料库可以帮助我们更加有效地做好词汇教学。具体而言，在利用语料库资源时，我们可以根据主题的文本进行文本索引（concordance）。文本索引是一种有效的分析手段，索引行基于连续的篇章，通过扩展语境真实地观察某一语言现象和特征，区分一词多义和同形异义，研究词语搭配关系。由于这种功能方便、快捷，为组块化的整体词汇输入、为储存和提取提供了强有力的支持，可以解决学习者的词汇学习中的词语搭配问题。当然，由于学习者需要掌握的词汇是大量的，而词汇组合的频率的确定并不是一件容易的事情。但我们在构建语料库时，至少要考虑根据不同的词汇等级构建不同的功能语料库，同时同一主题也应该包含不同词汇等级的词汇构建的不同的词汇语料库。我们通过这种方式可以根据学习者的语言水平确定其需要掌握的词汇搭配信息，进而有针对性地培养学生运用词汇进行交际的能力。

（二）该教学模式的实施步骤

利用语料库进行词汇教学，主要包括两大步骤：一是根据主题层级，围绕交际功能提取主题词汇；二是围绕主题和话题进行词汇教学。

1. 主题词提取的步骤

主题词一般是使用频率较高的词汇，往往与文本密切相关。在语料库语言学研究中，主题词指的是与参照语料库相比，出现频率显著偏高的词汇。主题词提取的具体步骤包括：第一，把基于功能的语料库作为观察语料库，按照话题分类处理语料，把相同话题的文本放在一起。第二，把中介语作文语料库作为参照语料库，利用 AntConc[①] 软件对于分类后的中介语作文语料库和参照语料库进行处理，建立词表数据库。第三，利用 wordlist 工具生成经过词族处理的词频表以便提取该话题主题词汇的内容图式。用基于语料的任务学习法引导学习者依据词频数及主题相关性原则，建构话题的基本信息框架，促使学习者全面而深入地了解话题图式的主题词汇构成。主题词汇应该包括几个部分的词汇：施事者（agent）、动作词（action）、受事者（recipient）、位置词（location）、描述词（descriptor）和联想词（associate）。此外，语料库还能提供大量在形式及意义上相关联的检索行，如某目标词汇语境共现行，可以帮助学习者将词汇知识图式具体化。教师可以要求学生关注与话题匹配的语言形式在搭配上的特点与分布，从具体的语料中总结出表述该图式的语言形式和选词规律，完成从具体到抽象的图式构建。

2. 围绕主题和话题进行词汇教学

教师利用语料库进行词汇教学，可以借助语料库资源和工具引导学习者利用已有图式构建新的词汇知识图式，促使学习者组织自己的词汇知识网络，由此构建高效的词汇知识联想机制，进而形成词汇能力。在进行教学时，可以以语料库的检索结果为基础，围绕主题和话题展开。

主题是教学活动的中心，也是选取教学材料的依据。在主题下面，又包括话题这一单位。话题往往与主题密切相关，又与具体事件相关，主题则是话题的集合。话题是交际的出发点或对象，也是交际的某种范围。在交际的过程中，学习者一般会从一个熟悉的话题开始，然后围绕话题展开讨论。话题是思想和语言交际的中心，没有话题的交流是一个没有意义的交流。从这个意义上说，话题是文本内容的集中体现，是一系列文本表达对象的集中描述，也是交际交流的总纲。我们按照交际功能将词汇分类，这里所说的“交际功能”，指的就是话题。

在汉语词汇教学中，如何利用主题和话题进行词汇教学是一个需要讨论的问题。一般意义上的词汇教学，大多是以词表为主要依据，注重词的讲解，往往忽视了主题的作用。事实上，教师完全可以利用主题进行词汇教学。因为汉语课堂教学一般是围绕课文展开的，而课文往往与某一话题密切相关。如果教材的编写是以单元为单位进行设计的，而每单元共享同一主题，同时加强综合、口语、听力、阅读等课程的教材配套建设，那样听、

---

① 功能与 wordsmith 相同，是一种免费软件，可以处理中文。

说、读、写、译等活动都可以围绕同一个主题展开。这样，在教学中就可以形成一个以主题为中心的体系，教师可以将课本的词汇有效地纳入主题当中，同时以语料库检索获得的词汇为补充，围绕主题进行词汇教学。Laufer & Hulstijn[10]提出的投入负担假说（hypothesis of involvement）曾经指出，词汇习得效果并不依赖于交际存在以及词汇习得方式是附带习得还是有意习得，而是决定于学习者在任务中的投入程度。对于目标词的加工越精细，即对该词的语音、拼写、语法特征、语义等特征的注意程度越高，记忆效果越好。实施语料库指引的词汇教学，就是要引导学习者在课文主题的基础上，围绕词表以及通过语料库检索到的主题词展开教学，并组织课堂讨论交流，以确保学习者的较高的投入程度。因此，教师完全可以根据教材中课文的主题，根据目标词的难度、重要程度以及所要达到的词汇知识目标的高低等指标来布置各种投入程度的任务。同时，为了突出围绕主题进行词汇教学这一需要，不同课程的教材的配套程度非常重要。对外汉语教学一般以综合课为主干课，而口语课、听力课有复练的性质。如果这几门课程的词汇系统相互呼应，无疑会有助于提高学生词汇学习的效果。

另一方面，通过语料库获得的与某一话题紧密关联的词语群还可以进一步分类，分为主题通用词和话题术语词。例如，生存类词汇包括“饮食”这一话题，这一话题又包括点菜、饭菜饮品的种类、特点和评价等几个方面。围绕这一话题的词语群包括菜单、主食、家常菜、风味、小吃等一系列词汇。此时，我们可以根据这些词汇在话题领域中的流通程度以及使用频率将其分为话题通用词和话题专用术语词。前者是描述该主题所必需的、常见的词语，包括菜单、主食、家常菜、风味、小吃等词汇；而后者往往是该话题领域专用的词语，包括红菜汤、牛排、比萨饼等词汇。教师在教学的过程中，首先要指导学生掌握某一话题中最基本、最常用的主题通用词，这些词汇要求学生在谈论该话题时可以自由产出。而那些话题术语词由于专门性较强，可以作为背景知识要求学生了解，达到在听力和阅读中可以理解的程度即可。

三、结　　论

综上所述，学习者的心理词库中存在着话题图式，某一种话题均存在一些相关的主题词，这些词语与话题内容高度相关，按照语义联系构成组织严密的词语网络。话题的图式能够迅速激发学生有关现实世界的知识体系和心理词库，并通过具体词语来表达，有助于提高他们的口语表达能力和书面语表达能力。因此，学习者能够较为深入讨论其熟悉的话题，而讨论不熟悉的话题时用词较贫乏简单，倾向于使用高频率且具有较强概括性语义的一般泛化词和上位词来表达具体的事物，这样往往会造成语义表达的不清。在学习者建立话题图示的过程中，语料库的作用非常重要。语料库可以提供一个层次分明的词汇体系，其中主题词作为能够统领文本、具有很高概括性的上位核心词，可以帮助学习者建立相关主题的词汇网络。因此，教师在教学中应以词表和语料库检索的主题词为载体，注重培养学生围绕某一主题建构以语义联想为中心的词语群的能力，并且强调那些表达具体意义的词汇，强化话题图式。从这个意义上讲，语料库指导下的主题词汇教学模式符合学习者的认知规律，有助于培养学习者运用词汇进行交际的能力，是现代教学理念与教育技术的融合。

参考文献

[1] OpKeeffe, A, M. McCarthy and R. Carter, From Corpus to Classroom: Language and language teaching [M]. Cambridge: Cambridge University Press, 2007, p198.

[2] Chomsky, Noam. The Minimalist Program [M]. Cambridge, Mass.: The MIT Press, 1995, p30.

[3] McCarthy M. Vocabulary [M]. Oxford: Oxford University Press, 1990.

[4] Channell A. Psycholinguistic considerations in the study of L2 vocabulary acquisition. In R. Carter, & M. McCarthy, (Eds.). Vocabulary and language teaching. Essex: Longman, 1988, p90.

[5] Tinkham. T. The effects of Semantic Clustering on the learning of Second Language Vocabulary. System. 1993, 21, 3: 371 -380

[6] Sinclair, J. & Renouf, A. A lexical syllabus for language learning. In R. Carter, & M. McCarthy, (Eds.). Vocabulary and language teaching (pp. 140 - 160). Essex: Longman. 1988, p146 -148.

[7] Cowie, A. (ed.) Phraseology. Theory, Analysis, and Applications. Oxford: Oxford University Press, 1998, p136.

[8] Alexander, R. Fixed expressions in English: reference books and the teacher. ELTJ 1984, 38/2: 127 -134.

[9] Gaims, R. & S. Redman. Working with Words. Cambridge: CUP, 1986.

[10] Laufer, B. & Jan Hulstijn. Incidental Vocabulary Acquisition in a Second Language: The Construct of Task -induced Involvement. Applied Linguistics, 2001, 22, 539 -558.

（作者单位：国际教育学院）

关于信息与计算科学专业藏族班“高等代数”课程的教学改革和实践

何 伟 朱正元

高等代数是信息与计算科学专业中的重要基础课之一，它是学习其他数学后继课程的基础。与中学代数相比，它是高度抽象化和形式化的。我国传统的数学教育一般采用苏联的模式，属于知识传授型。比较注重课程各自的系统性、独立性，在引入一个新知识时，教材和教学都遵循：“概念介绍→定理证明→例题讲解→习题”这样的过程，不注重数学理论与现实世界的联系。课堂以教师为中心，教师更关心的是本节课是否完成了教学任务，所以教学主要是灌输式，学生就是被动的接受。

我院藏班是全部来自西藏和青海的藏族学生组成的班级，这个班高考录取分数比普通班平均低200分左右。这些学生数学基础薄弱，尽管汉语口语比较好，但用汉语学习数学还是比较困难。他们对数学概念和原理的理解一般停留在具体的内容上，基本依赖形象思维，数学的逻辑推理能力较差。因此，对藏班的教学，从教学内容和教学方法上都应与普通班有完全不同的方法，而不是简单的采取单独编班和教学深度浅显一些而已。下面对高等代数这门课程的教学所进行的一些具体改革措施进行讨论。

一、教学的指导思想

针对藏班的教学，首先要了解学生的实际，因材施教，以数学应用为主要目的，贯彻以学生发展为本的指导思想。适度调整传统教学以基本知识、基本理论、基本方法的三基为目的的训练方法。改变教学内容重理论、轻应用、重运算技巧、轻创新的局面。减少一些过于抽象的知识点，注重抽象概念的几何化，将新知识与以往所学知识相联系，培养学生的数学意识和应用意识，增强他们的学习兴趣。

二、教学中的一些改革方法

（一）适当调整教学内容

藏班高等代数的教学，一方面要满足藏族学生其后续课程所学的数学知识，另一方面要培养其逻辑思维能力和应用意识，而不在于强调代数过深的抽象性。因此，在不影响课程体系完整性的条件下，我们在一些内容的处理上，减弱理论性和难度。例如，对多项式理论这一章，由于其高度抽象性，以及其独立性，我们只讲多项式概念、带余除法、整除和最大公因式概念。线性空间这一概念是高等代数学习的一个难点，为了使学生易于接受，我们先讲学生熟悉的二维和三维几何空间，再推广到 R^n 空间上，然后再进入到一般抽象的线性空间，对一些难度大的定理采取不讲或只给学生用实例解释其含义和应用。

（二）引入 Matlab 软件

利用现代化工具学习数学是时代的需要。在当今知识大爆炸的时代，学生需要学的知识越来越多，技能教育应该变成一种素质教育，让学生学会使用工具来完成复杂性和重复性的工作，使所学知识能够解决实际问题。Matlab 是一种科学计算软件，非常适合向量和矩阵运算，而高等代数就是以矩阵为工具，来研究线性方程组求解、线性空间及线性变换理论的。因此，Matlab 软件非常适合应用到高等代数的教学中。由于我们减少了一些理论的学时数，突出应用性，较少强调抽象思维，减少原来高等代数过于抽象的“数学味”。因此，节省出来的课时可以用来教授学生使用 Matlab 软件，从而有助于对高等代数概念的理解和数值计算以及为后续课程打下基础。

1. Matlab 软件将高等代数可视化

高等代数中概念多，并且抽象。例如，线性相关、线性变换、特征值、特征向量等。但这些概念在低维空间里都具有几何意义。藏班学生抽象思维能力比较差，而更多依赖于形象思维，如果我们只是抽象的给出概念的定义和有关定理，那么教学效果不会理想。一个数学概念往往在学生的头脑里有一个几何直观上的认知，才能被理解，这一点，对藏族学生，尤为必要。因此，将抽象概念可视化非常重要。例如，线性相关这个概念比较抽象，如果对这个概念不能透彻理解，那么，对本课程的后续学习将会带来很大障碍。我们用下面例子可视化出线性相关这个概念。

例：判断向量组 $\alpha_1 = (1, -2, 1), \alpha_2 = (1, 0, 4), \alpha_3 = (2, -1, 0)$ 的线性相关性。

按照定义，要判断这三个向量是否线性相关，就是要回答是否存在不全为零的数 k_1, k_2, k_3，使得 $k_1\alpha_1 + k_2\alpha_2 + k_3\alpha_3 = 0$，即是否有一个向量可以用其余两个向量线性表出。因为两个非平行向量形成一个平面，而一个向量能用其余两个向量线性表出就是判断这三个向量是否在同一个平面上，显然 α_1, α_2 不成比例，所以它们不平行，即线性无关，它们所张成的平面就是 α_1, α_2 的所有线性组合 $k_1\alpha_1 + k_2\alpha_2$（$k_1, k_2$ 任意常数），利用 Matlab 编程如下：

```
>>t = -4: 0.1: 4; plot3 (2*t, -t, 0*t); hold on; [k1, k2] = meshgrid (-2: 0.1: 2);
>>mesh (k1+k2, -2*k1, k1+4*k2); xlabel ('x label'); ylabel ('y label'); grid on
```

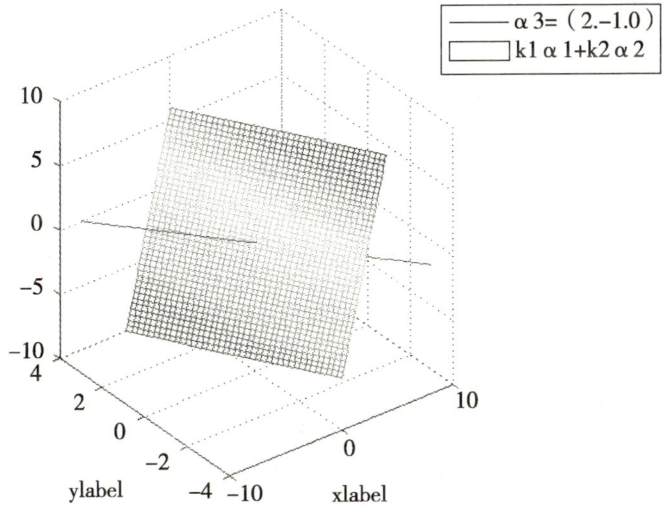

从图中可以看出 α_3 不在 α_1, α_2 形成的平面上，所以，这三个向量不是线性相关，即与线性无关。学生理解了线性相关的几何直观意义，有助于更深入理解与线性相关有关的定理的证明。

另外，二次型这个概念对学生也是比较抽象的，其定义如下：设 P 是一个数域，一个系数在 P 中的 $x_1, x_2, \cdots, x_n$ 的二次齐次多项式：

$$f(x_1, x_2, \cdots, x_n) = a_{11}x_1^2 + 2a_{12}x_1x_2 + \cdots 2a_{1n}x_1x_n + a_{22}x_2^2 + \cdots 2a_{2n}x_2x_n + \cdots$$

$+ a_{nn}x_n^2$

称为数域 P 上的一个 n 元二次型。这个涉及有 n 个变量用省略号表示的式子，对藏班学生来说很不习惯。但他们学过三维的椭圆抛物面、抛物柱面、双曲抛物面，而这些图形就是二元二次型。研究二次型的目的就是将其化为标准形，我们可以通过以下 matlab 程序画出四种学生熟悉的标准二次型。

```
>>subplot (2, 2, 1); ezmesh ('4*x^2+9*y^2'); hold on
>>subplot (2, 2, 2); ezmesh ('4*x^2'); hold on
>>subplot (2, 2, 3); ezmesh ('4*x^2-9*y^2'); hold on
>>subplot (2, 2, 4); ezmesh ('-4*x^2-9*y^2'); hold on
```

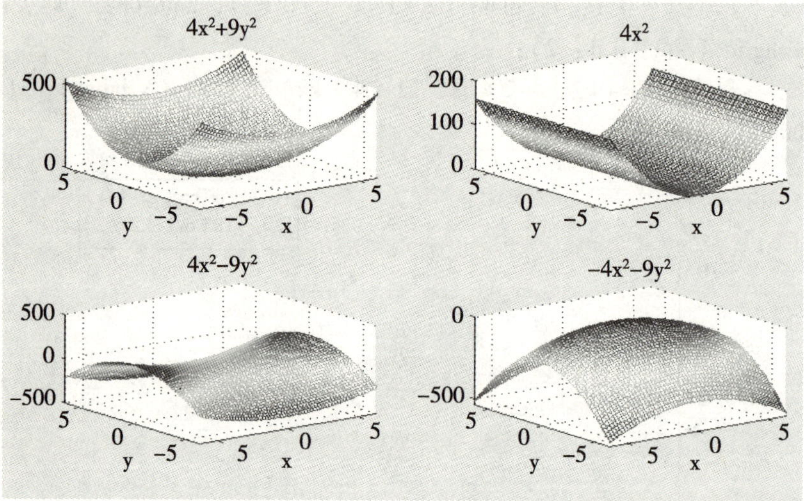

这四个二次型分别是正定、半正定、不定、负定的二次型。有了这个对二次型的直观认识，再讲一般的二次型，以及二次型的标准化和二次型的类型，学生就不会觉得陌生了。

我们在教学中努力做到对每一个抽象概念都能给出几何解释，使抽象的逻辑思维与形象思维有机结合。

2. Matlab 软件适合进行复杂运算

高等代数由理论和计算两部分组成，但我们传统的高等代数课程以介绍理论为主，教师也不便给出实际应用例子，因为实际问题一般计算规模很大，手工计算非常麻烦，也不易计算正确。而在数学类专业中，信息与计算科学专业与统计学专业和数学与应用数学专业相比，该专业本身就更加强调计算能力的培养，为后续课程，如计算方法课程提供良好的计算基础。所以，我们应更重视培养藏班学生的计算能力，并且通过引入实际应用例子，激发他们学习数学的热情，使他们不再感觉数学离自己很远，很枯燥。学生在掌握了高等代数的基本理论和计算方法后，Matlab 软件可以使他们从烦琐的计算中解脱出来，从而把重点放在分析问题和解决问题上，做到学以致用。

例如，求解线性方程组是高等代数中最重要的问题之一，其方法是对线性方程组的增广矩阵进行初等行变换（高斯消元法）。由于计算的麻烦，我们在讲课和学生练习时，一般不解高阶的线性方程组。而现实中的问题涉及的未知量很多，因此，传统教学无法给出应用性实例。但是，用 Matlab 软件解线性方程组就变得轻松愉快了。首先，将实际问题转化线性方程组 $AX = B$，在 Matlab 中输入系数矩阵 A 和常数项 B，然后使用语句：rref［A，B］就可以得出方程组的解。其中 rref（reduced row echelon form）就是“简化的行阶梯矩阵形式”的含义。

学生可以看出，Matlab 解方程的方法也是消元法，同时也可以看出哪些变量是自由变量等。这样，对一个实际问题，学生通过“建立方程→求解方程→得到实际问题的解”体会了模型建立和求解的全过程，从而理解什么是数学建模。

3. Matlab 软件为后续课程打下基础

与高等代数直接相关的后续计算类课程很多，通过在高等代数课程中引入 Matlab 软件，让学生在一年级就掌握一门数学软件，在后续课程里学生能自觉地用矩阵的方法进行解题，从而实现了高等代数与后续课程的有效衔接，也就真正实现了高等代数作为基础课的重要地位。

（三）教学过程中的一些具体做法

藏班学生学习数学困难不止是数学基础薄弱这一个问题，还与学生幼年语言环境是藏语，以及宗教信仰的影响有关，因此，其思维方式与普通班学生是不同的，除了引入数学软件以外，我们在教学中还会重视以下几个问题：

1. 注重新知识与以往所学知识的联系

新知识是旧知识的延伸、扩展和飞跃。在教学中，每接触一个新知识，我们都尽量与学生已学知识相联系。例如，在讲逆矩阵概念时，因为一个矩阵 A 的逆 A^{-1} 满足 $A^{-1}A = AA^{-1} = E$（E 是单位矩阵），所以，将其与实数的倒数相联系。在讲逆矩阵定义之前，可先举例：5 有乘法逆（倒数) 5^{-1}，满足方程 $5^{-1}\cdot 5=5\cdot 5^{-1}=1$，进一步，有 $a^{-1}\cdot a=a\cdot a^{-1}=1$（$a\neq 0$），由此，如果把 a 推广到矩阵，就可以得出矩阵逆的定义。在讲线性方程 $a_1x_1+a_2x_2+\cdots+a_nx_n=b$ 时，先讲 $ax=b$。因为这个方程的图形是一条直线，所以，称为线性方程。由此推广到一般的有 n 个未知量的情形，$a_1x_1+a_2x_2+\cdots+a_nx_n=b$ 也称为线性方程。在讲两个多项式的最大公因式时，可先讲两个整数的最大公因数及其求法。通过新知识与以往所学知识的联系，学生不再觉得这个概念过于抽象，头脑中有一个与小学或中学所熟悉的概念建立起联系。每当我们讲到小学或中学的知识时，他们的面部都会露出开心的笑容。针对藏班学生的实际情况，我们尽量在学生已有认知的基础上展开新知识的学习，以直观、通俗的方法来阐述高等代数的思想。

2. 抽象符号具体化

学生在中小学所学的数学是相对具体的，而高等代数是学生第一次接触的以公理化的方法建立的一门抽象数学，并且所研究的对象也是高维的一般情形，语言也是“数学符号化”的，例如，$\sum_{j=1}^{n}a_{ij}x_j=b_i(i=1,2,\cdots,m)$，$A=(a_{ij})_{mn}$，$AX=B$。这样书写简单优美，便于讨论。但是藏班学生对于这样的抽象符号，无法理解它的美，更多感到的是困惑，他们还不具备这样的抽象能力，所以，我们一般不用这样的缩写形式，都是将其展开来书写。首先给出一个具体例子，再写出用展开式写的一般情形，最后再给出用数学符号化语言书写的形式。但是，在教学中，尽量不用抽象符号，以免加大学生学习的困难。

3. 以学生为中心的互动式教学

传统的教学方法是以教师为中心，教师在课堂上满堂灌。这种教学方法对于藏班学生非常不适合，他们学习主动性差，缺乏竞争意识。因此教师应该充分调动学生学习的主动性，挖掘每个学生的学习潜能。在教学过程中，我们应对每节课都设计一些问题进行提问，鼓励学生在课堂上讨论，并选出自愿者进行回答。对基础薄弱的学生，可以让他们回答简单问题，以建立起他们的信心，对基础好的学生让他们回答有挑战性的问题。课堂上，我们还经常让学生到黑板上做题，藏族学生汉语表达数学的能力比较差，尽管教师在课堂上讲的题看起来好像明白了，但自己作业却不知道怎么写。因此，上黑板做题很重要，可以及时纠正其错误。

还有一些问题是学生要花时间讨论才能想明白的，我们会在下课前留给学生，要求写出答案。例如，在讲线性空间中的子空间这部分，先给出子空间定义，然后我们给学生提出以下问题：欧几里得空间 R^2 和 R^3 中的子空间有几类？图形是什么样的？

在概念的理解上，我们会设计一些判断题和选择题，让学生充分去讨论，得出结论。例如，在讲矩阵概念时可以给学生提出以下的判断对错选择题：

（1）如果 A 和 B 是对称的 n 阶矩阵，那么，AB 也是对称的。

（2）如果 A 是 n 阶矩阵，那么，$A + A^T$ 是对称的。

（3）如果 A 和 B 是 n 阶可逆矩阵，满足 $A^2 = E, B^2 = E$，那么，$(AB)^{-1} = BA$。

如果判断题是错的，学生就要想办法构造反例，否则就要进行证明。我们设计的问题应该是比较简单的，学生通过讨论和教师指导是能够解答的。构造反例可以使学生对概念的理解更为透彻。例如，对于数，有恒等式：ab = ba，那么，在代数系统中，这个恒等式就不一定成立了。在学了矩阵后，可以给学生提问：是否有 AB = BA 呢？藏族学生的思维比较简单，最初他们想当然认为这个等式一定成立。通过给学生一些提示，举出反例，让学生明白原来的一些想当然的想法，在一些代数系统中可能就不成立了。

藏班学生对证明题感到畏惧，不知从何入手，没有思路。其主要原因是学生在头脑中缺少直观因素。所以，我们指导学生把证明题的一般情形具体化，在低阶（维）情形下进行分析，观察，看具体情形是怎样证明的，从而对一般情形的证明给出证明的思路，即学生经历了从观察、实验、归纳、类比获得猜想，进一步寻求证据到给出证明或举出反例的过程，也就是合情推理到演绎推理的过程。例如，关于齐次方程组基础解系存在性定理的证明是典型的构造性证明方法。它的证明方法与具体求齐次线性方程组的方法完全一致。因此，我们通过一个例子求出其基础解系，再让学生做一个练习，并总结出求基础解系的一般方法，最后再给出一般定理的证明，这样定理的证明对于学生就变得自然易于接受了。

尽管进入大学，但藏班学生的思维发展还没有进入到成人阶段，演绎推理的能力还比较弱，“形式化”的数学推理需要逐步培养。

三、结束语

通过以上的一些改革措施，藏班高等代数的教学取得了一定的效果，学生的学习兴趣提高了，体会了数学的应用价值，充分调动了他们的学习主动性，增强了解决实际问题的能力。但是，目前国内还没有非常适合藏班学生实际情况的高等代数教材，我们会尽快编写出将计算机软件与高等代数相结合、抽象和具体相结合、理论与实际相结合的针对藏班量身定做的新教材，这样不仅会给我们今后教学带来方便，也可作为其他民族院校信息与计算科学专业的民族班的教学参考书。

（作者单位：理学院）

传统图案在现代设计教学中的传承与创新

徐 进

一、关于图案的定义与内涵

图案，上海辞书出版社出版的《辞海》解释如下：“广义指对某种器物的造型结构、色彩、纹饰进行工艺处理而事先设计的施工方案，制成图样，通称图案。有的器物（如某些木器家具等）除了造型结构，别无装饰纹样，亦属图案范畴（或称立体图案）。狭义则指器物上的装饰纹样和色彩而言。”图案教育家、理论家雷圭元先生在他的《图案基础》一书中，对图案的定义综述为：“图案是实用美术、装饰美术、建筑美术方面，关于形式、色彩、结构的预先设计。在工艺材料、用途、经济、生产等条件制约下，制成图样，装饰纹样等方案的通称。”

图案涉及人类生活的方方面面，具有历史的深度和地域的广度，伴随着时代的变迁与进步而不断地变化发展着。因此，社会经济、科学技术、文化民俗等的变化是推进图案发展变化的根本动因。

图案是平面的，也是立体的；是相对静止的，也是运动着的极富创造性的空间设计。因此它具有广义的创造性设计内涵。西方工业革命以后的装饰艺术（Ornament 或 Decoration）、工业设计（IndustrialDesign）、建筑装饰（ArchitecturalDecoration）、环境设计（EnvironmentalDesign）、工艺品设计（Artsand CraftsWorksDesign）等都以 Design 称“图案”。传入我国的现代“图案”概念，实际上已具广义的“图案”（包括设计）内涵。

二、图案的分类

在图案设计创作的过程中，人们会从几个不同的角度和标准来对图案进行分类。为了便于教学，在高等院校的教学体系中把图案作如下分类：

（一）按创作素材来分类

（1）植物花卉类；（2）飞禽、走兽和鱼虫类；（3）人物（包括现实生活人物和神话传说人物）；（4）几何纹样和吉祥符号。

（二）按实际用途来分类

（1）生活用品；（2）陈设用品。

（三）按空间形态来分类

（1）二维空间中的平面图案：例如平面印刷品图案、染织品图案等；（2）三维空间中的立体图案：如陶瓷器物、工艺品雕刻、日用器皿、家具造型、建筑园林、服装设计等；（3）二维与三维相结合的图案形式：如橱窗、空间展示、室内外装潢设计等。

（四）按时间状态来分类

（1）静态图案：例如建筑的装饰纹样、大多数的日用工艺品等；（2）动态图案：例如室外动态灯箱，具有动态光影效果的橱窗，霓虹灯饰，大型液晶屏幕图案，舞台美术设计中的动态背景图案等。

（五）按组织形态来分类

（1）连续纹样；（2）连续纹样，而连续纹样又可分为二方连续纹样和四方连续纹样。

当然，在目前市场上的很多关于图案设计的书籍中，根据不同行业的设计要求，对图案的分类还会有很多种不同的分类方法。

三、传统图案创作与现代图案创作的比较

现代图案的创作与传统图案创作相比较发生了根本性的变化，主要体现在以下几个方面：

（一）从素材来源上来比较

传统图案的素材主要来源于植物花卉、动物、文字、几何纹样、人物、吉祥符号等；而现代图案的素材来源更加广泛、无界限，可以是生活中的任何事物及场景。

（二）从表达方式上来比较

传统图案是具有装饰性的且是严谨有序的，而现代图案的表达方式是夸张的、无厘头的、符号化的、低幼的、调侃的甚至是冷幽默的。

（三）从实际用途上来比较

传统图案主要用于建筑、家具、服饰、工艺品、生活用品等。而现代图案除了包含传统的用途以外，还有一种是不依赖于某种具体载体而独立存在的艺术形式。

四、图案教学中的传承与创新

图案是高等美术专业基础课程的重要组成部分。在我们的图案教学课程中，首先要研究古今中外的经典图案造型，因为经过历史的沉淀与筛选，流传至今的都是最为经典最具文化代表性的优秀的图案文化遗产。通过对于传统图案的观赏、临摹，结合中外美术史、中外美学等课程的学习，让学生对传统图案具备充分的了解与把握，并能从较深的文化层面来理解传统图案的寓意，达到运用自如的一个状态。

图案课程的第一阶段是通过老师的课堂讲解让学生欣赏古今中外经典的图案作品，包括中国古代的青铜器、漆器、瓷器、玉器、画像砖和画像石、建筑雕刻、家具等方面的图案纹样；古希腊瓶画、古埃及的壁画、伊斯兰建筑中的精美细致的图案、教堂建筑中的图案等；现代图案鉴赏包括中国少数民族地区木雕、石雕、银器、蜡染、扎染等作坊中制作的精美图案；现代图案在工艺品、日用品及建筑装饰中的运用；老字号产品中的经典图案传承；近现代流行文化中的最具代表性的图案样式等。

在学生观赏了不同历史时期，不同风格的图案以后，认识到了图案对人们生活的重要影响，在此基础之上开始第一阶段的学习实践——临摹。最近几年的教学当中，我们提供给学生的临摹题材有中西方的许多古典图案，另外结合民族大学的特点，还提供了许多少数民族的优秀纹样，学生根据自己的兴趣爱好进行选择。最受学生青睐的还是敦煌藻井图，其次是少数民族染织图案。

学生在进行临摹

学生临摹作品 1

学生临摹作品 2

学生临摹作品 3

第二阶段的学习是临摹与创作相结合。在此期间，我们会带领学生去北京植物园的“万生园”进行植物花卉的写生训练。“万生园”中有来自世界各地成千上万种的奇花异草，从热带雨林几十米高的参天大树到沙漠地区指甲盖大小的仙人球，从状如水瓶腹部中空蓄水的水瓶树到能够吞食昆虫的猪笼草，应有尽有，蔚为壮观。学生在惊叹于大自然神奇的同时激发起创作的热情，通过写生，对植物的形象进行概括和归纳，最后以装饰图案的形式来完成作业。

第三阶段的学习是自由创作。学生选择任何载体，结合实物的特征进行图案创作，材料手法不限，充分发挥学生的自主创作精神。很多学生选择小石膏像，纸质面具，日用器皿等来创作。有些同学想法特别新颖，例如有位同学先制作一个三边型的台灯，然后覆上红色的剪纸图案，打开灯光以后，在墙壁上会形成一个很大的剪纸图形的投影，展示效果非常好，她把图案的概念扩大了，把传统图形用现代的手法生动的诠释出来。另一位学生用几个不同形状被压扁的易拉罐，绘上涂鸦效果的图案组成一个装置作品，趣味生动，耐人寻味！学生在创作的时候会遇到好多问题，材料的选择，题材的把握等，作为指导老师，应帮助他们选择合适的题材，恰当的表现手法，及时给予建议，最大限度地帮助学生实现他们最初的创作想法。这一阶段的学习非常重要，为学生跨入专业设计训练奠定坚实的基础。

学生图案创作

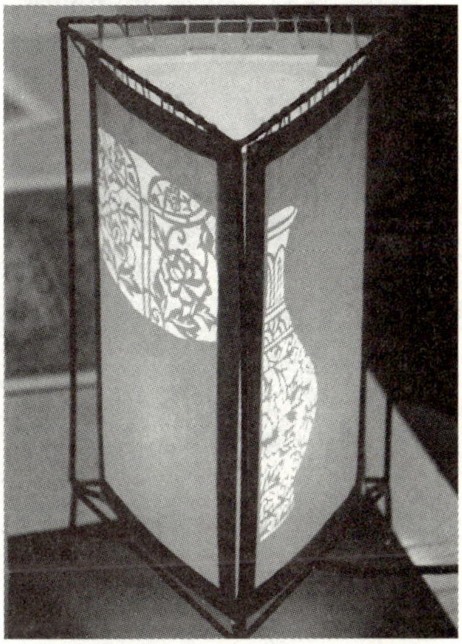

学生创作作品1：剪纸台灯

学生创作作品2：纸面具

学生创作作品3：玻璃器皿上的图案创作

学生创作作品 4：青花瓷木偶

学生创作作品 5：日式图案的玩偶

图案是高等美术教育中非常重要的基础课程，对于传统的学习和继承是教学大纲中的必修项目，但同时作为设计专业的学生，图案的创新与发展也是学习的目标与方向。所以，在我们的教学过程中，特别注重培养学生的创新精神。创造力是学生最宝贵的财富，教育应按照每个人的个体特征为出发点，最大限度的发挥他们的创造能动性，调动学生学习热情，给予一个宽松的学习环境，把整个图案基础教学变成一个师生之间互动、学生之间互动、心灵与艺术相融，轻松愉悦而又卓有成效的学习过程。

总而言之，传统图案的创新研究是一个必然的历史的趋势，而如何把传统图案元素合理地运用在现代创作中，我总结了以下几种方式：（1）多看多临摹优秀的传统纹样，让这些图案形象深深地根植到你的大脑记忆当中，让他们成为你设计思维的一部分。（2）在创作的过程当中，要面对全新的事物、元素及载体，同时要抛开传统的束缚，用心感悟，大胆创新，充分利用新的工具及媒介，反复尝试，潜心修炼，让你血液中的传统的因子自然释放，让潜意识帮助你完成创作。（3）最大的误区是：拿着传统的图案样本进行生硬的变形、挪用或嫁接。（4）每个人要发现自己的特长及兴趣爱好，最自由地发挥创意想象，唯一要统一要求大家的是：认真面对自己的内心来创作，脚踏实地、坚持、不懈怠。

五、与实践创作相结合的现代图案教学

学生经过传统图案的学习与临摹之后，已经具备了一定的对于图案创作运用的能力。在具体的设计项目中引导学生根据产品的特点和属性来有选择地运用传统图案进行创作。

在一些传统题材的设计项目中，传统图案是最为重要的设计元素之一，但是如何让传统的图案造型在现代设计中焕发出时代感将是我们着重要思考的问题。图案与文字的搭配、创作题材对于图案类型的要求、图案与材料运用的选择等。这些问题都需要我们在不断的社会实践中来总结经验与规律，从而运用于教学实践之中。在教学过程中我们发现一个非常令人惊喜的现象，就是有些学生敢于把现代插图创作的手法运用于传统图案的设计创作中，不管是在配色还是造型上，都能大胆突破、随意洒脱，使古朴的图形焕发出了新的生命力。大学生们所处于的这个年龄阶段正是对时尚最具敏锐嗅觉的阶段，所以在他们的设计作品里，传统图形被运用得活泼而生动，具有特别的现代气质。我们在教学中要根据学生不同的兴趣特点来引导他们进行创作，严谨内向的学生，具有细致，含蓄而内敛的气质；天性活泼开朗的学生，个性鲜明而不受拘束，其作品也时尚明快。对于这两种截然不同的性格，我们要用两种不同的教学引导模式：对前者要鼓励他们多看多想多与人交流，大胆地超越自己的思维定式，而对于后者要引导他们粗中有细，注意内涵和细节。

在大学四年的学习过程中，图案的学习是一个从最初的基础学习到后来的实践运用的循序渐进的过程，而毕业创作就是对这四年图案学习和积累的一次综合检验。在以下的这几个学生的毕业作品中，很好地体现了他们对于图案的理解和把握。在李鹤童同学的书籍整体设计中，综合了民俗文化中不同的“虎”的造型；何勇德同学的茶叶包装运用的是青花瓷的色彩和图案；许涛同学的书籍整体设计是对后海公园文化现象的一种新的诠释，从一个独特的视角，把禅的意境和现代插画语言结合起来，创造了一种传统与现代密切融合的东方美学样式。

通过四年的学习，同学们基本上掌握了设计的基本规律和创作的基本手法，然而在学生真正走上工作岗位之前，还需要一个系统的职前培训的过程。目前我们的培训也是在社会实践课程中体现出来的，社会实践分为两种模式，一种是学生在大四期间，以单个人的方式进入到设计公司，通

过在设计公司的观摩学习，逐渐融入他们的正常工作中来，这种实习方式的优势是学生能够很快地进入工作状态，并且当与这个实习单位比较融洽的情况下，毕业以后可以直接就业，解决了学生的很多后顾之忧，不足的地方是这种模式让很多学生奔波于学校与公司之间，学生后期在校的学习管理会受到很大的影响，而且也不可避免的一种情况是公司把学生当成廉价的劳动力，他们也接触不到一些重要的设计项目，只能在公司中完成较为初级的基础工作。针对以上的情况，我们引入了另外一种实习模式，即由老师把真实的工作项目带入课堂，带着同学们模拟公司的团队合作的工作模式来完成项目，学生的作品如果被企业采用了，还可以获得相应的劳动报酬。这样的方式有利于学校的统一管理，学生也可以有选择地设计自己感兴趣的题材，这样可以充分发挥自己的潜能，有效地兼顾学习与实践两个方面。在我的图案课程当中就引入了这样的一种教学与实践相结合的模式，例如深圳的百泰黄金珠宝首饰有限公司、上学期我们通过和清华大学深圳研究生分院合作，让学生积极参与到实践创作中来。我们还有江苏水晶加工企业等多家合作单位，目前正在探讨一种行之有效的教学与实践相结合的教学模式，如何能解决好短期的课堂学习和较高的企业实践要求之间的矛盾是我们目前的工作难点。

李鹤童同学的书籍整体设计

佘青茹同学的书籍整体设计

图案在过去都是作为一门基础课程来学习的，随着时代的发展和进步，各行各业对图案都提出了全新的要求，它已经成为一种独立的艺术形式呈现出来，所以我们的图案教学也要随着时代的变化而不断地改进，关于传统图案在现代设计教学中的传承与创新还有漫长的道路需要我们来不断地探索前行。

李鹤童同学的包装设计

（作者单位：美术学院）

生态学专业动物生物学实验课程考核方式的探索①

薛 堃 张淑萍 沈光涛 周宜君

动物生物学及动物生物学实验是生命科学专业和生态学专业重要的基础课程，除了对课程知识的学习外，还担负着为相关专业学生建立生命科学思维，奠定实验技术基础的责任。在教学实践中，由于各种限制因素，实验课程的考核通常类比于理论课程，以实验报告和考试成绩作为最终总评成绩的依据。这样的考核方式能够在一定程度上准确反映学生对实验结果的重视程度和实验知识的掌握程度。但是这样的方式也过于重视结果，而忽略了对学生实验过程的考察，这一点恰恰是动物生物学实验课程的主要任务之一——培养学生从事生命科学实验的良好习惯。针对生态学专业动物生物学实验课程的教学改革，着重突出培养学生良好的实验习惯和基本的实验技能，并在此基础上拓展学生的实验能力，相应的考核方式的探索则是保证教改思路顺利实施的重要一环。

一、考核目标的改变

随着高等院校教育教学改革的不断深化，动物生物学实验课程发生了深刻的变化，已经从原有的培养学生观察能力、基本解剖技术进入了培养学生综合能力、创新能力的阶段。实验课程也由原来的附属于理论课程的状态调整为独立设课、独立考核的阶段。我们的课程教学目标是以动物生物学理论课程为基础，通过实际的观察、解剖等实验手段，个案解读动物生理生态特征、进化历史和适应性状等，并努力将各个独立实验通过理论线索串联起来，形成完整的教学体系。在这样一种转变的过程中，以恰当的方式进行考核成为调整和优化动物生物学实验教学体系过程中尤为重要

---

① 本文是2011—2012年度中央民族大学校级教学改革立项项目“生态学专业动物生物学实验课程体系优化”的阶段性成果。

的一个环节，因为这关乎课程导向问题。根据这一教学目标，相应的考核目标也由原来的通过对结果进行考核促进学生掌握相应实验的方式，转变为淡化实验结果，全面考察学生的实验过程和实验能力。

通常，实验课程考核的主要形式是平时成绩和期末考试成绩的综合，其中的平时成绩主要是根据每个实验的实验报告给出最后的分数，而期末考试则是根据各个实验课程的不同而有所差异。这样的考核方式的设计初衷是以实验报告为基础，通过对于结果的考核，促进学生正确掌握实验技术和实验流程。平时成绩在总评成绩中的比重设计则是希望突出实验课程中相关技术和实验方法的重要性。但是，在实施的过程中，往往因为学生刻意追求好的实验结果而部分失去了最初的设计意义，成为结果导向性的评价方式，即实验结果成了决定以实验报告为基础的平时成绩，乃至总评成绩的唯一因素。

动物生物学实验课程教学目标的改变必须有相应的考核体系相匹配，才能够更好的落实新的教学目标。教学目标由单纯的实验能力培养变为综合能力培养，考核体系也应由原先的重结果，变为结果、过程并重，目的是培养学生良好的实验习惯、实验技能及综合分析能力。

二、考核内容的改变

目前，大多数高等院校的生命科学相关专业的实验以培养学生的基本实验技能为目的，故多采用已有明确结果的验证性实验，强调正确的操作和流程，得到正确的结果。在这种情况下，传统的考核方式中依赖于实验报告的平时成绩，在客观上有了结果导向性，实验结果的好坏直接决定了实验报告的质量和平时成绩的高低。生命与环境科学学院的实验课程一般情况下是按照

总评成绩 = 平时成绩 × 70% + 期末考试成绩 × 30%

的方法计算总评成绩。这种方法的应用效果常常由于任课教师的不同而有差异，教师的个体导向往往会对课程教学目标的实现起到极大的影响。这对于保证专业基础课的教学效果来说是一个不小的问题。

调整后的动物生物学实验课程教学考核体系中，针对考核的内容，除了保持对于实验结果的考核以外，还将学生在实验课程前的准备、实验过程中的操作和实验结束后的整理等各项工作纳入考核范围，使得学生在整个教学过程中的各环节的表现均得到恰当的评价，脱离单纯结果论的评价框架，提醒学生注重实验的每个细节。

三、考核方式和基本标准

新的考核体系在考核方式上的变化主要体现在淡化学生唯结果论的应对方式。考核体系被划分为三个部分，即实验前、实验中和实验后。“实验前”是指为实验的顺利进行做准备的阶段，主要考察学生的学习主动性，培养学生良好的实验习惯；“实验中”包括实验课程的课堂教学和课下作业（实验报告）等实验课程核心部分，主要考查学生对实验技能的学习和掌握，实验方法的全面了解和运用，实验结果的逻辑分析等；“实验后”阶段即课堂教学核心任务之后的相关内容，主要针对学生良好实验习惯的养成和综合能力拓展进行考核。生态学专业的动物生物学实验课程共计 36 课时，教学计划中设置 10 个实验，每个实验单独评分后，累加即可得到学生最终的实验总评成绩。

具体的考核内容和标准如表 1 所示。

表 1　考核体系的具体内容及标准

阶段	考核项目	分值	考察目标说明
实验前	实验着装和器械、材料准备	0. 5	实验室安全教育，良好的实验习惯
	迟到	0. 5	良好的实验习惯
	预习	1	良好的实验习惯和学习主动性
实验中	实验操作（器械设备损坏）	2	基本实验技能
	实验结果	2	实验技能和分析能力
	实验报告	2	总结和逻辑分析能力
	实验效率	1	实验内容的熟悉程度和进度的把握
实验后	整理实验用具	1	实验室安全教育，培养良好的实验习惯
	课后思考 *	1	综合实验能力拓展
总计		10 + 1	

* 此项为选做部分，属于额外加分项。

新的考核体系中关于分值的规定是基于以下几点：（1）为学生提供完整的教学实验过程的体会，并对每个环节进行量化考核；（2）实验技能和实验分析能力是实验教学最重要的内容，对此项目的考察给予4分的分值，分散在实验操作和实验结果这两个考察项目中；（3）对于实验本身的了解和熟悉程度既考查学生对实验的态度，也能够为学生正确完成规定教学内容提供帮助，考察点为实验前的预习和实验中的效率，占1.5分；（4）良好实验习惯的培养和实验室安全思想的贯彻也是新的动物生物学实验课程的教学目标之一，为了达成该目标，实验前准备工作和实验后的整理工作均纳入考核，考察项目包括实验器材的准备、实验着装、实验出勤和实验用具整理等，占2.5分；（5）完成实验课程的课堂教学任务后，无论过程和结果如何，能够对实验内容和实验进程、结果进行完整、全面的分析和总结，也在一定程度上实现了实验教学的目标，为此设立一项考察项目，给予2分的分值；（6）综合实验能力的拓展是动物生物学实验课程教学改革中设想的最终目标，为此单独设定“课后思考”一项（分值为1分），鼓励学生将实验课堂教学内容结合理论知识，合理推论，提高学生综合实验能力；（7）单次实验总分不超过10分，只有在学生的实验得分≤9时才会将加分计入该实验得分。

四、新考核体系的优势及其效果评价

新的考核体系的优势在于：

第一，按照重要程度和教学导向，考核内容被分解为多个项目，能够对学生全面细致的完成实验内容进行有效敦促。

第二，将实验教学的各个环节纳入考核体系，能够系统培养学生良好的实验习惯，挖掘学生的研究潜力。

第三，考核项目的细化可以有效避免由于教师的因素引起的考核标准的不断变化，维持实验教学的稳定性。

以已经应用该考核体系进行的评分结果为例，某班级动物生物学实验总评成绩分布符合正常的分数分布要求（图1），平均成绩为81.7分，最高92分，最低64分。分别对对两名最高分获得者和最低分学生的原始评分记录和总评成绩进行分析，可知该考核系统具有很好的区分度。两名最高分学生的评分原始记录显示两名学生的相同点是在实验习惯的评价项目中几乎没有失分，但是二人也具有明显的差异：一名同学由于已经在实验室进行过较为系统的生物学实验训练，所以在实验操作、实验结果和实验报告等环节表现较为突出；另一名同学则有多次奖励加分记录，说明该生乐于思考实验本身及实验衍生的各种问题，具有很好的探究精神。无论是良好的实验习惯、学习态度，还是对实验技能的掌握、综合能力的培养，都是动物生物学实验课程教学改革所鼓励和倡导的内容，也是相应考核系统希望能够彰显的教学目标。在良好的实验态度和实验技能之上，能够很好表现自身特点的学生会有更好的考核成绩。反观最低分学生，其评分原始记录表明，其在实验准备和实验整理环节都有扣分记录，在实验过程中的失分主要是实验操作错误、实验结果不完整和实验报告欠缺分析等原因。这从另一面反映出该考核体系的有效性。

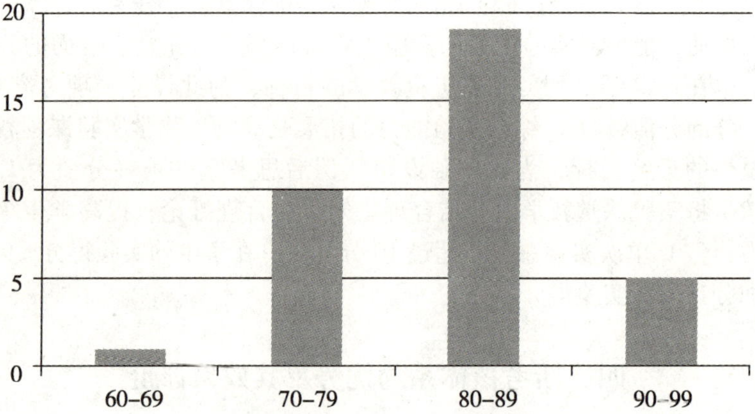

图 1　某班级动物生物学实验总评成绩分布

五、经验和问题

通过尝试，我们发现了该考核体系能够切实有效的反映学生的实验课程学习情况，但是在实施过程中同样存在一些需要进一步修订和完善的地方：

1. 该考核体系的适用范围

在现今的生命科学实验课程中，一般都包含验证实验、综合实验和设计实验三种类型的实验。该评价体系的设计就是以验证实验和综合实验为基础的，重点在于培养学生的基本实验技能和实验习惯，促使学生进行思考。而设计实验更多的是需要考查学生在已有的知识基础上的综合分析、整合和执行能力，评价的侧重点明显不同于验证实验和综合实验。直接应用该考核体系于设计实验，显然不能突出实验考察重点，只有通过增加或改变部分考核项目，调整考核项目的权重或分值占比来增加考核体系的全面性。事实上，该考核体系是一个开放性的系统，其核心思想是将结果导向的考核变为全面考核，指标和权重的调整是对核心思想的一种体现。

2. 各个考核项目的权重的进一步调整和完善

该考核方式中的考核项目及其权重是根据动物生物学实验课程自身的特点和教学改革目标，结合以往教学实践，进行的经验性设计。其中的考核项目是否可以准确代表实验教学的全部过程，确保动物生物学实验教学改革的目标的实现，是一个值得进一步探究的问题。与之相关的另外一个问题则是，如何能够通过更科学的方法确定各个项目的分值或者权重。

3. 如何有效避免考核过程中的偶然性

在实验教学过程中，应用该考核体系时需要教师针对每个学生的整个实验过程进行全面评价，但是对于一个教学班级来说，一次实验教学分配到每个学生上的时间很有限。这就可能造成教师针对学生的操作进行评价的时间段并不能完整的表现该学生的实验操作水平。如教师在对学生的操作进行观察时，一直表现很好的学生恰好出现重大失误，或者经常出现错误或者不规范情况的学生恰好完全正确。理论上，对同一学生的操作过程进行多次抽样考核是可以避免这样的偶然性的，但是需要多少次，每次持续多长时间等问题依然缺乏科学的回答。

4. 严格考核会导致实验工作量和工作强度大大增加，如何保证课程的顺利进行

新的考核体系的工作量和工作强度明显大于以往，同时，由于对学生的督促效果，促使学生更加认真地进行实验，也会导致实验教学工作量和难度的上升。这对于教师的能力是一个新的挑战。

5. 该考核体系是否具有扩展性或者推广意义

该考核体系是以 10 个独立实验的教学内容为基础进行设计的，每个实验 10 分，恰好保证总分为 100 分。如果应用于其他实验课程考核时，可能由于独立实验数量的问题，不方便使用。在这种情况下可以考虑如下三种解决办法：（1）根据各个实验的具体内容，在该考核体系的整体框架下，为每个实验设定特异的评价内容，保证最终的成绩总和为 100；（2）保持考核体系不变，根据每个实验的重要程度为每个实验赋以不同的权重，保证权重加和为 1 即可；（3）保持考核体系不变，各个实验权重一致，以公式

$$\text{总评成绩} = \text{原始总评成绩} \times 10 \div \text{实验数量}$$

计算最后的实验课程成绩。

随着高等院校教学改革的不断深化，动物生物学实验的改革也已经从

框架进入了具体实践阶段，为了配合并保证动物生物学实验的教学改革的顺利实施，新的考核体系已经在不同高等院校进行着尝试。目前，我们采用的考核体系给予动物生物学实验教学的全过程，将各个环节均纳入考核范围，在尝试使用过程中，不仅起到监督学生掌握基本生物学实验技能的作用，而且促进了学生对实验教学内容和方法的思考，取得了不错的课堂效果。

参考文献

[1] 韩志萍、刘永红：《实验教学过程质量控制的探讨》，载《检验医学教育》2007 年第 2 期，第 31—32 页。

[2] 何颖、廖国建、谢建平：《基于建构主义学习理论的微生物学实验课程教学新模式》，载《微生物学通报》2011 年第 12 期，第 1843—1847 页。

[3] 刘绪生、王国秀、吴法清、刘家武、戴宗兴：《动物学实验教学改革探索》，载《实验室科学》2008 年第 6 期，第 24—25 页。

[4] 马雪云：《基于学生能力培养的动物生物学实验考核体系建设》，载《高等教育研究》2008 年第 4 期，第 62—64 页。

[5] 王力军、洪美玲、张锦辉、李督值：《脊椎动物学实验教学改革探索》，载《四川动物》2006 年第 1 期，第 187—189 页。

[6] 薛堃、张淑萍、沈光涛、周宜君：《生态学专业动物生物学实验课程改革探索与实践》，载《中央民族大学本科教学研究第八辑》，中央民族大学出版社 2011 年版。

[7] 杨国辉：《无脊椎动物学实验课改革初探》，载《教学仪器与实验》2005 年第 4 期，第 28—30 页。

[8] 张淑萍、周宜君、王俊丽：《动物生物学教学中学生探究意识和创新思维的培养》，载《中央民族大学本科教学研究第五辑》，中央民族大学出版社 2009 年 5 月版，第 177—180 页。

（作者单位：生命与环境科学学院）

学生对公共体育课项目选择的因素分析

——以中央民族大学为例

曹　丹

学生对各体育单项的兴趣倾向是体育课程项目设置的重要依据。如学生对所设体育课项目感兴趣，在体育教学活动中就会积极投入，达到良好的教学效果。中央民族大学是一所综合性民族院校，学生中约60%为少数民族，其中大部分来自少数民族地区。不同的生活环境与文化背景，导致学生对体育项目的感知和认识也有着很大的差异。因此，我们有必要了解我校学生对体育课项目的选择倾向，根据学生的情趣要求，结合学校的现有条件优化体育课程，使我校体育课项目的设置更具针对性。

1. 研究对象及方法

1.1 研究对象

中央民族大学在校全日制本科生。

1.2 研究方法

1.2.1 问卷法：在统一时间内，发放问卷200份，收回问卷192份。有效问卷为181份，应答率90.5%。其中，男生73份，女生108份；少数民族学生110人，占总人数的61%。问卷涉及我校体育课所设各个项目，十多个院系。

1.2.2 文献法：查阅并收集有关大学生体育课选择意向和学校体育课程设置以及教育改革方面的文献资料。

1.2.3 数理统计法：将所获得的数据用Excel进行统计分析。

1.2.4 访谈法：与我校全日制本科生展开交谈。

2. 研究结果与分析

2.1 中央民族大学体育课现设项目概览

体育课程项目设置的合理性是确保体育教学质量的要件条件之一，中央民族大学体育学院根据国家教委体育“三选”课原则（学生自主选时段、选教师、选项目），一直潜心于丰富公共体育课程项目的开发建设，并结合我校实际突出民族特色的课程体系。现设体育课程项目除有球类、健美操、户外运动等常规体育项目外，还增设了珍珠球、木球、板鞋竞技、顶水罐、高脚竞速、抢花炮等集健身性、娱乐性于一体的少数民族传统体育项目，现设近30余项体育课可选项目，见表1。

表1　2004—2011年公共体育课项目一览表

<table>
<tr><th>年级</th><th colspan="2">常规项目</th><th>数量</th><th>民族传统项目</th><th>数量</th></tr>
<tr><td rowspan="3">一年级</td><td>主项</td><td>篮球、排球、足球、网球、羽毛球、乒乓球、女子健美操、男子形体健美、男子户外运动、拓展训练等初级课程</td><td>10</td><td>藤球、毽球、太极推手、武术套路、女子木兰拳、太极扇、男子散打、女子防身术、花式韵律跳绳、舞龙狮选项课等初级课程</td><td>10</td></tr>
<tr><td rowspan="2">副项</td><td>第一学期</td><td colspan="2">初级长拳</td><td>1</td></tr>
<tr><td>第二学期</td><td colspan="2">珍珠球、木球、蹴球、抢花炮、押加、高跷竞速、陀螺、秋千、龙狮运动、板鞋竞速、毽球、太极扇</td><td>12</td></tr>
<tr><td>二年级</td><td colspan="2">篮球（中、高级）、排球（中、高级）、足球（中级）、网球（中、高级）、乒乓球（中级）、羽毛球（中级）、男子形体健美（中级）、女子健美操（中级）、户外运动（中级）、拓展训练（中级）</td><td>12</td><td>毽球（中级）、藤球（中级）、武术套路（中级）、花式韵律跳绳（中级）、民族式摔跤、太极推手（中级）、女子太极扇（中级）、男子散打（中级）、民体一（木球、抢花炮、珍珠球）、民体二（双人三足、陀螺、板鞋竞速、高脚竞速）、民族体育三（蹴球、脚斗士、押加、秋千）</td><td>11</td></tr>
</table>

2.2 学生对现设项目选择目的动机的分析

表2显示，50.83%学生确定体育课项目的主要依据，既要满足兴趣爱好又要发展身体健康；其中38.12%的学生单纯只是为了满足兴趣爱好；另有11.04%的学生单纯为了锻炼身体而选择。因此，在教学中大部分学生的要求对体育教师极具挑战性，任课教师既要满足他们锻炼身体的要求，同时又要满足他们对所选项目的兴趣爱好。

表3中学生选项动机的数据显示，74.58%的学生在选择体育课项目时主要考虑的是项目本身的趣味性，50.27%学生是想通过体育课掌握更多的运动技术与技巧，有少部分学生考虑到了运动技术基础、学习难易度、考试的难度、项目舒适度。因此，体育教师在进行体育教学时，不仅要注重运动技术与技巧的传授，更要注重抓住学生的学习心态，将娱乐融入体育教学当中，使学生在体育教学中得到全身心的锻炼和发展。

表2　学生体育目的对选项影响因素的调查表

	男生		女生		合计	
目的	人数	%	人数	%	人数	%
兴趣爱好与发展身体	29	16.02	63	34.80	92	50.83
满足兴趣	34	18.78	35	19.33	69	38.12
身体健康	10	5.52	10	5.52	20	11.04

表3　体育动机对选项影响因素的调查表

	男生		女生		合计	
动机	人数	%	人数	%	人数	%
趣味性高	53	29.28	82	45.30	135	74.58
学习更多技术	42	23.20	49	27.07	91	50.27
学习难易度	18	9.94	43	23.75	61	33.70
考试易过	19	10.49	16	8.83	35	19.33
项目舒适度	11	6.07	22	12.15	33	18.23

表4人际关系影响因素的调查中，可以看出有61.32%的学生在体育课的选择上考虑到了与同学、朋友之间的人际关系。

表4 人际关系对选项影响因素的调查表

	男生		女生		合计	
人数	%	人数	%	人数	%	
考虑	42	23.2	69	38.12	111	61.32
没有考虑	31	17.12	39	21.54	70	38.67

2.3 学生对上课时段的要求分析

根据《高等学校体育课程教学指导纲要》的要求，学生可以自主选择体育课上课时间，表5显示我校学生的特点，35.35%的学生选择在下午3点到5点，34.24%的学生选择在早上10点到12点，这两个时间段的选项学生主要是排球、足球、篮球、网球及民族传统体育项目的学生；6.62%的学生选择在早上8点到10点，8.83%的学生选择在中午1点到3点，这些学生一般都是倾向在体育馆内上体育课的项目，如健美操、羽毛球。交谈中还了解到，选择在下午3点上课的学生大部分都非常喜欢体育运动，即使在没有上体育课的时候，他们仍能继续参加各自喜爱的运动项目，这些学生都有较强的体育锻炼意识。

表5 学生对上课时间的选择调查表

	男生		女生		合计	
时间	人数	%	人数	%	人数	%
1、2节	5	2.75	7	3.86	12	6.62
3、4节	20	11.04	42	23.20	62	34.24
5、6节	7	3.86	9	4.97	16	8.83
7、8节	26	14.36	38	20.99	64	35.35
晚上	5	2.76	17	9.39	22	12.15

2.4 学生对任课教师的要求分析

从表6、表7我们可以看出，学生对体育课任课教师的要求很高。第一，56.90%的学生要求任课教师要有扎实的理论知识和较高的运动技术水平；第二，47.51%的学生要求教师要具备良好的表达能力和讲解能力；仅

9.38%和14.35%的学生对教师性别有要求，多为选择健美操和足球的学生。表8显示，84.53%的学生想学习更多的体育健康理论知识。因此，体育教师在授课过程中应注重体育健康理论知识的传授。

表6　学生对体育教师的有无要求的调查表

	男生		女生		合计	
要求	人数	%	人数	%	人数	%
有	36	19.89	85	46.96	121	66.85
没有	37	20.44	23	12.70	60	33.14

表7　学生对任课教师的具体要求的调查表

	男生		女生		合计	
要求	人数	%	人数	%	人数	%
技术高的	31	17.12	72	39.77	103	56.90
讲解好的	33	18.23	53	29.28	86	47.51
理论高的	23	12.70	52	28.72	75	41.42
人缘好的	21	11.60	49	27.07	70	38.67
职称	12	6.62	15	8.28	27	14.91
男教师	3	1.65	23	12.70	26	14.35
女教师	1	0.55	16	8.83	17	9.38

表8　学生对教师体育理论知识要求的调查表

	男生		女生		合计	
要求	人数	%	人数	%	人数	%
愿习得	60	33.14	93	51.38	153	84.53
无兴趣	13	7.18	15	8.28	28	15.46

2.5 现设项目倾向性排序

从表9中显示，男生喜爱项目排在前五位的依次为篮球、羽毛球、户外运动、乒乓球、足球，女生喜爱的项目排在前五名的羽毛球、户外运动、健美操、网球、排球。调查结果表明男生主要喜欢对抗性强、运动强度大，且有身体直接接触的集体项目，而女生主要喜欢有一定活动量，对抗性弱且无身体直接接触的项目，对能发展协调性、灵活性的项目比较钟爱。在这次调查中，户外运动在男生中排第三位，在女生中排第二位，总体排在第二位。户外运动是去年新开设的体育选修项目，说明男生和女生虽然在体育活动兴趣上因生理特点而有差异，但是也有追求具有挑战性、贴近生活、贴近自然的项目的共同要求。

表 9　现设项目倾向性排序调查表

	男			女			合计		
项目	人数	%	位次	人数	%	位次	人数	%	位次
羽毛球	41	56.16	2	63	58.33	1	104	57.45	1
乒乓球	37	50.68	4	19	14.81	7	56	30.93	5
篮球	47	64.38	1	20	18.51	6	67	37.01	3
排球	17	23.28	8	28	25.92	5	45	24.86	6
足球	34	46.57	5	11	10.18	9	45	24.86	6
网球	30	41.09	6	30	27.77	4	60	33.14	4
健美类（健美男）	12	16.43	9	健美操女 31	28.70	3	43	23.75	8
武术	29	39.72	7	14	12.96	8	43	23.75	8
户外运动	38	52.05	3	38	35.18	2	76	41.98	2

2.6 学生对体育课程项目设置满意度的调查

据表 10 反映，我校体育课程设置得到了大部分学生的认同。58.55% 的学生认为是很合理的，22.09% 的学生认为一般。仅有 19.33% 的学生认为不合理，问题主要集中在学生没有选到自己喜欢的项目。例如，与选择太极扇项目的学生交流过程中了解到，他们不是很了解他们所选项目，但是后期可供选择项目中只剩下太极扇，他们只有选择太极扇，这些学生在学习过程中逐渐喜欢上了太极扇这一民族体育项目，认为所选项目有很高的趣味性，所以这些学生希望学校开设更多的传统民族体育运动项目。

表10　学生对体育课程项目设置满意度的调查表

	男生		女生		合计	
	人数	%	人数	%	人数	%
满意	39	21.54	67	37.01	106	58.55
一般	21	11.60	19	10.49	40	22.09
不满意	13	7.18	22	16.02	35	19.33

2.7 学生对体育课项目设置期望的调研

随着现代时尚体育意识在大学生中的广泛传播，大学生对体育的要求不仅仅停留在锻炼身体、增强体质上，更要求追求时尚、刺激、高雅、贴近自然的体育活动。希望增设体育项目，丰富体育课内容。调查中学生对新兴体育项目开设要求比较迫切，希望开设的体育项目主要有游泳、滑冰、跆拳道、滑雪、攀岩、棋牌、登山、交谊舞、体育舞蹈、定向越野、射箭、棒球、瑜伽、台球、跳水、保龄球等。其中，希望开设游泳课的学生占调查总人数的61.52%。调查中，并据表11显示，甚至有69.61%愿自费选择感兴趣的体育项目，说明兴趣倾向已成为学生选择体育项目的重要指标。

表11　学生是否愿自费选择感兴趣的体育项目调查表

	男生		女生		合计	
	人数	%	人数	%	人数	%
选择	47	25.96	79	43.64	126	69.61
不选择	26	14.36	29	16.02	55	30.38

3. 结论与建议

3.1 中央民族大学学生在体育课项目选择上，主要还是集中在社会现行的流行体育项目上，如羽毛球、篮球、足球、户外运动、健美操等。

3.2 由于性别的差异，导致我校男女学生在项目的选择上有所不同，男生主要倾向于运动强度大、对抗性强、竞争性强、有身体接触对抗的项目上，如足球和篮球，女生主要选择贴近自然或具有女性特征的体育项目，如健美操、羽毛球、户外运动。

3.3 学生期望教师应要有较高的项目运动技术水平，对该项目有较深厚强理论知识。

3.4 学生上体育课时段的选择要求，一般集中在早上 10 点至 12 点或下午 3 点至 5 点为宜。

3.5 应加强对学生在体育课项目选择的引导，在学生选择体育课项目之前，应把各个体育课项目的教学内容、教师结构、教学大纲、考试要求等与课程相关信息登陆在校园网上，使学生在选项之前详尽了解课程内容。

参考文献

[1] 许桂芝：《对体育课程设置与改革的思考》，载《体育科学研究》2005 年第 3 期。
[2] 王敏勤：《国内著名教学实验评价》，青岛海洋大学出版社 1993 年版。
[3] 国家教委：《全国普通高等学校体育课程指导纲要》，教体〔2002〕13 号文件。
[4] 周登嵩：《学校体育学》，人民出版社 2004 年 11 月版。

（作者单位：体育学院）

英文影视材料在大学英语教学中的应用

常 媚

《大学英语课程教学要求》指出：大学英语的教学目标是培养学生的英语综合应用能力，特别是听说能力，使他们在今后工作和社会交往中能用英语有效地进行口头和书面的信息交流，同时增强其自主学习能力，提高综合文化素养，以适应我国社会发展和国际交流的需要。① 而充分合理地利用英文影视材料进行教学，可以较好地同时满足教学目标所提出的听说、读写、增强自主学习能力、提高跨文化交际能力等各方面要求。

一、大学英语教学的现状

传统教育的评价方式通常是采取终结性评估法。通常是以考试成绩来评估学生的学习表现。如期末考试、中考、高考等。这导致学生考分的高低成为衡量学生学习水平甚至衡量教师教学能力的标准。而在以往的终结性评估考试中，英语单科的考试通常偏重词汇、语法，而忽视对听说、交际能力的考核，导致在课堂教学中，师生会紧密结合考试的考核范围反复进行操练，过度地注重词汇、语法的掌握，而忽视听说、交际等各方面能力的培养。尤其是在我校，很多少数民族学生参加的中考、高考等终结性评估考试中都不考核听力，导致很多少数民族学生在上大学之前连听力课都没有上过，更加没有接受过口语、交际、文化等方面的教育。这些都导致进入大学之后，很多学生在学习过程中只注重词汇、语法等语言点知识的学习，看到教师讲语言点就开始抄笔记，认为这才是英语学习的重点。更糟的是，如果在教学中教师花费较多的时间组织听说交际活动，花费在词汇、语法方面讲解时间较少的话，部分学生就会感到困惑不满，认为教

① 大学英语教学基本要求项目组编：《大学英语课程教学要求（试行）》，清华大学出版社2004年版，第4页。

师没有教授具体的英语知识。由于缺乏听说以及跨文化交际知识等方面的学习及相应的操练，学生在实践中普遍反映出不同程度的听不懂、说不出、读不明白、写不地道、交际不顺利等种种问题。这些都是与大学英语教学培养目标以及社会需求相悖的。所以在大学英语教学实践中，第一步就是让学生的学习观念发生变化，让学生清楚了解大学英语的教学目标及学习目标。并且要将传统的终结性评估考核方式转换为终结性评估与形成性评估相结合的方式。使学生的最终成绩由期末考试、听说成绩、平时作业、课堂参与及课外活动等各部分组成，促进学生学习观念和学习重点的转变。那么怎么去解决学生在教学实践中普遍反映出不同程度的听不懂、说不出、读不明白、写不地道、交际不顺利等种种问题呢？经过多年的教学实践，笔者认为，充分合理利用英文影视材料进行教学可以较为有效地解决上述问题。

二、在大学英语教学中要充分利用英文影视材料的原因

“以学习者为中心”的教学观念要求在大学英语课堂中，学生应该取代教师占主体地位，教师应该尊重学生的个性需求，在教学中注意激发学生的兴趣，引导学生成功学习。而建构主义理论则认为：“知识是通过学生主动建构意义来获得的，教师只对学生的意义建构过程起促进和帮助作用。”建构的成败与效果取决于学习者是否具有主动建构的心向和行为。如学习者是否主动根据原有的认知结构从外界选择信息，是否积极地将新旧知识有机地联系起来，是否积极地生成新的信息；在建构过程中是否提出假设，积极地选取验证假设的策略，是否主动地进行自我监控和反思性学习以及是否主动与他人合作。[①] 这就要求在教学实践中要给学生创造良好的情境，激发学生的兴趣，从而使学生能够顺利地进行知识建构。英文影视材料无疑可以很好地满足这些要求。

第一，众所周知，电影电视作为一种大众文化载体，通过声音、图像、动画、音乐、色彩等各种媒介的精心协作，可以同时调动我们多感官的参与。而学习心理学的研究也表明：只有同一时间尽可能多地刺激学习者的各个感官神经，才能使学习者对所接受的信息留下深刻的印象，从而

---

① 马洁敏：《大学英语新教学模式探讨》，载《外语语言与教学研究》（一），上海科学技术出版社 2009 年版，第 396—398 页。

对于学习内容保持较好的记忆。[①] 除此之外，影视材料中赏心悦目的影视画面、生动形象的角色表演和扣人心弦的故事情节能够充分调动学习者的兴趣。对于这一点，大量的研究及笔者自己在历届学生中进行的教学调查皆能证明。因此在大学教学课堂中使用英文影视材料，不仅可以创造轻松和谐的课堂气氛调动学生的学习兴趣，还能使学生积极主动而又高效地完成知识建构。

第二，电影往往也是一个国家和民族社会文化、生活方式、风俗习惯、人文历史及思维方式的最直观最生动的综合反映。[②] 英文影视材料不仅可以给学习者提供最地道、最真实的语言材料，供学生理解、模仿、学习以达到听说教学的目的；还可以让学习者学习材料中地道的语言表达方式并用于口头和书面交流。除此之外，还可以让学习者沉浸在真实的语境中，自然地了解到英美国家的文化风貌。如果教师能够结合影视材料讲解英美国家的文化背景，并引导学生在课后搜集材料，通过自主学习进一步感受中西文化的差异，提高对中西文化差异的敏感性，从而可以更好地完成大学英语教学目标提出的增强自主学习能力和提高跨文化交际能力的目标。

三、充分合理地利用英文影视材料来完成各项教学要求的具体实践

我们不能认为只要给学生找一部英文影片或电视剧观看，学生就能自动地学会英语了。如果采取“放养式”的观影法，学生在英文影视材料中学到的语言文化知识是无意识的、分散的、无联系的也是容易遗忘的。我们必须要正视到大多数学生还不能够主动并有效地去组织记忆，使得这些知识能够得到强化并最终完成自己的知识建构的现实。教师要引导学生有意识的，通过采取一定的策略来最大限度地理解、掌握、强化、内化。这就要求教师在材料准备、影视教学实施、学生学习能力评估、学习效果反馈以及协助学生知识巩固等过程中做大量的工作来引导学生学习。在材料的选择上：

---

① 马洁敏：《大学英语新教学模式探讨》，载《外语语言与教学研究》（一），上海科学技术出版社 2009 年版，第 398 页。

② 魏琦：《范例教学论视野下的外语电影课教学》，载《电影文学》2011 年第 4 期，第 150 页。

第一，要从现实条件出发，采取实事求是的原则。以我校为例，每学期的有效教学时间在14周以内。每周4个课时的读写课程和2个课时的听说课程。教学时间极为有限且要确保完成教材规定的教学任务。这就要求我们在选择影视材料的时候，主要应结合教学内容选择短小的、最能体现出教学内容主旨或最能体现出文化差异的影视片段，当然在时间允许的情况下可以辅之以完整的影视材料。另外，应该灵活地根据主题、时间、活动来选择是在听说课还是在读写课上进行。这样，影视材料的加入既可以联系教学内容加深学生对课文的理解，又可以给学生提供真实的语境，使学生可以学到地道的语言并了解英语国家的文化。

第二，根据学生水平因材施教，采取循序渐进的原则。材料的难度选择很重要。根据克拉申（Krashen）的“输入假设论”，如果语言学习者不理解输入话语的含义，那么，此输入在习得中没有价值。学习者需要的是“可理解输入”。这样，他们的内在加工机制才能良好运行。语言的输入需要略高于学习者目前的语言能力，而且这种输入必须在意义上是可以理解的。[①] 如果太简单，学生觉得从中学习不到什么知识；如果太难，会打击学生的学习积极性，学生看不懂，自然也不能得到很好的教学效果。

第三，要选择具有一定趣味性、文化性和可模仿性的材料。生动活泼有趣的影视材料可以在第一时间获取学习者的关注和兴趣，有利于学习者的知识建构；而发音地道、原汁原味，充分反映英美国家文化的影视材料有利于学习者的学习模仿，能够自然而然地提高他们对中西文化差异的敏感性，有利于跨文化交际的进行。

在教学实施过程中，应安排设计好教学过程的各个环节。笔者认为，影视教学应该由背景介绍、生词讲解、听力练习、难句分析、口语练习、口头或书面评论及其他扩展练习（如角色扮演、辩论、演讲等）构成。分别满足大学英语教学目标提出的听说、读写、增强自主学习能力、提高跨文化交际能力等方面的要求。接下来，笔者将以《新视野大学英语教程》（读写教程）第二册第一课为例，来说明怎样在教学实施过程中充分合理地利用英文影视材料来完成各项教学要求。第一课的主题讲的是文化差异和文化冲击。为了加深学生对中美文化差异以及文化冲击的理解，通过搜集资料，笔者选择了电影《刮痧》。《刮痧》改编自一个真实的故事。主人公许大同来美已经八年了，是个事业有成的电脑程式设计师，和美丽的太

---

① 严灿勋：《人文主义教学观在视听教学中的运用》，载《中国外语教学法回顾、探索与展望》，上海外语教育出版社2006年版，第544页。

太、可爱的儿子丹尼斯一起过着幸福的生活，许大同还将孤身一人的老父亲从中国接到美国来团聚。但是，随后降临的一件意外却使许大同一家的生活发生了剧烈的变化。一天，五岁的丹尼斯身体不适，在家的许大同父亲使用中国传统的刮痧疗法给丹尼斯治病。可是后来丹尼斯因意外去医院急诊。认真的美国大夫在给孩子做全面检查的时候，发现了孩子后背刮痧时留下的紫痕，以为孩子受到了虐待，报了警。儿童福利机构更是认定许大同有暴力倾向并虐待儿童，试图以法律手段剥夺其对孩子的监护权。如前文所述，由于教学时间不充足的关系，我选取了电影中的几个能集中体现中美文化差异以及体现中国移民经历文化冲击的不同阶段的片段：

片段一：行业的年度颁奖大会上，许大同获得年度的最佳设计大奖，面对在场的众多美国同事、朋友，许大同的获奖感言："八年前我还是一个新移民，街头卖画为生，不过我相信，只要努力，总有一天会成为你们中的一员，一个真正成功的美国人。今天，这个奖证明了，美国是个真正充满机会的国家……我爱你们，我爱美国，这就是我的美国梦……"

片段二：丹尼斯和大同的朋友昆兰的儿子保罗打架，大同要求丹尼斯向保罗道歉，遭到拒绝后，便关掉了丹尼斯正在玩的电游，拍打丹尼斯脑袋。昆兰对此震惊不已。

片段三：首次的非正式听证会上，大同不顾昆兰平时只处理知识产权的案子的事实，选择昆兰成为他的律师。而在法庭上，当对方律师展示照片显示丹尼斯后背上因为刮痧而留下的紫痕时，昆兰极为震惊，认为大同虐待了丹尼斯，随之拒绝继续为大同辩护。大同自己试图向法官解释"刮痧"是疗法而不是虐待，却徒劳无功。随后，法官问大同是谁给丹尼斯进行的刮痧，尽管是大同父亲所为，大同仍选择说是自己的行为。

片段四：昆兰在法庭上作证，说大同当着他的面打过丹尼斯。大同对此气愤不已，说当初是为了表示对昆兰的尊重才会打自己的儿子。对这个理由，昆兰完全无法理解。大同愤怒地对昆兰说"道不同，不相为谋"，与昆兰绝交。

笔者就以上片段针对教学目标提出的听说、读写、增强自主学习能力、提高跨文化交际能力等各方面要求分别确定了任务。在教学实施过程中，笔者先向学生介绍了影片的背景知识，并解释了可能会影响学生理解的词汇。随之，要求学生在观看影片的过程中完成三项听力练习题。分别由台词配对、完形填空和辨别正误组成。这三个练习的设计遵循的是循序渐进的原则，由易到难。台词配对要求学生注明题中的台词是由哪个角色说的；完形填空则是找出材料中的影响全文理解的台词，要求学生对中间的部分缺失信息进行填空；辨别正误则是基于学生对全部材料的理解，对练习中的陈述来辨别正误。通过这三项听力练习，学生可以较好地掌握所选片段的内容，并学习地道的表达方式。然后要求学生就以下四个问题进行小组讨论：

第一，为什么丹尼斯和保罗打架后，大同要当着昆兰的面打自己的儿子？

第二，为什么大同要请做知识产权的昆兰当他的律师为他辩护？

第三，为什么昆兰看到展示丹尼斯后背上紫痕的照片后，拒绝再为大同辩护？

第四，为什么大同要告诉法官是他自己给丹尼斯做的刮痧？

小组讨论后，请小组代表来代表全组发言。通过学生的口头阐述，来判断学生的理解程度并给予相应的反馈。之后，请学生在课后查找有关资料解释片段一中提到的美国梦，在书面作业中对此提出自己的见解。这样不仅能丰富写作的内容还能给写作提供良好的语言基础，并且把学生分为正方和反方，要求学生在课下搜集材料，在听说课上就“当有法律纠纷的时候，应该向律师求助还是向亲朋好友求助”开展辩论。以此来巩固学生对中西文化差异的理解，增强学生的自主学习能力，提高学生的交际能力。针对学生的各项任务完成情况给予反馈并记录成绩，作为形成性评估的一部分，从而进一步地促进学生积极参与各项任务。

总之，随着社会发展和国际交流的需要，我们要认识到学生的英语水平不仅指能够正确地利用语法规则遣词造句，更加重要的是要具备在特定的语境条件下，能够进行得体的、有效的交际能力的发挥。英美影视片段以其无法比拟的生动性、直观性、文化性，不仅给学生提供了生动的语言交际环境、地道的语言表达方式，而且能通过声音、画面、故事情节，反映丰富的英美国家文化。使学生能在轻松愉快的氛围中，较好地达到大学英语教学目标所提出的各项要求。所以，我们在教学中应充分合理地利用英文影视材料。

参考文献

[1] 大学英语教学基本要求项目组编：《大学英语课程教学要求（试行）》，清华大学出版社 2004 年版。

[2] 樊葳葳主编：《跨文化交际视听说》，高等教育出版社 2009 年版。

[3] 马洁敏：《大学英语新教学模式探讨》，载《外语语言与教学研究》（一），上海科

学技术出版社2009年版。
[4] 魏琦:《范例教学论视野下的外语电影课教学》，载《电影文学》2011年第4期。
[5] 严灿勋:《人文主义教学观在视听教学中的运用》，载《中国外语教学法回顾、探索与展望》，上海外语教育出版社2006年版。

（作者单位：外国语学院）

项目教学法在大学英语教学中的应用

王如利

多年来，我国广大英语教师一直孜孜不倦地致力于英语教学的改革和探索。为了调动学生学习的自主性和积极性，更好地改善教学效果、提高学习效率，怎样使用多样化的教学手段和教学模式使学生积极参与到学习当中是很多教师不断探索和实践的主题。项目教学法就是一种能够使学生有效利用多种资源和手段、积极参与、自主学习、独立思考、合作研究的教学和学习模式，它已在英、美等西方国家的大、中、小学实践多年并取得了良好效果。近年来，笔者在大学英语教学中引进并系统实施了这种教学方法。实践证明，这种教学法能有效促进学生英语应用能力、自主学习能力和综合技能的提高，是一种受到多数学生欢迎的教学模式。

一、项目教学法概述

（一）项目教学法的基本概念和意义

项目教学法（Project - based Learning）是一种以学生为中心的教学方法。它要求学生以小组为单位，以现实生活中的真实问题为研究对象，在团队合作和自主研究的基础上，通过第一手的调查，并综合利用各种资源，完整地进行一个项目的设计、调查、分析、总结及报告，并参与项目的评价。教师在整个项目的研究过程中扮演协助者、咨询者和评估者的角色，他只是反馈意见和提供帮助，同时和学生一起对项目进行评价，并不控制和参与研究（Railsback，2002；Grant，2002；Stix&Hrbek，2006）。前人的实践证明，项目教学法在提高自主学习能力，刺激学习动机，培养解决实际问题能力，加强社交和沟通能力，训练信息检索及多媒体使用技术等方面都有很好的促进作用，对学生综合能力的提高和培养具有重要意义（Railsback，2002）。

（二）项目教学法发展的理论和时代背景

一般认为，现代意义上的项目教学法起源于20世纪初的美国，是当时新教育运动和工业社会发展的产物。

20世纪初，新教育运动在美国的发展如火如荼。1919年“进步教育协会”（Progressive Education Association）成立，同时哥伦比亚大学教育学院的理论家们提倡的“做中学”（learning by doing）、“以孩子为中心”（child－centeredness）、“批判思维”（critical thinking）和“全身心投入的有目的的活动”（wholehearted purposeful activity）等教育理念影响日益扩大。首先是杜威创建了经验主义的课程论体系，为项目课程的形成奠定了理论基础；之后他的弟子克伯屈发表《项目教学法》（Project Method），进一步完善了项目课程的理论框架，并使这一学习理论成为新教育运动的高潮。（Kilpatrick，1918）20世纪七八十年代，项目教学法在美国一些医学院的成功教学案例被很多其他大学学院纷纷效仿。20世纪90年代后期，在巴克教育协会（The Buck Institute for Education）等教育研究机构的大力推动下，项目教学法开始在美国各级学校迅速普及。如今，项目教学法被广泛应用于普通教育教学中，不仅在美国盛极一时，在其他国家也得到广泛接纳和应用。

当然，这种教学模式能够普及也是因为它能够满足社会发展和变革对现代人才的要求。社会的发展和科技的进步带动了各行各业对于全面发展的复合型人才的需求，仅有专业知识而缺乏解决实际问题的能力、沟通交流的技巧或操作现代办公设备的必备技能已经无法满足很多工作职位的要求，所以知识和能力应该成为现代学校培养学生的并重目标。项目教学法以学生为中心，注重独立学习和实际应用能力的培养，适应现代社会对于复合型人才的需求，从而得以在现代教育中广泛普及。（Markham & Larmer，2003）

二、项目教学法在大学英语教学中的应用

在大学英语教学中实施项目教学法，旨在贯彻“因材施教”、“学以致用”的原则，使学生能够发挥自身的积极性、主动性和个体优势，通过用英语做事情的过程，来提高学生的英语应用能力，同时也使他们有机会使用英语去研究、解决专业或实际问题，使英语工具能够服务于他们的工作、学习、研究和交流。

（一）项目教学法的实施步骤

近年来，笔者在中央民族大学非英语专业本科和研究生的英语教学中使用了项目教学法，其主要实施步骤包括：

1. 教师在学期初就项目学习的指导思想、基本原则、选题办法、实施步骤、时间安排等进行介绍并提出建议和要求；学生根据专业或兴趣爱好自由结组（组员一般3—6人），并推选一名小组长负责项目组织、内部协调和与教师的沟通。

2. 各组用2周时间商讨选题并起草、提交一份包括项目论题、研究目的和意义、研究方法、实施步骤、小组成员分工和时间安排等内容的全英文开题报告。

3. 教师用1周时间对开题报告进行可行性评估，并分别对各组的研究项目提出具体的参考意见或修改建议。

4. 开题通过后，各组用1周的时间设计一份全英文调查问卷，同时进行相关资料的收集。

5. 教师用1周的时间对各组的问卷给出反馈意见，针对问卷的格式、内容、题量、语言和可操作性提出意见或建议。

6. 问卷通过后，各组用3周的时间进行问卷及其他形式的调查，统计、分析调查结果，撰写、提交全英文研究报告，并在研究报告基础上设计一份全英文幻灯片演示稿。

7. 各组全体成员分工协作，利用幻灯片演示稿，在课堂上进行口头的全英文项目研究报告。

8. 教师对口语演示从报告内容、语言表达、肢体表情、多媒体使用以及与听众的互动等方面进行评估，并当堂给出点评意见，指出问题或提出表扬。

9. 学生就自己及本组成员在项目研究中的参与度、学习效果及存在问题进行小结式自我评价，同时教师通过无记名问卷形式对学生进行项目研究的接受度、参与度和学习效果调查。

10. 教师审阅研究报告，对项目研究的独立性和创新性、调查结果的真实性和数据分析的准确性、调查结果的可信度和社会意义以及报告的语言表达和结构条理进行最终评估，同时结合口语演示成绩，并参考学生自我评价、同伴评价以及前期准备、团队合作、组内分工等情况给每位同学打分。

整个项目研究过程大约需要9—10周的时间，项目开题、问卷设计、资料查询、调查分析、书写报告基本都需要学生课下完成，只有最后的口语演示是在课上进行的。项目研究的各个步骤都由学生独立承担，但同时整个研究又是在师生互动的过程中完成，教师在研究中扮演了协助者、建议者和评估者的角色。在对项目的评估方面，我们的评价不是仅依据最后的书面报告和口语演示所做的结果性评价，而是参考前期各阶段工作和项目的组织、协调、分工等各个环节所做的过程性评价。另外，自我评价和同伴评价有助于学生通过自省和听取别人意见发现问题、弥补不足，督促学生在今后的学习中更加积极参与，进行有效学习。同时，学生的评价也有助于教师更全面、客观地了解学生对这种学习方法的接受度、参与度及其中存在的问题，以便在今后的教学中及时调整、改进。

（二）项目教学法接受度、参与度及学习效果调查

为了更好地总结经验教训，深入了解学生对项目教学法的真实态度，以便在今后的教学中扬长避短并及时调整实施策略，使项目教学法更有效地服务于学生的学习，笔者对2011级研究生中级英语3、4班的57位同学进行了“项目教学法接受度、参与度及学习效果调查”。

在接受度调查中，“是否喜欢项目研究这种学习模式”一题的五个选项（1. 不喜欢；2. 不太喜欢；3. 一般；4. 比较喜欢；5. 很喜欢）中选择“比较喜欢”和“很喜欢”的占总人数的64.9%，选择“一般”的占31.6%，选择“不喜欢”和“不太喜欢”的只占3.5%（表1），可见多数同学对这种学习模式比较认同，证明项目教学法在大学生英语教学中具有较高的接受度，这是它能够有效实施的重要保障。

表1　是否喜欢项目研究这种学习模式

选项	频数	百分比	有效百分比	累积百分比
不喜欢	2	3.5	3.5	3.5
不太喜欢	0	0	0	3.5
一般	18	31.6	31.6	35.1
比较喜欢	29	50.9	50.9	86.0
很喜欢	8	14.0	14.0	100.0
总计	57	100.0	100.0	

在参与度调查中，笔者针对个人参与度和小组参与度分别设计了7个

题目，选项按“完全是”、“基本是”、“一般”、“基本不是”和“不是”分配5、4、3、2、1的分值，由学生对自己及本小组成员在项目研究中的参与度进行评分。从调查结果看，个人参与度总体平均值为4.1103（表2），小组参与度总体平均值为3.8647（表3），虽然同学们对自身参与度的评价高于对小组其他同学参与度的评价，但总的来看同学们都积极参与了项目研究的过程。这也表明，项目研究的确是能够让学生“全身心投入的有目的的活动”。

不过，对比各项指标也能发现学生在项目研究中还存在一些薄弱环节。例如，在小组参与度的调查中，“我组的项目报告使用了数据分析软件”一项平均值只有2.88，这表明还有很多小组不能利用电脑软件对调查结果进行数据分析，其科研方法和水平还有待提高。另外一项平均值较低的指标是“我组的课题有服务社会、社区或学校的实际意义”，这表明同学们在现实生活中发现问题、解决问题的能力还有所欠缺，平时还需要加强这方面的训练，同时在选题方面老师需要给出更多的建议和指导。

表2　个人参与度评分统计表

指标	总人数	最小值	最大值	平均数	标准差
我积极参与了项目研究的各个环节	57	3	5	4.16	0.727
我合格完成了小组分配的研究任务	57	3	5	4.39	0.620
我与小组成员有良好的沟通与合作	57	2	5	4.40	0.753
在项目研究过程中我利用多种渠道收集资料	57	1	5	4.18	1.197
我参与了项目研究的实际调查活动	57	1	5	3.81	1.172
我能在调查研究的基础上独立撰写研究报告	57	1	5	3.81	0.934
我在项目报告前认真做了口语演示准备	57	2	5	4.04	0.755
个人参与度总评	57	2.71	5.00	4.1103	0.55527
有效人数	57				

表3 小组参与度评分统计表

指标	总人数	最小值	最大值	平均数	标准差
我组的课题是在小组充分讨论的基础上确定的	57	2	5	4.28	0.675
我组能在规定的时间内完成项目的各个步骤	57	3	5	4.25	0.662
我组的课题有服务社会、社区或学校的实际意义	57	1	5	3.44	1.118
我组的项目报告使用了数据分析软件	57	1	5	2.88	1.415
我组的项目研究有完整清晰的计划和时间安排	57	3	5	4.12	0.683
我组的项目研究任务分配合理、组员各司其职	57	2	5	4.40	0.704
我组的研究课题有问卷或田野调查	57	1	5	3.68	1.404
小组参与度总评	57	2.29	4.86	3.8647	0.64083
有效人数	57				

在有关学习效果的调查中，笔者就项目教学法在提高学习能力、英语应用能力和综合技能三个方面的作用分别设计了五个题目，同样按“完全是”、“基本是”、“一般”、“基本不是”和“不是”分配5、4、3、2、1的分值。调查结果显示，三个方面总体平均值都大于3，分别是3.6982、3.4877、3.5404（表4、表5、表6），这表明项目教学法对上述三种能力的培养和提高都有较明显的效果。其中，“项目研究对提高学习能力的作用”一项的总体平均值最高，这说明，虽然英语水平和综合能力的提高是一个渐进的过程，但项目研究的确是一种能有效调动学习积极性、培养良好学习习惯和提高独立学习能力的教学方法，如果能够长期系统地应用，它在其他两方面的作用也会更明显地表现出来。

表 4　项目研究对提高学习能力的作用

指标	总人数	最小值	最大值	平均数	标准差
项目学习激励了我学习的积极性和主动性	57	1	5	3.67	0.988
项目学习锻炼了我独立学习的能力	57	1	5	3.77	0.982
项目调查锻炼了我的调查技巧和研究能力	57	1	5	3.63	1.080
项目学习有助于发挥个人长处，树立学习自信心	57	1	5	3.74	0.835
项目学习有助于新知识和新认识的构建	57	1	5	3.68	0.869
总体平均值	57	1.00	5.00	3.6982	0.78296
有效人数	57				

表 5　项目研究对提高英语应用能力的作用

指标	总人数	最小值	最大值	平均数	标准差
通过项目研究我积累了一些新的英语词汇和表达方法	57	1	5	3.88	0.825
我在项目研究过程中收集的资料全部是英语资料	57	1	5	3.14	1.008
项目研究锻炼了我的英语口语表达能力	57	1	5	3.54	0.908
项目报告的撰写锻炼了我的英文写作能力	57	1	5	3.33	0.970
项目学习有助于将英语学习与专业研究相结合	57	1	5	3.54	1.135
总体平均值	57	1.00	5.00	3.4877	0.73097
有效人数	57				

表6　项目学习法对提高综合技能的作用

指标	总人数	最小值	最大值	平均数	标准差
项目学习锻炼了我的团队合作精神和沟通能力	57	2	5	4.19	0.766
项目研究增加了我对本专业国际研究动态的了解	57	1	5	2.67	1.091
项目学习使我对相关软件和多媒体的使用更熟练	57	1	5	3.44	1.000
项目学习锻炼了我解决实际问题的能力	57	1	5	3.61	0.881
项目学习有助于增加我对相关学科的了解	57	1	5	3.79	0.861
总体平均值	57	2.20	5.00	3.5404	0.63354
有效人数	57				

当然，调查结果也暴露出我们在项目研究过程中需要注意的问题。从具体指标的数据看，“项目研究增加了我对本专业国际研究动态的了解”一项平均值只有2.67，这表明还有相当一部分同学没有有意识地将英语学习中的项目研究与本专业的学习有效结合，还不能将英语作为进行专业研究和国际交流的有效工具。可见，在选题和研究过程中，教师还需要进一步强调项目与现实和专业的结合，使学生能够真正用英语去“做事情”——去研究现实问题，辅助专业学习，同时在“做事情”的过程中提高英语应用能力。

（三）项目研究案例简介

在过去几年中，笔者承担的本科和研究生各个班级做了很多与大学生学习和生活息息相关，同时又具有一定社会现实意义的研究项目，例如：“导师—研究生关系调查”（An Investigation of Student – Supervisor Relationship in Minzu University）、“农村大学生消费状况调查”（Research on Consumption Status of Rural College Students）、“大学毕业生就业歧视调查”（An Investigation of Employment Discrimination against College Graduates）、“女研究生爱情观调查”（Female Graduate Students’ Views of Love）、“大学生压力调查”（An Investigation of College Students’ Stress）、“青少年犯罪调查”（A Research of Juvenile Delinquency）、“民大与北大学生用餐情况比较

研究”（A Comparative Study of Students’ Food in Minzu University and Beijing University）、“民族因素对中央民族大学学生生活的影响调查”（The Influence of Ethic Factors on Students’ Life in Minzu University）、“民、理、外三校校园植被调查”（Campus Plants Survey in Minzu University, Beijing Institute of Technology and Beijing University of Foreign Studies）等。

“民、理、外三校校园植被调查”这个项目富有新意，调查严谨，分析全面，同时又有普及绿化知识和倡导环保的公益性质，是一个很好的案例。项目组共6位同学，来自环境科学、生态学和植物学三个专业。他们在分工合作的基础上，采用田野调查的方法调查记录了民大、北外和北理工三所校园的植被种类、数量、层次分布及覆盖情况，对田野调查的结果进行了详细的归类和数据分析，对典型植被附图片说明，对三所高校的植被特点进行了比较研究。同时，他们采用问卷调查和随机访谈的形式调查了三所大学的学生对校园植物的了解情况和保护意识，通过分析问卷调查和访谈的结果，得出大学生对植物了解较少，绿化环境流于口号，缺乏实际行动的结论。他们通过对项目调查过程和研究分析结果的课堂报告，一方面向老师和同学普及了一些基本的植被和绿化知识，另一方面也倡导大家提高环保意识，把绿化环境付诸实际行动，给我们上了一堂发人深省的环保课。

“民大与北大学生用餐情况比较研究”也是一个与校园生活紧密相关，同时又别开生面的调查项目。项目组4位同学，分别来自舞蹈学、环境科学和公共卫生三个专业。他们用实地考察、实验室研究和问卷调查等形式，分别调查了民大和北大学生食堂的食物种类、分量、价格、营养、卫生等情况以及两校学生对本校学生餐的满意度和意见，对两校学生餐的情况进行了比较研究，在报告中辅以图片说明和数据对比，非常形象地展示了两校学生的用餐情况，肯定了本校食堂品种多、味道好、营养均衡等优点，也提出了价格高、分量少、卫生条件有待提高等问题。调查报告的实时性和客观性得到了全班同学的认可，相信如果学校有关部门读到这份报告的话，也可以把它作为改进工作的很好参考。

在项目研究的选题过程中，笔者鼓励学生选择与本专业相关的现实问题进行研究，力求使英语学习与专业技能和知识的获取相结合。一方面，学生能够因为专业学习和实际运用的需要而自觉主动地去学习英语，通过项目研究的各个环节在真实环境中综合练习英语的听、说、读、写、译各项技能；另一方面，英语综合技能的提高也能帮助他们扩大专业材料的收集和阅读范围，提高专业论文的英文写作水平和使用英语进行专业交流的能力。通过项目研究，学生巩固了专业知识，锻炼了调查技巧，加强了团队合作精神，扩大了英语词汇量，同时也通过设计问卷、查阅资料、书写报告和课堂演示等各个环节提高了用英语做事情的能力。在项目教学法的应用过程中，大多数学生都能积极参与，在团队合作的基础上，参考老师的反馈意见，独立完成各自的项目，并通过项目研究过程使自身的沟通技能、研究水平、英语应用能力得到锻炼和提高。

参考文献

[1] Grant, Michael M. Getting a Grip on Project - based Learning: Theory, Cases and Recommendations. Meridian: A Middle School Computer Technologies Journal. Vol. 5, Issue 1, 2002.

[2] Markham, Thom and John Larmer et al. Project Based Learning Handbook: A Guide to Standards - Focused Project Based Learning for Middle and High School Teachers. Novato, CA: Buck Institute for Education, 2003: 3 - 4.

[3] Railsback, Jennifer. Project - based Instruction: Creating Excitement for Learning. Portland, OR: Northwest Regional Educational Laboratory, 2002: 4 - 10.

[4] Stix, Andi & Frank Hrbek. Teachers as Classroom Coaches: How to Motivate Students Across the Content Areas. Alexandria, VA: Association for Supervision & Curriculum Deve, 2006: 166 - 167.

[5] Kilpatrick, W. H. The Project Method. Teachers College Record. Vol. 19, No. 4, 1918: 319 - 334.

（作者单位：外国语学院）

在民族高校开设“大学生团体心理辅导”课程的效果初探

——以中央民族大学为例

张宏宝

一、多民族高校的学生心理特点

在民族高校，少数民族学生占据了极大比例。在多彩纷呈的校园文化生活中，在繁华的首都北京这样的大城市中，少数民族学生在各种心理层面的冲击和矛盾也渐渐凸显，如既有强烈的民族意识，又渴望融入现代社会；既受民族传统认知、思维方式的影响，又有突破其定势影响、接纳新认知、思维方式的要求；既以传统的民族个性为自豪，又对其中的弱点有清醒的意识等方面的矛盾。

民族共同体心理是影响少数民族大学生心理健康的重要因素，所谓共同体是指具有以下心理特征的一群人的聚合：各个成员相互依附，在心理上彼此意识到对方；各个成员在行为上有交互作用，彼此互相影响；各个成员在道德结构上以共同信仰的内心情感体验作为彼此联系的纽带，他们有同属于“这一群”的感受，也即有强烈的归属感。[①] 由于民族共同体对民族成员的心理行为有着强烈的影响力与约束力，所以民族成员必须按照团体的规约行事，保持团体一致，违反团体规约将面临被其他民族成员孤立的压力。如某个民族成员汉语的水平很好，但是他不能表现出一丝自豪，否则就要面对其他成员的谴责；如果和其他民族的人走得很近，也要面对被本族成员厌恶的风险。人们都害怕受到团体的厌恶和孤立，所以会保持和民族共同体一致，最终的结果就是不断压抑与非本民族成员沟通的意愿，导致人际交往的范围狭窄，社会支持系统薄弱，心理问题滋生且不

---

① 李静：《民族心理学教程》，民族出版社 2006 年版。

容易被发现。由于少数民族文化和语言影响，他们在遇到这些问题时又不愿意主动寻求心理咨询的帮助，往往延误最佳的治疗时机，极容易造成严重的心理障碍而难以治愈，所以如何做到防微杜渐，用少数民族学生可接受的方式帮助他们更好地融入大学生活和学习中就成了重中之重。

二、我校开设大学生团体心理辅导的意义

开设心理健康教育类课程是心理素质教育的有效途径，目前各高校多采用大班授课的方式教授大学生心理健康课程。我校于 2004 年开设了跨专业选修课“大学生心理健康”，教师在课堂上以讲授为主，虽然取得了一定的效果，但由于课堂上很难开展有效互动，学生的掌握领悟能力受个体因素影响比较大，教师很难兼顾到所有学生的文化和需要。于是，我校在 2008 年开设了跨专业选修课“大学生团体心理辅导”，由学生处心理健康教育与咨询中心的专职心理教师任课。

团体心理辅导是在团体的情境下进行的一种心理辅导形式，它是通过团体内人际交互作用，促使个体在交往中观察、学习、体验，认识自我、探索自我、调整改善与他人的关系，学习新的态度与行为方式，以促进良好的适应与发展的助人过程。团体辅导被称为“神奇的圆圈”。一群人围坐在一起，经过几次密集的互动，每个团体成员都会产生一些积极的改变，更适应、更快乐、更健康、更和谐。① 和个体心理辅导相比，团体心理辅导更加高效，能同时针对多人开展辅导。团体心理辅导更多的是针对健康人群，尤其是在成长过程中存在各种烦恼的青少年，这类团体也成为成长性团体，这样也打消了学生认为“只有精神病才去做心理辅导”的误解。

和大班授课的心理健康类选修课程不同，大学生团体心理辅导课程的课容量为 20 人，总共 9 周 18 课时。该课程是以小团体的形式，通过绘画书写、游戏活动和展示分享的形式开展活动，生动有趣，保证每一位学生都能积极投入。在这门课上，教师鼓励每一位同学去表达并且回应其他人，人际互动复杂多变，这样就给学生提供了人际交往训练的机会，改变和成长往往发生在不经意间，最终帮助学生解决生活中的心理困境。由于课程内容形式多样，所以在场地上要求有较大活动空间，桌椅能随意移动，保证能根据不同活动内容灵活地对场地进行布置。

---

① 樊富珉、何瑾：《团体心理辅导》，华东师范大学出版社 2010 年版。

团体心理辅导强调的是多元文化学习的价值，团体成员通过对自我的探索以及与其他成员的互动，学习到不仅需要重视和欣赏自己所属文化的价值，也要学习了解、接纳和尊重其他文化的价值，学习在多元文化中的沟通能力。因为，我们的世界充满了差异，比如男女性别差异，成人和青少年的价值观差异，不同职业间的差异，不同的民族文化之间的差异，如果缺乏对多元文化的意识与觉察会导致人与人之间的误会、冲突、敌意。随着全球化的发展，求同存异是国家和民族乃至个人发展的方向。因此，在大学生团体心理辅导课中，民族共同体的束缚就被打破，课堂会更重视对学生多元文化背景下生活能力的培养。

三、大学生团体心理辅导课程体系

本课程的目的是通过团体情境内的人际交互作用，促使个体接纳自我、改善人际关系、理解生命价值，从而发展良好的生活适应能力。课程通过各种形式的活动来实现目标，包括游戏、绘画、纸笔练习、行为练习、角色扮演、团体讨论、课外作业等，鼓励学生在活动中观察、体验、学习、行动，最终能够积极面对成长中的阻碍，充分发挥潜能，迈向丰盛人生。课程由五个部分组成：

阶段名称	阶段目标	活动内容	课时数
有缘相识	组员之间互相熟悉，建立信任，打破陌生的隔膜，形成团体。阐述课程设置和考核方式	“认识你真好”、“生日线”、“寻找交集”、“大风吹”	4
自我探索	认识自己，发现未知的自己，肯定自己的价值	“滚雪球”、“个性名片”、“20 个我是谁”、“我的自画像”	2
人际沟通与团队合作	掌握人际沟通的要素、尝试人际信任、学会表达与倾听、加强团队合作能力	“信任不倒翁”、“信任之旅”、“一线生机”、“面面相觑”、“表达与倾听”、“你说我画”、“优点轰炸”	6
理解生命	思考生命的价值，认清自己的价值观，感恩自己所拥有的，感恩父母，珍惜生命，规划未来发展	“人生三部曲”、“人生九宫格”、“价值观大拍卖”、“生命线”、“我的五样”、“墓志铭”	4
告别	课程结束，处理离别情绪	“背后祝福”、“一句话告别”	2

四、大学生团体心理辅导的实效性评估

将近4年的实践证明，大学生团体心理辅导具有很强的实效性和可操作性，达到了课堂预期的目的。通过访谈与作业反馈，主要的效果总结为以下几个方面：

（一）调动了学生积极性，锻炼了自主思考能力

课堂多以游戏为媒介，强调活动过程中的体验和感受，鼓励学生之间的讨论和分享。在课堂布局上，用圆形分组的形式替换了传统的大课堂，既没有PPT也不需要记笔记。这样就大大增强了课堂的趣味性和互动性，学生们从各自的分享中互相学习，让学生真正成为自己的老师，而教师的任务就是调动气氛和把握方向，在关键处总结提升。

有学生在作业中写道：“对于其他的专业课，我总是在它的专业威慑力下变得畏惧……可是您的课让我们处在交流、运动的状态，我觉得自己就是活动中的主体，我们自己在充当着别人的配角的同时也扮演着主角，我享受这种滋味。”还有学生写道：“在你的课堂上，我们永远都不感觉枯燥。每堂课创意十足的小游戏让我们在寒冷的冬天仍保持着精神头儿。一个个有趣的活动背后都有着深刻的寓意，这种寓教于乐的教学形式让我们很是欣赏。”

（二）宣泄负性情绪，促进积极情绪

由于“大学生团体心理辅导”给学生们提供了一个安全温暖的氛围，所以学生在课上可以自由地表达、充分地开放，尽情地宣泄情绪，同时在同伴的安慰和帮助下，身体里积极的资源被开发，从而对生活更加充满信心，更有勇气面对各种困难。

有学生说：“今天的课使我一周繁忙而充实的生活得到了缓解，和一群近乎陌生但很友好的同学交流是一件很舒服的事情。我可以卸下在熟人面前的面具，做回我自己。”

（三）促进自我探索，肯定自我价值

大学生团体心理辅导课程设计了专门环节帮助学生进行自我探索，通过活动的帮助和其他组员的启发，学生往往会发现自己身上未知的部分。

一些自卑的学生通过组员真诚的反馈，会逐渐发现身上的价值，情感上获得朋辈的支持，这会帮助学生更好地面对生活中的困境。

有学生在作业中写道："习惯了失败的滋味，习惯了被忽视被冷漠，我在今天的课堂上真的获得了惊喜。我真的没有想到其实自己的身上还有如此多的闪光点，还有那么些东西可以作为我的财富。我觉得自己受到了很大的鼓舞，他们给我疲惫的旅途增添了新的活力，让我觉得其实我还有那么多的资本开始我的征程，开始我的奋斗人生。"

（四）学会尊重多元价值

我校是多民族高校，学生来自不同的地域，有着不同的民族和文化。即使是处在相同的文化和价值观下，也没有完全相同的个体。但是个体之间差异再大，也必然会有共同点。如果不能够理解并接纳这种个人之间的差异并且看到共同点，就容易发生误会和隔阂。通过课程的逐渐引导，学生们不但寻找到相互之间的共同点，还能最终做到接纳其他人不同的价值观。

有学生在活动后分享："每个人都有自己的个性，就如那一幅幅自画像。虽然会有相似，但绝对没有完全一致。在这个属于我们的领域里，我们可以实现不同性格、文化、思维的大碰撞，博采众长，文理兼备，和而不同。"

（五）拉近了和老师的距离，加深了对心理咨询的理解

通过和老师面对面的交流，师生之间的距离慢慢被拉近，随之而来的是学生和心理中心的距离在拉近。这样就帮助学生理解真实的心理咨询而不是主观臆测，同时这种正确的导引会传递给身边的同学，让更多的人敢于走进心理中心，愿意尝试心理咨询。这种间接的宣传能够在学生心里树立一个积极的心理中心形象，帮助学校心理中心更好地开展心理教育相关活动。

（六）掌握了人际沟通技能，增强了团队合作能力

人际关系问题是大学生寻求心理咨询的主要问题之一。很多研究都得出结论，认为接受过团体心理辅导的大学生在提高人际交往能力方面得到了显著的效果。这是由团体心理辅导的特点决定的，团体就是一面镜子，在游戏和活动中与其他人互动，更多地开放自己并且观察别人，每个个体的人际交往模式都展露无遗。

有学生分享道：“与别人初次交流的时候要特别注意技巧，学会先从共同点入手，这样既可以避免交流中话题陌生的尴尬，也可以使得交流快速升温。我觉得这门课就在一场场的游戏之中汇入这些观念，而我们在认真完成游戏后就自然理解了那种所谓的‘只可意会，不可言传’的真谛。”

（七）学会理解生命，懂得感恩

生命教育是一切教育的前提，也是教育的最高追求。“大学生团体心理辅导”不仅只是教会学生珍爱生命，更要启发他们完整理解生命的意义，积极创造生命的价值；不仅只是引导学生关注自身生命，更是通过他人的生命故事学会敬畏和感恩；不仅只是关心生命过去的部分，还应该规划生命未来的发展。

学生在这个部分的分享最精彩，“今天的课让我重新审视了自己。在人生中最美好的20年里我领略了世间最美好的三种感情：亲情、友情、爱情，我会在她们的包围中，找到积极的、正面的力量面对未知的挑战；等到有一天，我终于可以面对工作中的方方面面的压力，我会会心一笑，为自己鼓掌”，“那些亲近的人成为我们生命中的一种习惯，我们已经渐渐熟悉他们的存在，似乎他们的存在是理所当然，我们每天都享受着这种习惯，但是却不曾意识他们，不去关心他们，直到这种习惯被打破，我们才会悔悟，才知道没有什么东西的存在是理所当然”。

（八）课堂外的扩散效应

心理健康教育的目的不仅仅是掌握心理学知识，更重要的是要教会学生在课堂以外的生活中运用。大学生团体心理辅导课在学生心中种下了信任和积极的种子，让学生们真正愿意尝试朋辈间的互相帮助，虽然课堂上只有20人，但是扩散效应让更多的学生受益。通过口口相传，越来越多的同学被推荐选修这门课程，这也体现了学生对课程的认可。

五、展望和不足

大学生团体心理辅导是我校心理健康教育课程重要的组成部分，它使得学生的主动性和参与性得到了最大限度发挥，取得了良好的效果。未来在课程安排上可以更加灵活，甚至在户外开展部分课程，在真实情境中体验生活中的问题。不足是缺少固定场地，由于团体心理辅导活动需要空旷场地和活动桌椅，心理中心并没有配备专门的团体心理辅导教室，所以限制了部分活动的安排和施展，希望随着学校的重视能够逐渐有所改善，让更多的学生体验心灵的成长。

参 考 文 献

［1］李静:《民族心理学教程》，民族出版社 2006 年版。
［2］樊富珉、何瑾:《团体心理辅导》，华东师范大学出版社 2010 年版。
［3］欧阳丹:《浅析团体心理辅导活动在大学生心理健康教育课程中的运用》，载《高教论坛》2009 年 2 月第 2 期。
［3］李明:《“团体辅导式”大学生心理健康教育应用初探》，载《广西青年干部学院学报》2010 年第 3 期。

（作者单位：学生处）

法学院本科专业实习的反思与实践探索

张　杰

霍姆斯大法官曾说，“法律的生命并非逻辑，而是经验”，经验来源于实践。法学是一门实践性、应用性极强的学科，法学实践教学不但可以加强法学理论与法律实践紧密的结合，而且是进行职场系统培养的有力途径，是法律职业化的需要。法学院的学生将来所要从事的法律工作都是非常专业化的事务，如律师要用全部时间获取专业知识服务于公众，而法官则用其专业知识为国家服务。大学期间不仅要通过法律教育课程来学习法律理论知识，也要通过实习来践行知识。归根结底，法律是一种技艺理性，法学是一门实践科学，具有职业教育的特征，这决定了只有在专业实习中才能真正消化和吸收知识。作为法学院学生，仅仅掌握理论知识是不够的，还需要结合实践来提高应用法律的能力，实习就成为大学阶段法学教育的一个必不可少的实践性环节。

一、法学院本科专业实习的基本情况

法学专业实习的目的就是让学生在法律实践中加深对法学理论的理解和认识，把法学专业基础知识和司法实践结合起来，巩固专业理论教学的效果；掌握我国的审判、检察、律师等法律制度及其运行机制和程序，了解法律职业人员的基本素质和司法的基本状况；学会法律的一般思维和工作方法，培养学生综合运用专业知识分析、解决实际问题的能力；增强学生的法律意识，强化职业道德，加强职业责任感和荣誉感，培养和提高学生未来从事法律职业的能力。目标是好的，而且在我国大学里的法学院教学整体安排中一般都有实习这个环节。在我院的教学计划中，实习学分是必修学分，学生为参加实习或者实习成绩不合格者不得毕业。在实习的方式上，法学院采取的是集中实习（由学院负责统一联系实习单位）和分散实习（由学生自行联系实习单位）并行的双轨式实习方式。

在实习的组织上，我院学生实习时间安排在第六到第七学期，为期两个月，实习地点一般选择在法院、检察院、公安机关或者律师事务所等法律事务部门。同时为了保证实习目标的落实，我院与一些法院、检察院以及律师事务所签订了实习协作协议，建立起了几个相对稳定的实习基地，如赤峰市中级人民法院实习基地、石景山区法院实习基地等。这些单位对我院的教学实习给予了积极支持，并在多方面为实习学生提供便利条件，为我院法学人才的培养提供了比较好的环境。但是，近年来由于各种原因，实习变成走过场，形式化趋势越来越严重，偏离了法学专业实习的目标和宗旨。如何扭转法学专业实习这种有名无实的局面，加强法学专业实习的有效性，已经成为法学教学改革的重点。

二、法学院本科专业实习存在的问题

（一）实习人数急剧增加，组织安排困难

从本科扩招迄今，我院招生规模的扩大导致法学院定点实习基地远远不能满足实习的需求。于是，法学院不得不改变了以往集中实习的统一组织模式，允许更多学生自行联系实习单位进行分散实习。这不仅增加了实习管理和监督的难度，而且为“虚假实习”提供了便利条件。

（二）对实习重视不够

对实习重视不够，是目前实习过程中普遍存在的现象，表现在学校、学生和实习单位对实习均重视不够。传统教学注重对学生理论知识的培养，忽略实践教学的环节，认为实践是毕业以后的事情，是学生进入用人单位之后，再结合单位工作进行锻炼；学生对实习重视不够的原因是多方面的，实习是教学的必经环节，学生必须参加，但学生参加实习的目的更多的是为了取得学分，以不影响毕业为前提，况且实习成绩的好坏与就业无关；实习单位对学生实习不够重视的原因更多地表现为实习操作上的不规范；作为实习单位的工作人员，也是按照自己的经验对实习的学生进行指导的，没有具体落实指导老师，没有形成一套具体的指导方案。一些实习单位把我们的实习生当作“打工仔”，只是安排工作，没有指导、没有传授自己的工作经验，没有把自己当作指导教师，往往把一些与专业无关的工作交给实习学生，如专门负责捆扎案卷，整理案卷，这样就更是与实习初衷有所背离了，也在一定程度上影响到毕业生实习的积极性，形成恶

性循环。

（三）实习时间的安排不尽合理

根据法学本科教学计划，毕业实习须在完成对大部分专业基础课和骨干课的学习后进行，因此，我院将毕业实习安排在第六学期结束后至第七学期的第五周。但这一时间正好同毕业生准备考研、就业、撰写毕业论文甚至司法考试时间相冲突。许多同学往往利用实习的时间找工作或是复习考研和司法考试，多数根本不去实习，专业实习不受重视，往往流于形式。这些严重影响了毕业实习的质量。

（四）分散实习监管失控，实习有名无实

从目前的情况来看，分散实习处于失控状态，对于分散实习的学生而言，实习有名无实。从分散实习的学生构成上，大约有以下几类：一是复习考研、考公务员的学生，这部分学生申请分散实习，为复习考研、考公务员赢得宝贵的时间，他们往往在学校复习自己的考试内容，根本没有进行实习。其他同学实习结束时，他们通过关系，在实习鉴定表上盖一个公章，编造一些实习日记和实习报告，就算实习过关了，大多数分散实习的学生就属于这种类型。二是在生源所在地实习，为将来能在实习单位工作创造条件的学生。这部分学生把寻找工作与实习结合起来，希望通过在实习单位实习，取得实习单位的认可，再想办法毕业之后留在实习单位工作，正因为这个原因，他们在实习单位实习的积极性很高，效果也较好，但这部分学生属于极少数。三是寻找工作的学生在毕业之前，寻找工作成为最重要的任务，他们利用分散实习的机会，一边实习，一边寻找工作，因为分散实习缺少监管，时间几乎由自己支配，大部分学生的实习时间都很短，在实习单位盖个公章后，就把其余的时间花费在联系工作上。可见对分散实习缺少一套科学合理的专业实习管理制度体系，也难以保证专业实习的质量。因为没有建立起合理的实习考核指标和实习评分标准，学生实习结束时自己拿实习鉴定表找指导教师写评语和评分，从而导致大部分实习成绩和实际情况有很大出入。

二、法学专业实习的实践探索

法学专业实习中存在的问题之间是相互联系的，比如学生实习兴趣不高，懈怠应付会导致实习单位不愿意接收，指导老师不愿意带，实习效果

不佳，实习目的难以实现，从而又使得学生能力得不到培养，学生从实习过程中无所收获，学校和学生都不重视，如此下去，就会进入一个恶性循环，而无法自拔，要从这一怪圈中跳出来，就必须对专业实习进行大幅度的改革，让专业实习深入渗透到法学教育的始终，让学生在充分有效的时间内，全面地了解实习单位各个职权职能部门的职责和司法运作程序，切身地认识司法实践与课堂理论的联系和差距，笔者认为我院应从如下几个方面来提高法学院专业实习的效果。

（一）提高学生的综合素养，培养学生的人文精神

我们的学生在实习过程中最缺乏的不是扎实的专业知识，而是和人相处沟通的能力。笔者曾经接触过一些在法院实习的学生，他们的表现很优秀，不仅专业知识得到了实习单位的认可，和人相处沟通能力也强，谦虚好问，而且能够很快领会指导老师的意图，文字能力强，工作效率较高。这样的学生在实习单位是很受欢迎的，但这样的同学是少数。大多数同学的情况是，虽然具备了不少的专业知识，但是却不具备与人相处和沟通的能力，不具备遇到问题沉着应对，合理解决的能力，不具备对社会问题足够的兴趣、热心和洞察力。这样的学生在实习单位中，不能准确领会指导老师、单位领导的意图，不会利用有限的时间和资源，创造最为有利的学习空间，不能和其他人建立起良好的合作关系，甚至有的学生不能够独立的书写司法文书，错别字、病句满篇。因此，应该从学生入校起，就抓学生的素质教育，不能功利性地仅仅开设和专业有关的课程，应当增加选修课的种类和门次，比如艺术赏析、心理学、伦理学、史学、哲学等等。另外，应当丰富化、合理化学生的评价标准，鼓励有健康心态、创新思维的学生，而不只是以单一的卷面成绩衡量学生，要重视和尊重学生的差异和个性。法学是一门社会科学，脱离了社会就失去了生机，法律人应当具备广博丰富的知识、热情强大的内心、建立起博雅的人格和高尚的审美情趣。优秀全面的学生能够扬长避短，得到最大的收益。

（二）变一次性实习为递进式专业实习

实习时间的有限性是实习效果不佳的重要原因，在临近毕业时期安排长时间的实习又不现实，因此可以考虑把实习过程分散开来，开展分阶段递进式实习，让实习与理论学习相结合，贯穿法学本科教育的四年学习时间。具体而言，可分为三个阶段：

第一阶段：观察性实习，安排在大学一年级，这个阶段学生刚刚接触

到法律，在学习一些基础课程的同时，可以安排学生到实习单位观察、体会，比如旁听法院庭审，与法律从业人员交流、座谈，书写心得笔记，时间可以分散于课余时间或固定在每周一两天，可以由教师推荐、学生自主联系，也可以进行统一安排。再有，可以组织校内大学生法律援助实践，在实习教师带领下，接触本校内发生的法律纠纷，协助教师进行咨询、代理。

第二阶段：体会性实习，安排在大学二、三年级，这个阶段主要的目的在于让学生熟悉完整的司法程序，了解司法部门各个单位的职能和运作，体会司法实践与课堂理论的联系和差距。比如学生可以在实习教师的带领下，利用假期举行社会法律义务咨询，走出校门，走向社会，更广泛地接触社会法律问题，为有法律疑难的公民或者单位提供法律帮助，通过接触实际法律问题，有助于学生发现专业学习中的长处和不足。再有，专项法律诊所实习也是这一阶段法学学生实习的主要方法。法律诊所这种实习方式在英美法系的法学院非常普遍，如在美国法学院法学诊所实习课程是法学院的必修课程。它通过借鉴医学院教学经验，克服了传统教学中职业伦理教育、法律技巧训练不足的弊端，培养学生完整的法律意识和完善的法律人格。在课堂外给学生提供代理真实案件、接触司法机关和当事人的机会，办案的全过程都由学生独立负责并具体操作，教师只是针对学生代理案件过程中所遇到的问题给予适时、必要的指导。另外，据笔者了解，我们院里的一些大二学生也利用寒暑假时间到当地的法院或者检察院某个部门进行实习，主要目的是体会部门法的理论与相应职能部门的实践，收获还是比较大的。但是，这种情况尚不普及。

第三阶段：针对性实习，安排在大学四年级，这个阶段学生临近毕业，有了一定的就业意向，同时也完成了基本课程，由学生根据自身条件和兴趣选择实习部门，学校根据现实情况进行适当调整。这一阶段学生有针对性地接受指导老师的专业指导，完成实习任务，书写具有一定水准的实习报告。

以上三个阶段，随着学生认知水平和专业水平的提高，而一步一步加强实习深度，第一阶段重在观察了解，第二阶段重在体会认知，第三阶段重在实际演练。这种递进式实习模式关键有三点：即在层次设计上由面（认知实习）到点（课程实习）再到面（专业实习）；在环节上经过观摩、接触、练习、检验、完善到最后的定型；在空间上要从校内逐步走向校外；在过程上由模拟到真实一步一步进行。[①] 法学专业实习是实现法学理论与法律实务的对接过程，是从理论到实务再到能力的过渡。通过递进式实习，毕业实习不再是一次性的事情，而是融入整个四年的法学教学全过程之中。

（三）坚持将法学专业实习作为必修课纳入学分管理，教学计划的安排应更为灵活

法学专业实习的质量是法学本科教育质量的重要保障环节，是完成认识——实践——认识的第二次飞跃的关键。因此，它不应该被形式化。在实践中，迫于升学、就业的压力，专业实习形式化的“道德风险”普遍存在。专业实习应该始终作为必修课纳入学分管理，从而强化学生对实习重要性的认识，确保实习质量。

另外，结合笔者上述提到的递进式实习模式，可以尝试在教学计划的安排上和实习时间的统计上采取更为灵活的措施。如在教学计划的安排上，从一年级开始的第一个学期至四年级的第七个学期都可以根据教学进度安排多样化的实习内容，学生在每个学期的实习时间可以累计。这样，专业实习的时间就不会仅仅限于几周之内，毕业实习也不会是计入学分的唯一的专业实习内容，学生对专业实习的认识会得到大幅度的提高。

（四）有效的管理和监督

法学院对法学专业实习的监管不力是引起当前法学专业实习形式化的根本动因。从多方面对毕业实习进行有效的管理和监督是保证实习质量的关键，内容主要包括对实习指导教师资格的管理和监督、对实习基地及指导教师资格的管理和监督，以及对学生实习效果的评估。

指导教师（或称实习教师）在实习过程中，虽然不需要对学生的具体实习内容及实践活动给予具体指导，但应当对不同实习单位的学生在实习方法、注意事项等方面给予不同的实习辅导，从而提高学生实习效果。指导教师具有一定的法律实务操作能力或办案的实践经验，有利于对学生的实习辅导、日常管理和实习效果的评定，因此，实习指导教师应由具有司法资格或律师资格，在社会上兼职法律服务的教师担任为宜。同时，结合实习基地的建设需要，指导教师与实习基地应建立固定的联系。实习基地

---

① 参见梅奕敏、苗正达：《法学本科专业实习改革探索》，载于《现代经济信息》2009 年 18 期，第 317 页。

是学生实习的主要场所，实习单位的指导教师直接负责学生的实习指导，因此，实习基地的建设应常规化，建立长期的合作关系。在实习期间，要求接收我系本科实习生的单位必须安排专门的人员（法官、检察官、律师）一对一的负责实习生的接待、培训与相关事宜，必须给我系实习生安排具体的实务性工作，不能把学生当成“打杂的”使用，并且要根据每一个实习生的具体表现为其做出实事求是的实习评定。对学生实习效果的控制主要采取评分形式，分别由实习单位的指导教师、实习教师以及学生自我实习总结、实习报告、实习日志三部分组成，实习成绩不合格者不允许毕业。

再有，鉴于我院目前对分散实习缺乏有效控制的现状，笔者建议对分散实习加强管理和控制。和集中实习相比较，对分散实习学生的动态管理应加强两个环节：一是实习前的申请审核环节，即拟分散实习的学生要提出申请，并需拟定详尽的实习计划，得到同意后方可开始实习。二是实习期间的环节，鉴于实习生分散、带队教师不能跟踪管理的情况，应建立实习指导网络，利用现代网络技术指导实习。计算机网络建立后，带队老师可以通过网络与实习生对话，了解情况，协调关系，及时指导。[①] 网络也可以成为带队教师与实习单位对话的渠道，及时将信息反馈给各方。实习生相互之间也可以交流心得和经验。

（五）经费保障

实习经费是保障实习顺利进行的基础。由于学校的经费主要来自财政拨款，经费短缺，投入不足的现象普遍存在。在这种情况下，学校一方面在实习基地建设投入不足，致使实习缺少固定的场所。另一方面，实习过程中的一些必要的花费无法进行报销，导致实习教师在实习过程中为了节约经费，人为地减少一些环节，或者出现消极实习的情况，这也在一定程度上影响了实习的质量。针对这些问题，笔者认为，在经费的拨付上，应当向实践性教学适当倾斜。在法学实习中一般会涉及联系实习单位的费用，学生实习补助费、给实习单位应缴的费用以及实习过程中应当支付的其他费用等。这些费用的支出，实际上已经预算到教学成本当中。在经费的使用上，学校应当把教育实习的总费用下拨到二级学院，二级学院再下拨到实习教师，由实习指导教师根据情况进行支配，任何部门不得进行截

---

① 参见倪业群：《法科学生实习途径和方法的实践与探索》，载《高教论坛》2003 年 10 月 5 期，第 122 页。

留，以保障实习经费使用渠道畅通。

参 考 文 献

[1] 栾爽：《澳大利亚法学教育透视》，载《国家教育行政学院学报》2010 年第 10 期。
[2] 董书萍、郑言、朱福娟：《对法学本科专业实习的思考》，载《烟台教育学院学报》2004 年第 9 期。
[3] 张华：《法学本科专业实习障碍及释困途径》，载《长春教育学院学报》2010 年第 4 期。
[4] 高晋康、杨春禧、徐冰：《法学专业本科实习的检讨与实践探索》，载《社会科学研究》2002 年第 2 期。
[5] 黄逸宇：《美国法学院的务实型教育》，载《北京科技报》2010 年 11 月 29 日第 54 版。

（作者单位：法学院）

工商管理类课程体系和实验教学模式探讨①

郭　捷　韦玉寒

管理学科是实践性极强的学科，许多重要的管理理论，技术和方法来自于管理实践，其最终目的则又是通过为最优决策提供依据，而服务于实践。在工商管理学科的发展过程中，实验方法始终是管理科学创新和研究、传播和教学、形成和发展中的一个重要的研究手段，相对于其他专业而言，更强调学生的实践性、实际操作能力的培养。现代信息技术的发展为把企业和市场移到实验室提供了技术支持，建立和完善以企业实际为特征的实验教学不仅是必要的，同时也是可能的。目前，包括我校的工商管理学科都面临着如何将理论和实践有效结合，如何让学生获得更多的感性认识等方面的难题。要保证实验教学方面的拓展和质量的提升，针对工商管理类学生的学科背景，专业特点，从体现实验教学中学生的主体地位，激发学生的能动的创造性能力的角度出发，围绕工商管理学科的主要课程，建立基于课程的工商管理类课程实验教学体系，势在必行。

一、我院工商管理类专业实验教学环节现状

我院工商管理类专业对本科生实践能力的培养对提高教学质量的促进作用等方面进行了有益的探索，并开展了一系列前期的研究工作，取得了一定的效果，也积累了一些实践教学方面的初步经验。主要体现为：

1. 我院现有公共管理和工商管理两个实验室，装备电脑91台，配有相应的多媒体仪器和设备。配有涉及多个专业的专业课程软件。其中，工商管理实验室开放范围涉及工商管理、市场营销、旅游管理、人力资源、

① 本文是2011—2012年度中央民族大学校级教学改革立项项目“工商管理类课程实验教学体系研究”的阶段性成果。

会计学、财务管理等六大专业，覆盖面较广。各专业陆续在下列课程中进行实验教学，如管理信息系统、运营管理、项目管理、物流管理、财务会计、计量经济学、统计学、市场营销学、人力资源管理、证券投资学、酒店管理等。在一定程度上改变了以前“填鸭式教学”的弊端，使得教学从“平面化”变为“立体化”，教学目标向多元化发展，学生的创造力、动手能力初步得到激发，为进一步提升教学水平提供了很好的平台。

2. 经过近几年来学科建设，实验教学过程形成一支由高水平的学术带头人为核心，以中青年为骨干，结构合理，学科、专业覆盖面较广，能够胜任课程实验环节教学的队伍。现有课程实验教学兼职人员 15 人。其中，教授 9 人，副教授 12 人，讲师 4 人，博士 15 人。近年来，学院先后选派教师参加教育部高教司主办的“全国高校管理信息系统精品课程骨干教师培训”、“全国高校计量经济学骨干教师培训”，“用友杯 ERP 沙盘模拟培训”等各种业务培训，通过培训、引进、培养相结合等方式，使队伍的整体素质、学术水平有了较大提高。

3. 学院的图书资料室和实验室为实验教学提供了资料和设备支持。同时，学院的企业实训基地，与美国纽约州立大学，明尼苏达大学等高校建立的合作关系，也为实验教学提供了很好的实践基地和学术交流平台。

总体上来看，经过几年的发展，学院的实验教学平台建设和实验教学环节等方面都有了一定程度的提高。但还是存在一些突出问题：

1. 基础性实验的内容混杂。基础性实验的目的是根据专业培养目标进行基本技能的训练和巩固所学的理论知识，因此，应密切结合理论教学的内容，以配合理论教学课程的方式开设。目前工商管理类专业的实验课程没有形成体系，有些实验项目内容过时，实验手段不适应现代金融、企业环境，信息技术等要求。二是缺乏相应的专业教学软件支撑，有些软件是免费下载版本，有些交叉学科，使得部分软件重复购买，重复建设。

2. 课程实验之间衔接不好。工商管理类的整个实验体系中，各专业实验之间互不联系，人为地割裂了各管理类专业课程之间业已存在的规律性的联系，有的相互重复、有的则相互脱节，有的还存在知识上的空白点，造成了知识结构上的错位。不但达不到实验所要求的效果，而且很容易忽视课程本身的要点，也不能提起学生实验的兴趣。注重各门课程的穿插协调，把握各门课程的有机联系，既避免无谓的重复又能相互支撑是体系建设的关键。综合性实验就是要弄清在各专业、各环节之间的关系和衔接，根据不同专业特色设置的综合性实验项目，如 ERP 沙盘模拟综合实验项目等。

3. 教学方法有待改进。当前的最大问题是教学活动的组织是以教为中心，而不是以学为中心，忽视学生学习的自主性、主动性与创造性的发挥。同时，未能妥善解决知识传授与能力、素质培养的矛盾，片面强调知识的传授，忽视知识的整合与建构，忽视将知识内化为学生能力与素质的提高；片面强调理论教学，忽视实践教学与理论的应用；理论教学和实践严重脱节，对本科生实际动手能力的培养重视不够；有些即使有实验实践教学，但尚保留在实习教学和技能培训等比较肤浅的层面，很少有对学生思考问题、发现问题并用科学的研究方法去解决问题的能力的培养。

二、工商管理类课程体系构建

据我国高等学校本科教育专业设置，工商管理是一级学科，每个学校根据自身的办学理念和条件，下设的其他二级学科（专业）不尽相同。中央民族大学结合市场需求和自身特点，在工商管理一级学科下设立了以下专业：工商管理，市场营销，人力资源管理，会计学，财务管理和旅游管理。设立工商管理类专业主干课程的依据是本专业人才所需具备的知识结构和企业经营管理人员应该掌握的知识体系而定，一级学科层面设立的公共专业必修课程，下设的各专业则根据专业需求，设立其专业必修课和专业选修课。以工商管理专业为例，目前国内工商管理本科专业应修课程的总学时约为 2400，我校工商管理本科应修学时为 2430，其中专业课学时约为 1890，按每门课 40—60 学时计算，工商管理本科专业应修学科基础课，和专业领域必修课 34 门，这些课程涵盖应用经济学、管理学及工商管理学等多个学科，是一个复杂的课程体系。

学科的课程体系设计是培养人才的基本蓝图，在工商管理类专业的课程体系设计过程中，以基本理论为脉络，以能力培养为本位，建立模块化教学内容体系。在关键的知识点和技能点的分布上，进行相关的拓展和延伸，力图实现符合工商管理专业特征的教学内容点、线、面、体的结合。主干课程是指专业课程体系中构成本专业知识体系基本框架的课程群。就工商管理本科专业而言，哪些课程属于主干课程目前尚无定论。根据前期对包括天津大学，中国人民大学，对外经贸大学，大连民族学院等近 20 所院校调研，81% 的院校将战略管理列为工商管理的主要课程，75% 的院校将运营管理（生产运作管理）列为工商管理专业的主要课程，84% 的院校将财务管理列为工商管理专业的主要课程，61% 的院校将管理信息系统列为工商管理专业的主要课程，77% 的院校将市场营销列为工商管理专业的主要课程。经过研讨，据教育部的总体要求，借鉴国内外工商管理专业课程体系的成功做法，按照市场需求，就业导向以及我院的培养目标，依据系统的思想对专业的课程结构体系进行整体优化设计，每一门课程的教学内容，坚持各门课程互补互融、呈梯次性、相互支撑，各门课程之间相互呼应、既独立又统一，确定了工商管理2010版培养方案。其课程的知识体系如表1所示。

这一知识体系包括四个层面：第一个层面是基础层，主要是作为管理者普遍要掌握的基本的管理原理和基本的管理方法。如管理学，应用统计学，计量经济学等。第二个层面是战略层，它包括企业经营管理人员对企业内外环境进行全面分析，制定战略规划，进行重大决策所需的知识，如战略管理。第三个层面是职能层，它包括企业经营管理人员为了支持企业业务而对资金、信息、人力资源、原材料等生产要素进行管理所需的知识，如运营管理，人力资源管理，市场营销，会计学原理，财务管理。第四个层面是操作层，它包括企业经营管理人员对产品研发、采购、生产、销售、服务等企业的业务活动进行管理所需的知识，如管理信息系统，物流与供应链管理，项目管理等。与这一知识体系相应，工商管理专业的主干课程体系设计如表1。

表1 工商管理专业的主干课程体系

	主干课程	实验或实践环节
基础层面	管理学、应用统计学	SPSS、EVIEWS
	宏观/微观经济学	
战略层面	战略管理	
职能层面	市场营销学	市场营销模拟
	运营管理	用友ERP
	会计学原理	会计电算化
	财务管理	财务管理实务模拟
	人力资源管理	人力资源绩效测评
操作层面	管理信息系统	业务流程重组
	物流与供应链管理	库存管理
	项目管理	项目管理模拟

该课程体系主要体现了以下特色：

1. 优化课程体系：工商管理的课程涉及的领域很多，是一门以多学科为基础的综合性学科，在体系设计中，按照体系结构、分层次、有递进、系统化的选择和安排各门课程，统筹安排管理学、战略管理、运营管理、物流管理、管理信息系统等核心课程的授课内容和授课时间的同时，尽量能够做到课程体系的系统和协调。

2. 强化专业实践：借鉴目前我国的一些管理咨询公司、专业培训机构、大公司创办的企业大学等管理培训中的培训方式和教学方法，构建专业实践环节。这些专业机构十分注重企业及其员工的需要，强调实用性，并且已经形成了自己的体系。在工商管理本科培养方案，单列实践专题，如企业运营模拟（ERP 沙盘模拟），商业计划书的撰写，项目管理课程设计，人力资源测评和综合案例讨论等。以强化实践能力为标准，加深对专业知识的理解，增加理论与现实的联系，激发学生的思维能力和创新能力。

3. 增添专业选修课：本着培养“厚基础、宽口径、高素质”的复合型人才的目标，在 2010 版的新方案里，增添了一些前沿性和实践性强的专业选修课程。在夯实基础知识的基础上，来拓宽专业口径。将上述本专业主干课程框架沿横向和纵向延伸，可以包括工商管理类其他专业选修课程。所谓横向延伸是指将主干课程内容与行业特点、区域特点结合起来，开设相关选修课程；所谓纵向延伸是指将主干课程内容进一步深化，沿纵深方向开设相关课程。例如，将市场营销学课程横向延伸，可以开设服务营销、国际市场营销等课程；纵向延伸，则可以衍生出市场调查与预测、广告学、商务谈判、渠道管理、营销策划等课程。将人力资源管理课程横向延伸，可以开设特定行业的人力资源管理、跨国企业人力资源管理等课程；纵向延伸可以开设人力资源开发、绩效管理、薪酬管理、企业文化与团队管理、人力资源规划等课程。

三、工商管理类课程实验教学体系构建

根据前面对工商管理类课程实验环节存在的问题的分析，以及我院工商管理本科培养目标及课程设置，探索一条提高和培养我院工商管理类课程实验操作能力提升的首要任务就是要构建科学和实用的课程实验环节和体系。

（一）课程实验体系构建

工商管理类实验课程更注重于通过实验教学培养学生的实践应用能力、逻辑思维能力、判断和分析能力等。基于前文所设立的课程体系，构建了较为合理的实验教学体系如图 1、图 2 所示。实验教学主要以巩固学生理论知识为主、培养学生动手能力和创新精神为辅，实验课程综合设计性控制在 70%—80% 左右，创新性实验比例在 20%—30% 左右。

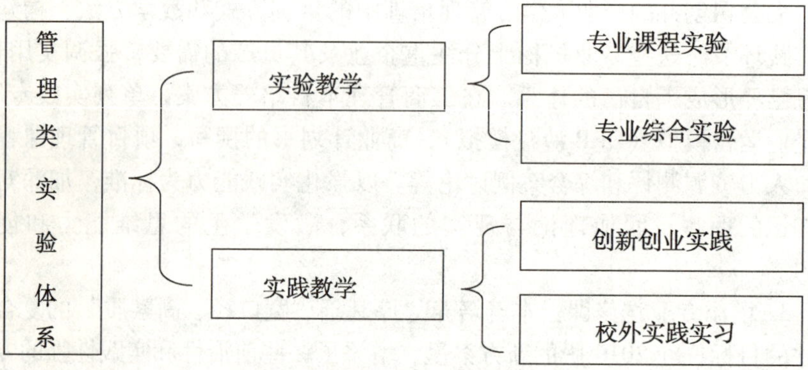

图 1　工商管理类课程实验体系

1. 课程实验。在实验教学中，将具有较强实践性、应用性的课程，可设为独立的实验课程，由课程授课教师承担授课任务。课程实验以验证性、演示性实验项目为主。如应用统计学、计量经济学课程，详细介绍 SPSS、EVIEWS 在统计中的应用；管理信息系统课程则演示业务流程重组，电子商务模式等。

2. 综合实验。综合实验根据本专业内相关主干课程内容设计跨课程的实验课程，训练学生专业范围内综合应用能力，促进所学专业知识融会贯通，应由专任实验教师承担授课任务。综合实验以设计性、创新性实验项目为主。如运营管理课程详细介绍 ERP 软件的运用，财务管理实验课程，包括基础会计、财务会计、财务管理、成本会计、会计软件应用等课程内容。

3. 校外实习。校外实习是我校实验教学活动中的重要环节，每学年安排两周时间，由教师带队赴校外实践教学基地进行校外实习（实践）活动。管理学院长期合作的多个校外实习基地，基本能够满足学生校外实习的要求。

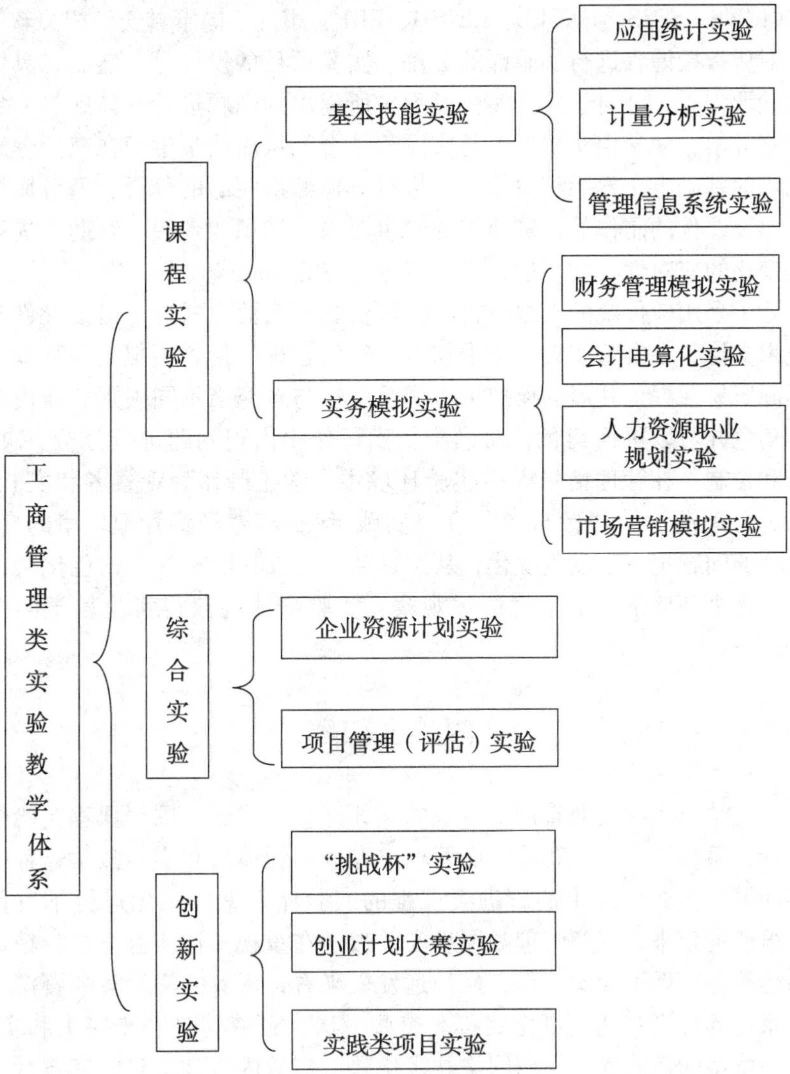

图 2　工商管理类课程实验教学内容

（二）实验教学方法

随着实验中心建设经费的不断充足，实验中心根据教学需求购买了一些专业教学软件。通过专业教学软件的运用，围绕实验教学大纲，锻炼了学生认识该课程最新动向及动手能力。同时积极鼓励教师、学生开发设计型、创新型实验。例如：实验中心根据教学的实际需要，先由授课教师使用EVIEWS、SPSS、EXCEL、LINGO、ERP、用友、国泰君安等相关软件及系统对所教授课程进行实验课的分解、实验项目的设计等，然后在具体讲授实验课程时，针对学生在实验过程中所提出的问题进行具体解答。借助实验室教学，使学生实现课本与实际相结合，从而使学生们在充分理解理论知识的基础上，熟悉相关软件，进行具体经济问题的分析、经济周期的模拟以及课件的制作等，进而加深学生对书本知识的理解，有助于提高对市场变化的应对性，实现创新型学习与研究的互动式教学。

除了采用较传统的数据分析、模拟仿真等实验方式外，借助硬件与软件技术支持，在实验实践教学中构筑了经济管理的情景模拟实验环境，例如国际贸易课程可开展的模拟拍卖实验，参与者充当不同国别企业内不同人物角色并可以更换角色，对模拟拍卖运作中出现问题进行分析、决策、实施和控制。在管理情景模拟实验环境中，学生既作为观察者和实验者，也作为管理活动的“参与者”和“实践者”，随着经济管理环境的变化，所面临的问题也不断发生变化，从而达到“身临其境”和“角色化”的效果。在这个环境下，学生将通过观察、实验和体验获得实验教学的全新收获。

四、结束语

本文结合我国工商管理类专业的整体运行与实践，围绕课程实验体系的设计，系统地分析了我院工商管理类专业课程体系和实验教学过程中存在的问题，就如何对工商管理类课程的实验体系整体优化进行了有益探索。虽然近年来，工商管理类课程实验教学在重视探讨实验方法，精选实验内容等方面做了大量工作，从长远发展来看，现有的实验教学资源和教学体系还远远没有达到既定目标。有些方法上还有待进一步探索和实践，如实验体系的系统性；利用网络技术优势，实验内容和信息的完备性；实验教学手段科学性方面；实验效果的有效性方面；等等。建设综合性、设计性、创新性的实验环境，逐渐减少验证性、单元性的实验，增加综合性、创新性与设计性实验，形成理论教学与实践教学统筹协调的理念和氛围，并且从根本上改变实验教学依附理论教学的传统观念等方面任务依然很艰巨。

参考文献

[1] 王宝荣:《论工商管理主干课程、实验课程建设与教学方法改革一体化》，载《广西大学学报》（哲学社会科学版）2007 年第 52 期。

[2] 张正堂、陶学禹:《实验教学：工商管理教学模式的必需模块》，载《高等工程教育研究》2003 年第 1 期。

[3] 李云梅：《中美大学工商管理本科课程比较研究》，华中科技大学（博士论文）2010 年。

[4] 孙克任、陶田、李好好:《经济科学实验中心建设的若干误区与建设方向》，载《实验室研究与探索》2004 年第 3 期。

[5] 郭捷:《工商管理课程实验教学若干问题的探讨》，载《实验技术与管理》2008 年第 5 期。

[6] 郭捷:《管理类专业〈管理信息系统〉课程教学方法研究》，载《实验技术与管理》2010 年第 2 期。

[7] 郭捷:《〈运营管理〉教学体系与教学方法的中外对比分析》，载《实验技术与管理》2011 年第 10 期。

（作者单位：管理学院）

历史学专业本科学年论文训练方式新探[①]

崔 岷

中央民族大学历史文化学院的历史学专业（本科）自1995年经国家批准建设“国家文科基础学科人才培养与科学研究基地”以来，逐渐形成了“厚基础、重创新、研究型、高素质”的学科定位，并坚持以向国家和社会培养及输送高素质人才为己任，努力将本科生培养成为具有较强学习能力、研究能力及实践能力的历史学专门人才。基于此，学院在广泛吸纳既有教学成果的基础上，结合自身办学特色，多管齐下地推行了各种行之有效的教学方法和举措，取得了显著成效。而重视和加强本科生学年论文的专业训练则是这一人才培养综合工程中的重要环节和关键步骤。

自2006年以来，笔者每年指导5—8名历史学专业本科生写作学年论文，每年都有学生荣获历史文化学院“优秀学年论文”奖，其中两篇分别荣获第七届及第八届“全国史学新秀奖”[②]，一篇在国内学术期刊上发表。[③]（详见附表）在此过程中，笔者根据历史学专业本科生的实际诉求，并结合自身的科研状况，不断探索学年论文训练方式的改革与创新。在此，笔者不揣浅陋，谨将几年来的若干经验与心得形诸笔端，就教于各位方家，以期共同推进研究型本科专业的学年论文训练方式，达到培养创新研究型人才的共同目标。

---

① 本文为2011年度中央民族大学校级教学改革立项项目“研究型本科专业学年论文训练方式探研”（2011年9月—2013年12月）的阶段性成果。

② 刘怡：《近代语境下洋商与下层民众冲突模式：以1924年万县木船船工与洋商冲突事件为中心》。李洋：《焦作中马村竖井建设（1955—1970）：一个中苏关系恩怨的缩影》载《河南理工大学学报》（哲社版）2011年第4期。“史学新秀奖”是全国历史学本科学生最高水平的专业竞赛，是教育部高教司和高校历史教学指导委员会发起，由南开大学历史学院具体承办，面向全国21所高校历史学人才培养与科学研究基地本科生的学术盛会。

③ 李洋：《焦作中马村竖井建设（1955—1970）：一个中苏关系恩怨的缩影》，载《河南理工大学学报》（哲社版）2011年第4期。

一

可以说，任何一篇历史学专业论文的写作都是一场“一个人的战斗”，己方只有研究者自身，而彼方则隐匿在浩如烟海的历史碎片之中，等待研究者去发掘、爬梳和阐释。这对磨砺多年的史学工作者而言尚非易事，对一个刚刚经受完两年专业基础知识灌输的本科三年级学生而言，无疑是难上加难。这就更需要指导老师从论题的选定到论文的写就，以“军师”的身份全程出场。

论题的选定是一个漫长而艰辛的历程，也是整个论文写作的重中之重。按照《历史文化学院本科生学年论文进展计划》等相关文件传达的精神，“动员及选题”被安排在当年 9—10 月，这是学院从全局出发所做的一个宏观的指导意见。笔者从中国近现代史教学研究的实际状况出发，并历经连续多年的实际运作，将这一时段予以适度的延展。通常是从当年的 4 月份至 12 月份。在此期间，又以 9 月份为界，分前后两期。

缘何如此？两年的基础知识灌输，对绝大多数学生而言，更多的只是史实的积累。学生的角色只是一个被动的“学习者”，而非一个主动的“研究者”。学年论文写作训练的初衷即是将没有研究基础的初学者引入历史学专业研究领域。因此，初入门径、茫无头绪的学生需要一个较长的过渡期来完善新的身份定位（“研究者”）所必需的知识与能力储备，以顺利完成自身角色的转换。以笔者所见，此一过渡期，短需数月，长则半载。

通常情况下，笔者会在当年的 4 月份向尚就读于二年级的学生发出学年论文写作动员令（其间笔者恰给他们讲授专业必修课“中国现代史”）。在经过双向选择以确定指导关系之后，即展开学年论文写作的前期准备工作。此一阶段，学生有两方面工作需要进行。其一，熟悉史料。史料是史学研究的基础，此不赘言。尤其在中国近现代史研究领域，更是以史料的多样性和丰富性著称。这给研究者带来极大便利的同时，也带来极大挑战。处于由传统向近代急速转型期的中国社会，历史记忆的载体更呈纷繁复杂之态，由文言到白话、由中文到外语、由文字到实物，这都需要相当的史料驾驭功底，方可达去粗取精、去伪存真之境界。对于即将展开专题研究之旅的初学者而言，尤应在史料上下苦功夫。其二，掌握动态，意即了解学术界研究现状。根据笔者对中国近现代史研究领域的审视，要求学生阅读由中国社会科学院主办的《历史研究》、《近代史研究》等权威学术期刊，以出版年代先后为顺序，广泛涉猎政治、经济、社会、思想、文化、外交、军事等专门领域。与此同时，鼓励学生自由选读名家名著。由此，双管齐下，经过4—9月近半年的熏陶和训练，学生会在广泛阅读史料与论著的基础上，逐步明晰和定位自身感兴趣的研究领域。

二

紧随其后，指导老师需要将学生从各种感性的趣味层面提升到理性的研究层面。笔者通常会在9月份约谈每一位学生，在听取他们半年来读书情况及兴趣所向后，综合史料的多寡与难易、研究的广度与深度等各方面情况，再结合学生自身的个性特点，给予相应的疏导和建议，使学生的兴趣与研究做到有机结合。胡适的“性之所近，力之所及”，即此之谓也。笔者以为，此一环节尤应引起指导老师的足够重视。此一时段是学生初涉史学研究领域的心态养成期，小则关乎一篇史学论文能否顺利地完成，大则关乎一名未来史学工作者能否健康地成长，管控得过严或过松都会出现不可逆料的后果。

在初步圈定学生的研究领域之后，要指导学生搜集和阅读所定研究领域内的既存史料和研究成果。如果说此前半年的阅读尚属学生无意识的自发行为的话，此一阶段，尤应注重从方法论的层面规范和强化学生遴选与阅读史料能力的训练。与此同时，使其在搜集和阅读史料的过程中逐步收缩关注的范围，而渐次强化一个或几个焦点，继而在将既存史料与研究成果两相对照的基础上，初步产生一个或者若干题目。

这些选题能否顺利成文，需要有一个相对严谨的可行性考察，而这主要取决于可见史料的丰富程度以及既有论著的研究深度两项指标。此一可行性考察的完成，笔者一般要求学生对在京各高校图书馆、国家图书馆以及中国第一历史档案馆要做到亲力亲为，而对京外资源则以力所能及为限；与此同时，亦需善于利用网络资源（如 CNKI、JSTOR 等）。在最大限度掌握史料和了解成果的基础上，由老师和学生共同确定某一论题的选定与否（需要强调的是，此处所谓的选题，也只是一个经过层层筛选之后大致的轮廓和范围）。当然，在选题过程中，亦应充分考量本科三年级学生实际具备的学习能力与研究能力。我的同事彭勇教授曾撰文指出：“对本科生而言，选题一定要有相对集中的原始文献，通过集中阅读几种史料，尝试解决一个具体历史问题。”① 此言乃其多年从事中国古代史学年论文指导工作的经验之谈，颇具借鉴意义。

论题的选定，意味着学年论文写作的第一阶段进入尾声。从当年的4月份直至12月份，历时九月余，足见选题的漫长与艰辛。经此历练，学生由初学者向研究者转变的过渡期亦告终结。学年论文写作的第二阶段随之展开。

此一阶段，学生需结合前期可行性考察报告中所提供的信息，紧密围绕选题，有针对性、目的性地展开史料的搜集与整理工作。待系统地整理和阅读完第一批次的核心史料之后，即可通过核心史料递进搜索第二批次的次层级史料。以此类推，直到将力所能及的史料搜罗殆尽。在详尽掌握相关史料的基础上，指导老师应训练学生通过梳理和整合史料来理顺思路。与此同时，调整、修改初始的选题构想，直至构想全盘建立之后方可落笔为文。

三

关于论文的写作，笔者以为首先应该强调的便是学术规范问题。关于学术规范问题，彭勇教授指出：“历史研究学术规范包括两方面的含义：一是学术研究中的具体规则；二是高层次的规范。”② 所谓“高层次规范”概指针对剽窃、抄袭等行径的学术道德问题，彭先生已申明大义，此处略而不表。仅就为文的具体规范问题展开论述。《历史文化学院本科生学年论文管理规定》③ 明文指出，论文要符合现行的学术规范（可参考《〈历史研究〉关于文献引证标注方式的规定》）。笔者以为，小到一个符号的使用、一个脚注的引用，不仅关乎学术规范问题，更关乎学生对史学研究的基本态度问题，尤关乎新一代史学工作者能否对史学研究存一种敬畏之情于胸中。

---

① 彭勇：《如何培养本科生的科研创新能力——以历史文化学院学年论文的管理与指导为例》，载鄂义太、陈理主编：《中央民族大学本科教学研究》（第九辑），中央民族大学出版社2011年，第297页。

② 彭勇：《如何培养本科生的科研创新能力——以历史文化学院学年论文的管理与指导为例》，鄂义太、陈理主编：《中央民族大学本科教学研究》（第九辑），中央民族大学出版社2011年版，第299页。

③ 《中央民族大学历史文化学院学年论文管理办法》，相关文本参见中央民族大学历史文化学院网站：http：//history. muc. edu. cn/history/Newshow. asp？NewsId＝330。

在学术规范达标的前提下，笔者以为，一篇高质量学年论文的写定，亦须讲求行文的艺术。有鉴于此，笔者曾于2011年12月在历史文化学院会议室举办关于历史学专业论文写作相关问题和技巧的讲座。此处囿于篇幅，仅择其数端以飨同好。

众所周知，一篇正式的历史学论文包括标题、摘要、关键词、前言、正文、结论六大部分（“六大板块”）。据笔者所察，绝大多数学生溺于惯性思维，总是按部就班地依此顺序进行写作，却往往卡在标题处无从下笔。此一写作瓶颈的出现，实缘于学生无识于论文的成型过程。为辅助学生迅速从困境中突围，笔者以为，应指导学生在实际写作流程中以“正文——结论——前言——摘要——关键词——标题”的顺序展开习作。缘何如此？正文乃全篇的主体部分，是作者研究理路的全面展演，它理所当然地成为这场“战役”中的主要“战斗”。毫不夸张地讲，其他各部（如结论）都是正文的衍生物，尤其是标题、摘要和关键词更是正文内容高度概括后的提炼。

而对正文的写作，笔者以为有两个问题尚需指导老师向学生予以强调。其一，正文的写作不能仅仅局限于对已掌握史料的研读和思考。在正文的展开过程中，必然会出现已掌握史料所无法应对和解读的新问题，这就需要研究者进一步搜集史料，以使自己的论证能够真正做到“言之有据，自圆其说”。其二，某种程度上，论文的撰写过程即是通过史料与相关理论的有机结合以叙事和论理的过程，从而揭示一个历史现象、说明一个历史问题。但对于这些刚刚踏入历史学专业研究领域的学生而言，试图驾驭这些繁杂的理论模式实属不易。这就要求指导老师为学生打破所谓“理论运用的程度决定论文写作的深度”的误导。对于任何概念的使用，应要求学生熟悉其具体语境，并将这些概念具体化、形象化。

在历史学专业论文的六大板块中，以学生的实际能力考量，最为棘手的当属前言的写作。前言主要包括该论题研究的缘起、对该论题既有研究成果的评述、该论题研究的学术价值三部分。而这三部分可谓是对整个论文写作过程的一个回顾和总结，尤其是“对该论题既有研究成果的评述”更非初学者所能轻松驾驭，其难度可想而知。这就需要学生在指导老师的密切协助下，在完成正文及结论部分的写作之后，再行确定前言部分的文本内容。

由此可见，进入学年论文的写作阶段后，指导老师与学生之间的互动将变得更为频繁和密切。这就需要指导老师具备一套缜密高效、操作性强的论文写作训练方式。从原则性的指导到细节性的纠偏，都需要指导老师的细心发现与耐心讲解。尤其是后期对论文初稿的审读与修改，更是需要指导老师以专业的眼光与负责的态度去应对和解决。

以上对历史学专业本科生学年论文写作程序的全景长程式阐述，重在还原过程，以充分展示老师与学生在此一活动中的积极互动关系。可以看出，指导老师自始至终扮演着一个不可或缺的辅导者和监督者的角色。但在这场“一个人的战斗”中，真正的主体始终是学生。身为“军师”的指导老师该如何更好地扮演自己的角色，并进一步促进论文写作训练方式的提升？敬祈同好赐教。

附表　近六年笔者指导学年论文获奖情况

姓名	年级	论文题目	获奖情况
徐迟	2004 级	中国近代邮政官局的兴起：镇江的官办邮政（1896—1911）	历史文化学院优秀学年论文奖
宋歌	2005 级	农民与地主、绅士之间的权力竞争：彭湃与 1921—1923 年间的海丰农民运动	历史文化学院优秀学年论文奖
陈鹏	2005 级	佛门斗法的背后：唐生智与赵恒惕的湖南之争	历史文化学院优秀学年论文奖
杨名	2006 级	天理教起义后的山东“匪患”与嘉庆帝的应对	历史文化学院优秀学年论文奖
刘怡	2006 级	近代语境下洋商与下层民众冲突模式：以 1924 年万县木船船工与洋商冲突事件为中心	第七届“全国史学新秀奖”三等奖、历史文化学院优秀学年论文奖
马维熙	2006 级	“史迪威统率全部中国陆军”案研究	历史文化学院优秀学年论文奖
李洋	2007 级	焦作中马村竖井建设（1955—1970）：一个中苏关系恩怨的缩影	发表于《河南理工大学学报》（哲社版）2011 年第 4 期、历史文化学院优秀学年论文奖并获第八届“全国史学新秀”奖三等奖

参 考 文 献

[1]《中央民族大学本科专业培养方案》(2010 版) 修订指南。
[2]《中央民族大学历史学本科专业(基地班) 培养方案》(2010 版)。
[3]《中央民族大学历史文化学院学年论文管理办法》。
[4] 彭勇:《如何培养本科生的科研创新能力——以历史文化学院学年论文的管理与指导为例》,鄂义太、陈理主编:《中央民族大学本科教学研究》(第九辑),中央民族大学出版社 2011 年版。

(作者单位:历史文化学院)

试论科研训练在本科生创新能力培养中的作用①

景连栋　董　文　史兵兵　姚阳阳　王　卓

2011—2012 学年我们五位同学组成团队在老师的指导下申请了国家大学生创新实验训练计划（NMOE），并获得了批准立项。在老师的悉心指导下，经过一年多时间的努力学习和辛苦付出，顺利地完成了项目所规定的任务。以该项目为依托，我们团队参加了学院承办的学校第三届化学实验竞赛获得了一等奖，又被学院推荐代表学校参加了第三届北京市化学实验竞赛荣获综合组一等奖。在学校组织的结项评审时，本项目被评为了优秀等级。一路走来收获满满，我们从中不仅学到了科学研究方法，掌握了实验技能，而且在团队协作、个人综合素质提升等诸多方面受益良多。回首一年来的学习生活，我们的亲身实践证明：科研训练是培养学生创新能力的一条有效途径。现将我们参加科研训练的体会进行总结，旨在与各位同学和老师进行交流，共同提高。

一、文献查阅能力不断提高

从事科学研究工作的首要任务是查阅文献。查找与阅读文献能够帮助我们认识某一研究领域或某一研究方向的研究现状，进而帮助我们确定研究方向和研究内容，采取合理的研究方法，提高工作效率，实现研究目标。所以，对于开展科学研究工作者来说，学会查阅文献是一项不可或缺的基础科研能力。

在参加科研训练项目之前，由于对如何全面而准确查找文献只是一知半解，仅去一些常用的网站或中文数据库查找相关文献，因而查到的文献

---

① 本文为国家民委教学改革与质量建设研究项目“民族高校创新人才培养平台的建立与探索”（11005），“北京市基础性学科专业人才培养模式改革项目”（2011）的阶段性成果。本文指导教师：周宜君（生命与环境科学学院）。

不够全面。完成 NMOE 项目的全过程贯穿了对文献的查阅和应用——从最开始的项目申报书的撰写到实验过程中的问题解决，再到最后的实验论文撰写等各个方面。我们采用了多种方式查阅文献，如自学科技文献检索的相关课程、上网查阅资料、向老师或研究生请教以及参加关于数据库检索的相关讲座等。通过学习，我们熟悉了 Google Reader、CNKI、万方等中文数据库的使用方法，对 CA、SCI、ACS、EI 等数据库也能够正确运用，能够较为全面地查阅项目研究所需要的相关文献。在老师的指导下，通过大量查找文献的实践训练，在使用数据库进行文献查寻方面取得了长足的进步。阅读文献，从文献中获取有价值的信息是查阅文献的目的，因此查到合适的文献之后就是如何阅读文献。以前在撰写论文时我们基本不会运用文献，文献的作用只是作为一个形式上的参考，没有挖掘出实质性的东西，对文献的运用浮于表面，在接触到具有深度的科研训练项目时，我们才体会到了文献的重要作用。在科研实验进行中，我们在老师的指导和自学中慢慢学会了从文献的各个部分找出有用的信息，如从摘要中获得论文的主题内容、研究方法、研究结果等内容，从对结果的分析和讨论中获得论文的创新成果以及比较文献的不同点等。在学习中，我们还初步了解了一些文献管理软件（如 EndNote，NoteExpress 等）的用途。通过科研训练项目的完成使我们在文献运用的能力方面得到培养训练，为我们今后学习和从事科研工作奠定了良好的基础。

二、实验技能快速提升，创新思维得到锻炼

通过参加科研训练项目，我们获得的最直接、最深刻的体会就是实验技能得到了巩固和提高，创新思维得到了锻炼。在常规实验教学课程学习中，实验课程所安排的实验项目多数是按照既定的实验步骤来完成。但是在参与科研训练项目时，所面临的实验对象完全是另一种状态，实验中影响因素很多，充满动态和未知。开始着手进行科研实验时，因对新的实验了解不多而经常在操作时手足无措或畏头畏尾，即使是常规的操作也要考虑许久才进行，唯恐因为自己的不小心对实验结果造成不良影响或导致实验失败。但是经过一段时间的学习和训练后，我们熟悉了很多以前未接触过的实验方法以及仪器的使用，实验操作变得胆大心细，手也不抖了，心里也不害怕了，十分顺利完成实验操作，而且也比较容易掌握一些新的技术方法，获得了令自己满意的实验结果。为期一年的实验训练过程让我们逐渐变得有耐心、细心和沉稳，这种心态上的进步和实验技能的提升将为

我们今后接触其他实验仪器进行实验研究迅速上手操作奠定了基础。

另一方面的进步体现在创新思维所得到的训练。从项目立项开始，到实验过程、项目结题，再到参加实验大赛等很多方面都成为培养我们的创新思维能力的过程。在选题时，我们要思考为什么要选择这样一个题目——分析选题的创新点；在阅读文献时，我们要思考文献中所蕴藏的实质内容，比较各文献提供的信息并整合信息，将有价值的信息运用到实验和论文撰写中；在实验操作过程中，所选的方法可能会有不足的地方，需要结合文献寻找一种新的、优点更为突出的方法，以改进实验；此外一些实验仪器本身的设计可能不适合进行既定的实验方案，通过观察思考我们只需要将仪器的一些小部件更换或改进即可达到理想的实验效果；在实验结题论文的撰写上，需要通过积极思考自己工作所具有的特点，将实验结果以较为恰当的形式展示出来；在参加实验竞赛时，我们需要在规定的时间内展示整个实验的过程、所获得的成果以及研究的特色，给评委老师留下较深的印象。诸如上述，需要我们积极思考、运用创新的思维方式解决问题的例子有很多。对待每一项内容，我们总是尝试着从多角度看待问题，思考问题，想办法去解决问题，这种思维习惯的养成将会让我们受益终身。

三、数据分析处理能力逐步强化

一个完整的实验，包含了实验操作和数据处理并得出结论三个环节，基本的实验操作完成后，需要对所获得的实验数据进行整理分析。实验数据是研究结论的有力证据，正确的结论获得必须建立在对数据正确分析的基础上，只有数据翔实，才能得出可靠的结论。

每一部分实验的完成我们都能得到相应的实验数据——原始数据。在数据的整理分析中，首先要判断数据是否真实合理，能否用于下一步的分析。如果实验数据真实有效，我们则进行进一步分析，如果数据存在问题，则需要从原理、方法、操作等诸多方面去寻找原因，并重新改进实验操作获取数据。例如在实验中，我们分离得到的单体化合物需要通过观察产物状态、多体系多比例薄层色谱、与标准品对照等方法先确定该化合物的基本纯度，在一定纯度的基础上进行波谱学的鉴定工作，获取可靠的实验结论。如果没有对实验数据的初始分析和筛选，将会造成时间和物质的浪费，所以对实验数据的真实性要求对我们的实验操作提出了更高的要求和考验。其次，在实验数据的支撑下，运用哪一种分析方法得出结论也十分关键。在老师的指导下，我们慢慢学会了处理数据的方法，同时还掌握了一些其他学科的技术手段和方法进行辅助解析。例如，在本实验中得出单体化合物的各种光谱图后需要借助光谱学知识解析所得到化合物的具体结构。从最开始拿着数据不知从何入手分析到逐渐找到分析突破口，再到得出相应的结论，我们学会了从多角度剖析问题，发现问题的本质并深入探讨问题。总体来讲，通过有针对性的训练，我们在实验数据的分析处理能力上有了很大进步，但是仍然需要不断总结经验教训以提高处理数据的效率和准确性。

对实验数据的分析处理是进行科学研究的基本能力之一，也是一种严谨科学态度的体现，这种能力和态度对我们提出了高标准的要求，同时促进了我们对标准实验操作认识水平的提高。

四、论文撰写逐步规范化，写作能力日益提升

科研论文的撰写不同于一般普通文章的写作，需要注意很多方面。在未参加科研训练项目和实验竞赛时，对论文的理解很肤浅，写作水平不高，在格式和内容方面都没有注意把握规范性和科学性，写出的论文往往流于表面形式，很难涉及创新之处和实质内容。完成实验操作进入数据分析和撰写论文阶段时，采取了“老师指导—学生分析数据、撰写论文—老师提出修改意见—学生再修改”的模式，帮助我们在分析问题、展示实验结果、撰写论文方面不断提高，论文写作格式规范。特别是在参加实验竞赛撰写项目书时，老师要求严格细致，从论文表达的内在逻辑、文字的表述方式以及图表的展示形式等都一一规范要求，教会我们如何认真推敲每一个细节。得益于老师的规范化指导，我们逐步养成了良好的写作习惯和科学严谨的思维习惯。

不仅在论文写作的规范性方面有了长足的进步，而且在论文写作的科学性和深度方面也体会良多。平时写论文时，我们都是从别人的研究中去寻找素材，然后写出一些不知所云的内容。当我们需要通过自己的实验方案进行实验、获得了研究结果时，整个实验过程的每一步都很熟悉，可以发掘其中蕴藏的科学原理。此时，通过查阅文献与我们的实验过程和获得的结果进行比较分析，找出其共性和特殊性的存在之处。通过这个过程的训练，我们学会了思考，学会了总结，逐渐掌握了撰写论文的基本要求和技巧，论文写作的规范性和科学性都有了明显提高。

五、表达与应变能力的提高

不论是进行结项答辩还是参加实验竞赛答辩，都需要在规定的时间内准确清晰地表达出我们的实验成果以及创新性见解。因此，我们有针对性地加强了表达与应变能力的训练。表达通过 PPT 进行，PPT 的制作要做到条理清晰、精简突出、表述完整，避免繁琐冗杂。讲解者需要在有限的时间内将项目的各个方面进行科学严谨的汇报，不遗漏，而且演讲者要努力做到声音洪亮，思路清晰，仪态大方，才能给评委老师和观众留下深刻印象，获得良好的展示效果。在答辩时，我们更要有序地配合，沉着冷静地回答各位专家评委提出的问题，这对我们的临场应变力和语言表达能力以及心理素质都是很大的考验。

在参加学校化学实验竞赛时，我们在临场答辩时表现不佳。从心理上对评委老师的问题有所畏惧，不敢自信地接受并回答，老师的深入追问也让我们措手不及。此外，在答辩时我们自己思维不清，逻辑混乱，心理素质不够高，完全被问题牵制，而且团队配合较差，回答问题抢着答。在答辩时的教训让我们明白了在短时间内集中表达观点的重要性。

在参加北京市化学实验竞赛和项目结项答辩之前，老师指导我们对 PPT 进行了认真修改，按照科学严谨的原则一张一张地审阅。定稿后，我们一遍又一遍地进行演讲，从中发现演讲的不足并进行改进，同时还注意挖掘与项目相关的问题，加深对项目的理解。学院指导小组组织相关老师训练我们的场上应变力和表达能力。通过老师们一段时间的集中指导和训练，我们在答辩场上的表现进步很大，演讲效果好，冷静地面对评委的提问，回答问题先后有序，逻辑清晰，表述准确，团队配合更加默契。

事实上，不只是在比赛场或者答辩场上需要我们具有良好的表达与应变能力，在未来我们求职以及工作的道路上，和别人交往都需要很好地表达出自己的观点，展示自己的风采，才能获得别人的认可。在有限的时间里出色地表达自己、展示自己，对我们来说是一个非常重要的训练。通过这种训练，我们在表达和应变力上都有了很大提高，为我们的综合素质的提高奠定了良好的基础，也为我们将来进入社会寻求更多的发展提供了条件。

六、团队合作意识增强，综合能力显著提高

从申报国家大学生创新项目开始，到后来参加北京市化学实验大赛，

这些都不是一个人完成的事情，我们拥有一个配合默契的团队支撑。正是因为我们每一个人都在这个过程中培养了良好的团队合作意识，我们才能在整个过程中取长补短，相互学习，相互默契配合，取得优异成绩。

作为一个国家级大学生创新实验项目，它所覆盖的知识面比较广，涉及的实验工作量很大，部分实验技术要求含量高。为了完成项目，我们明确了分工，每人承担了部分实验任务，定期召开组会，讨论实验过程中遇到的问题，汇报实验的进展情况，然后再通过查找资料，请求老师帮忙等方式解决问题，经常会因获得一个实验结果起早贪黑，这个过程对我们的毅力是一个很大的历练和培养。我们发挥了各自的优势，较好地解决了所遇到的问题。另外在准备实验大赛时，我们更是努力发挥了团队合作的优势。我们一起讨论撰写项目书、创新点分析报告书、结果报告书，一起拍摄视频，学习制作视频，商量答辩的相关事情，最后一起上台答辩展示。我们充分体会到了团队合作的好处，团队意识也进一步增强，为以后的学习和工作培养了一种优秀的品质。

参加科研训练的实践培养了我们的文献查阅能力，提高了论文写作水平，使我们掌握巩固了很多实验技能，锻炼了创新思维能力。在参加实验竞赛过程中，我们遇到了许多问题并积极解决问题，站在讲台上沉着应对专家教授提出的问题，训练了我们的语言表达能力，让我们明白了如何去表达对专业的理解和认识，并且发现自己的不足之处，同时对我们的心理素质的提高起到了促进作用，甚至这种科研训练对我们的性格成长都有很大的帮助。总的说来，科研训练使我们的综合素质得到了很大的提高。

参加本科生科研训练项目是大学期间一个很难得、很幸运的机会，也是一件具有挑战性的学习任务，在整个过程中我们自身付出了很多辛苦和努力，遭受了很多失败和打击，最后能够取得优秀的成绩更离不开老师们的细致耐心的指导。本科期间的这种结合科研训练的教学模式真正从实质上将我们的综合素质提高了一个层次，有效地培养了我们本科生的创新能力和专业素养，这个过程中所给予我们的锻炼和技能的提高，都有助于提高我们的创新能力和创新思维，为我们继续深造和从事研究工作奠定坚实基础。我们真诚地感谢学校提供的参与科研训练的机会和资助，感谢各位恩师的悉心指导以及在学习生活上给予我们的关心和帮助！

（作者单位：生命与环境科学学院 2009 级制药工程专业学生）

中央民族大学体育教育专业人才培养模式的改革研究

董文梅　韦晓康

胡锦涛总书记在庆祝清华大学建校100周年大会上的讲话中指出，我国高校要把提高教学质量作为教育改革发展最核心最紧迫的任务。不断提高质量，是高等教育的生命线，必须大力提升人才培养水平、大力服务经济社会发展、大力推进文化传承创新。随着知识信息时代的迅速发展、高等教育改革的深入，高校招生人数的不断扩大，社会对体育人才的要求不断发生变化，社会对体育人才的质量提出了新的更高要求，传统的体育教育人才培养模式受到巨大冲击，同时也迎来发展机遇。因此，深化高校体育教育专业人才培养模式的改革，提高教育教学质量和效益，培养新世纪社会发展所需要的体育人才，是高校体育教育改革的新课题。本研究围绕中央民族大学的办学宗旨、办学定位来探讨中央民族大学体育教育专业人才培养的模式，并总结近年来体育学院现有体育教育专业人才培养的成果，必将为今后体育学院体育教育专业人才培养模式的改革奠定基础。

一、研究对象与方法

（一）研究对象

以中央民族大学体育教育专业为研究对象。

（二）研究方法

1. 文献资料法

查阅国内外期刊、书籍中近年来有关体育教育专业人才培养模式、课程改革等有关文献资料，同时收集和整理中央民族大学体育学院体育教育专业历年的教学计划和教育部2003年颁布的《普通高等学校体育教育本科专业课程方案》。

2. 访谈法

2011 年 6 月 12 日，体育学院组织召开以“体育学科建设促进学校体育发展”为主题的研讨会，参加会议的领导与专家既有教育部体卫艺司、北京市体卫处、中央民族大学的领导，也有各兄弟院校的知名专家，与会领导与专家对中央民族大学体育教育专业人才培养模式等相关问题进行了研讨。

二、结果与分析

（一）中央民族大学体育教育专业人才培养目标分析

培养目标是国家依据教育目的的总体要求和不同类型教育的性质和任务，对受教育者提出的特定规格标准，体育教育专业培养目标是指体育教育专业培养的人所特有的种类、层次、规格和要求。[1] 它决定了人才培养“质”的规定性，是课程设置的依据，是人才培养规格和能从事社会何种工作的体现。

1. 我国体育教育专业历年教学计划（课程方案）培养目标分析

表 1　我国体育教育专业教学计划（课程方案）的培养目标比较

年份	培养目标
1980 教学计划	培养德、智、体全面发展的中等学校体育教师
1986 教学计划	培养德、智、体全面发展的中等学校体育教师
1991 教学计划	培养德、智、体全面发展的，从事体育教育和科研工作的中等学校体育教师
1997 课程方案	培养适应我国社会主义现代化建设的实际需要，德、智、体全面发展，具有良好的科学素养，掌握体育教育的基本理论、基本知识和基本技能，并受到体育科学研究基本训练的体育教育专门人才。毕业生适宜到中学从事体育教育和科学研究工作，并能从事学校体育管理、运动训练和培养社会体育指导员等工作
2003 课程方案	培养能胜任学校体育教育、教学、训练和竞赛工作，并能从事学校体育科学研究、学校体育管理及社会指导等工作的复合型人才

从表 1 可以看出，1980 年和 1986 年两套教学计划的培养目标定位于

培养中学体育教师，到2003年教育部颁布《普通高等学校体育教育专业本科专业课程方案》，培养目标要求学生不仅成为适应现代社会需要的体育教师，还应成为适应现代社会需求的体育工作者，突出培养复合型体育人才。由此可见，培养目标经历了从体育师资向体育专才再向复合型体育人才转变的过程，培养目标更加宽泛，其实质是人才培养的口径更宽，社会适应能力更强，充分显示了培养目标的时代性和前瞻性。[2]

2. 中央民族大学体育教育专业培养目标分析

表2　中央民族大学体育教育专业培养目标

年份	培养目标
2001—2009年	为全国尤其是少数民族地区培养面向现代化、面向世界、面向未来，适应我国社会主义现代化建设和基础教育改革与发展的实际需要，德、智、体、美全面发展，专业基础宽厚，具有现代教育观念、良好的科学素养和职业道德以及具有创新精神、实践能力和发展潜力，能从事学校体育与健康的教学、训练、竞赛工作，并能从事体育科学研究工作、体育管理工作及社会体育指导等工作的一专多能复合型体育人才
2010年	培养能够从事学校体育教学工作，并具备从事体育科学研究工作、体育管理工作及社会体育指导等工作的一专多能体育人才

从表2中看出，体育学院于2001年开始面向全国招收体育教育专业本科生，并确立了体育学院人才培养目标。当时的体育教育专业培养目标与教育部2003年课程方案基本一致，培养目标都是从实际出发，结合时代要求而确定的，基本上符合社会对体育教育人才的要求。

各学校对培养目标的定位也因各自学校的办学历史、办学条件等因素而有所差异，以体现各学校体育教育专业的办学特色。因此，体育学院体育教育专业的人才培养目标以中央民族大学的办学思想、办学定位为出发点才能办出特色，依靠学校各学科的优势资源才能办出水平。通过对体育学院人才培养目标的分析发现，体育学院体育教育人才培养的核心在于：面向少数民族和民族地区培养学校体育师资及胜任其他社会工作的体育专业人才。

（二）中央民族大学体育教育专业人才培养规格分析

2010年体育学院本科生培养方案中对体育教育专业人才的知识结构和能力做了如下规定：体育教育专业学生主要学习体育教育和少数民族传统

体育方面的基本理论、基本知识和基本技能；裁判员达到一个二级以上等级；具有较强实践能力；自学能力和一定的创造能力；具有基本的体育科研能力并熟悉国家有关教育和体育的政策与法规；掌握一门外语和计算机应用基础知识，能阅读本专业的外文书刊和具备运用计算机的基本技能。

从规定中我们可以看出，中央民族大学体育教育专业的学生主要学习体育教育和少数民族传统体育方面的基本理论、基本知识和基本技能，突出了少数民族传统体育教学的特色。总体上从体育教育人才的政治思想素质、体育教育专业知识、人文知识、实践能力、科研能力、创新能力和社会适应能力等方面进行综合培养。

（三）中央民族大学体育教育专业课程设置分析

1. 我国体育教育专业历年教学计划（课程方案）课程比例分析

我国高校体育教育专业的课程设置随着时代的进程呈现出不同的阶段特征，总体趋势是必修课学时明显下降，选修课逐步增加；学科课程比例上升，术科课程比例下降；限选课程比例下降，任选课程比例上升。形成了以必修课为主，必修课与选修课相结合的课程体系，构建了学科与术科、限选与任选课程相结合的课程结构，促进体育教育专业课程体系的优化和组合，不断向培养复合型人才方向发展，见表3。

表3　我国体育教育专业历年教学计划（课程方案）的课程比例（%）[3]

年份	必修课	选修课	学科	术科	限选课	任选课
1980	85.1	14.9	50.0	50.0	69.3	30.7
1986	76.5	23.5	55.6	44.4	69.2	30.8
1991	76.8	23.2	59.4	40.6	71.2	28.8
1997	73.0	27.0	63.0	37.0	67.5	32.5
2003	63.7	36.7	65.7	34.3	53.0	47.0

2. 中央民族大学体育学院体育教育专业课程建设基础

（1）课程体系分析。体育学院于2001年开始面向全国招生体育教育专业本科生，目前已毕业四届本科学生。体育学院多年来坚持“突出民族体育特色教学，传承民族体育文化”的办学思路，在体育教育专业课程设置上不仅体现能够为社会和民族地区培养中等专业学校体育师资及胜任其他社会工作的体育专业人才，而且突出民族体育特色，经过不断研究及整合，一些在全国少数民族传统体育运动会上正式的比赛项目已逐步加入到体育教育专业课程体系之中，从而基本上形成了较规范的民族体育教学体系，制作了理论教材（或影像教材）、教学大纲、评价标准等合格课程所要求的教学要件，形成了具有一定特色的教学模式框架。

（2）民族传统体育特色课程分析。按照 2010 年中央民族大学体育学院本科培养方案，必修课的比例占 68.9%，选修课的比例 14.9%，跨专业选修课的比例占 4.7%，教学实践环节的比例占 11.5%。与体育教育专业历年教学计划（课程方案）课程比例的分析情况趋势相同。但体育学院最突出的特点是在完成了相应的体育教育专业课程规定的内容外，加入了少数民族传统体育课程，为今后面向少数民族和民族地区培养体育专业人才打下了坚实的基础。详细课程内容请见表 4。

表 4 我国体育教育专业历年教学计划（课程方案）的课程比例（%）

课程类型		课程名称	学时
专业必修课	学科课	少数民族传统体育通论	36
	术科课	少数民族传统体育理论与实践一	36
		少数民族传统体育理论与实践二	36
		少数民族传统体育理论与实践三	36
		少数民族传统体育项目运动训练	72
专业选修课	学科课	体育人类学	36
	术科课	民族传统体育（散打或跆拳道）	36
		毽球	36
		藤球	36
		摔跤	36
		舞龙、舞狮	36

（四）中央民族大学体育教育专业人才培养的改革思路

1. 树立体育教育专业人才培养的核心理念

中央民族大学体育教育专业人才培养的核心理念是：面向少数民族和民族地区培养学校体育师资及胜任其他社会工作的体育专业人才。中央民族大学经过 50 余年的办学实践，办学定位已非常清楚，它包括：服务方向定位，即面向少数民族和民族地区办学，致力于少数民族人才培养和民族问题研究，为国家民族团结进步事业服务，为少数民族和民族地区发展服务。学校类型定位，即办高水平研究型大学，是中央民族大学确定的目标定位。[4]因此，体育学院的各项体育教育专业培养工作都必须围绕面向少数民族和民族地区培养学校体育师资及胜任其他社会工作的专业体育人才这一核心理念。

2. 突出民族体育特色，传承少数民族传统体育文化

自体育学院建院以来，“突出民族体育特色，传承少数民族传统体育文化”一直是体育学院的办学指导思想，这一指导思想在2011年6月组织召开的以“体育学科建设促进学校体育发展”为主题的研讨会上受到了与会领导和专家们的一致认同。

3. 围绕培养目标，完善课程体系

课程设置是体育教育专业的核心，是组织教育教学活动的主要依据。结合国内其他兄弟院校体育教育专业课程设置情况，提出如下中央民族大学体育学院课程建设思路：

（1）建议增设培养学生自然科学素养的学科。目前我院开设的运动人体科学方面的课程有运动生理学、解剖学，建议增设在同类院校中开设的运动生物力学、运动生物化学、保健康复、运动健康等课程，这些课程是学生们今后从事教师职业、教练员和研究工作的理论基础。

（2）加大术科课程的比例和教学时数。目前，学生们在应聘过程中或在当体育教师后遭到最多的埋怨是“运动技能差，上不好课”。在体育界经常讨论的问题包括体育教师的真本领是什么？答案是体育教育专业的学生应当掌握所学的多项运动技能，并熟练掌握1—2项运动技能作为自身的运动专项。那么在体育教育专业课程体系的设置上应尽可能加大术科课程的比例和教学时数，从而增加学生的练习次数，以达到学生们掌握运动技能的目的。

4. 师资队伍的培养和使用

我院教师大多身兼专业课教师和公共体育课教师两种角色，特别是专门从事体育教育专业的教师比例严重不足，立足于学院内部教师的课程调整和在职教师的继续教育是师资队伍建设的有效途径。

首先，确定教师“厚基础、精专业”的要求，逐步安排每个科目中专业最突出的教师或组成教师团队为体育教育专业本科学生授课，在几年内实现体育教育专业教师队伍的最优化。

其次，鼓励教师继续进修学习。现代化社会知识的更新速度飞快，教

师只有不断学习与探索才能跟上时代发展的步伐，才能不断充实知识体系，这是提高教师教学质量的最基本的保障。

三、结论与建议

第一，中央民族大学体育教育专业人才培养的核心理念是：面向少数民族和民族地区培养学校体育师资及胜任其他社会工作的体育专业人才。

第二，自体育学院建院以来，“突出民族体育特色，传承少数民族传统体育文化”，一直是体育学院的办学指导思想，在体育学院课程设置中突出了少数民族体育文化教育的特色，并取得了一定的成果。

第三，建议围绕培养目标，完善课程体系。在体育教育专业课程中增设培养学生自然科学素养的学科、加大术科课程的比例和教学时数。

第四，力争实现体育教育专业教师队伍的最优化，并鼓励在职教师继续教育，立足于提高已有师资的水平。

主要参考文献

[1] 彭贻海、王莉：《论体育教育专业培养目标、课程设置及社会需求的相互关系》，载《武汉体育学院学报》2003 年第 6 期。

[2] 李友芝：《中外师范教育辞典》，中国广播电视出版社 1994 年版。

[3] 刘芳、杜朝辉、高清伟、叶盛中、熊高：《重庆市高校体育教育专业人才培养模式研究》，载《成都体育学院学报》2009 年第 1 期。

[4] 陈理、焦玉琴：《试论少数民族精英人才培养模式及构成——以改革开放 30 年中央民族大学人才培养模式实践探索为例》，载《中央民族大学学报》2009 年第 1 期。

[5] 毛振明等：《解读中国体育课程与教学改革》，北京体育大学出版社 2006 年版。

（作者单位：体育学院）

教育信息化时代下对外汉语专业的人才培养模式改革与探索[①]

林晓恒

现代信息技术飞速发展，在社会生活的方方面面都产生了广泛的影响，对教育领域的影响尤为深远。它不仅拓展了教育时空，改变了传统的学校教育中班级、课堂授课的单一模式，而且改变了教师与学生的角色、地位和相互关系，使整个教育的思想观念、教学内容、课程安排等多方面都发生了深刻的变化。教育信息化在对外汉语教学领域中的发展趋势和影响，已为官方所确认。2007 年，在世界汉语教学学会第七届常务理事会第二次全体会议上，国家汉语推广领导小组办公室主任许琳在讲话中提出："对外汉语的教学方法从纸制教材面授为主向充分利用现代信息技术、多媒体网络教学为主转变"，这是"在进行了广泛调查、征求了许多国内外汉语教学的教师和专家的意见后总结出来的，是符合世界汉语教师实际的。"[②] 这种转变，给高校的对外汉语教学专业人才培养带来了新的变化和挑战。分析这些变化和影响，研究如何适应未来教育发展的趋势，改进对外汉语专业人才的培养模式，无论是对于对外汉语学科的发展、对于整个对外汉语专业的发展还是对于所培养专业人才的个体发展，都具有十分重要的意义。

一、教育信息化对对外汉语教学对专业人才培养提出的新要求

传统的对外汉语教学模式是教师为主体的口耳相传式的教学，多媒体主要用来辅助对外汉语教学，不少教师仅仅是信息源甚至放映员，教学模

---

① 本文是 2011 年度中央民族大学教育改革项目（项目名称：中央民族大学对外汉语本科"知—行—研"培养模式探索）的成果之一。

② 许琳：《汉语国际推广的形势和任务》，载《世界汉语教学》2007 年第 2 期，第 107—110 页。

式上趋于平面化，学生主动性不强，因此并不能与汉语学习者构成真正积极的互动模式。而在新的数字化条件下的对外汉语教学的发展趋势，是逐渐变成以充分利用现代信息技术、多媒体网络为主的教学。也就是，通过将信息技术融合于对外汉语教学的教学过程来营造出一种新型教学环境，形成一种既能有效体现语言学习的特点，又能优化教学结构和教学方法，充分发挥教师主导作用和学生的主体作用的教与学的方式。郑艳群（2001）将这一新的对外汉语教学的发展趋势概括为“课堂上的网络”和“网络上的课堂”两种主要形式。“课堂上的网络”，是把多媒体和网络技术引入对外汉语课堂，使课堂教学更加完善；“网络上的课堂”是在网络上进行对外汉语教学，并有效体现课堂教学的优势和弥补不同地区的教育鸿沟。在这些新的教学方式下，解决了很多传统教材和教学手段束手无策的问题。例如，多媒体等信息技术的运用使得语言教学的教材及教学内容等出现更多形象化、多样化的表现形式，可以使学习者的听觉、视觉等感官受到多方面的刺激，增加感性印象，使一些抽象难懂、难于示范的教学难点更容易理解，增强学习效果；基于信息技术的交互式学习手段，使得学习更加自主；大量的信息资源储备，可以满足不同学习对象的学习要求；非平面式的立体网状教学结构令不同程度的学习者各取所需，发展个人语言能力，提高语言学习的效率；学生主动参与构建学习情境，构建的语言理解、运用的真实语境下，参与信息资源的建设，使学习真正体现自主性、个性化；基于信息技术的教学评估更加具有科学性，而且可以贯穿于整个教学活动之中，可随时轻松查看不同学生的学习情况，考察学生的反应情况、学习效果，分析他们的问题，还可根据学生情况进行有效的语言项目测试等。

显然，新的对外汉语教学的发展趋势，对对外汉语教师提出了新的要求：

首先，对外汉语教师应当建立“E化”教学思想观念①，能够结合现代教育技术去思考和探究对外汉语教学新的教学理论、教学模式、教学方法。从根本上说，建立“E化”教学思想观念，必须具有现代教育技术与现代教育理论深度结合的思想。一方面，对现代教育理论和观念中所倡导的素质教育、终身教育、双主体教育、创新教育等要有深刻的理解和认识；另一方面，要对现代教育技术与一些教育理论和观念的关系和相互作

① 徐娟：《E时代的对外汉语教师》，载《教育传播与技术》2008年第1期，第9页。

用有深入的思考、分析。

其次，对外汉语教师应具备一定的现代教育技术应用能力。在新的数字化条件下的对外汉语教师，应该具备信息技术的基础知识和操作技能，具有利用信息技术获取、处理教学信息，乃至进行教学设计和应用教学的能力。

近些年国内高校新建立的对外汉语教学专业，是为了解决“对外汉语教师荒”，落实国家汉语推广战略而涌现的，是为师资储备而开展的学历教育，其所培养的年轻的专业人才更应该具有适应新的教育发展趋势的各项知识和能力。与在职的对外汉语教师培训不同，他们能够获得更为系统的汉语知识、对外汉语教学的理论知识和教育理论知识。同时，作为年轻学生，他们更容易接受和应用新的教育教学理念，在技术方面的接受和应用能力也更强。因此，为适应对外汉语教学改革的新趋势，在对外汉语教学专业的人才培养的课程设置和教学安排等方面，也应该进行调整与改革，为对外汉语教学输送高素质的人才。

二、教育信息化对对外汉语教学专业人才培养的影响

（一）对外汉语教学专业人才培养目标的变化

1. 以培养具有知识、技能和技术等多重能力的创新型对外汉语教学专业人才为新目标

过去的对外汉语教学工作要求从业教师既有扎实的专业知识功底，又有合格的教学技能。而对外汉语教学发展的新趋势，则要求他们除此以外，还要有能够主动运用新教育技术和将技术与教学内容方法进行深度结合的能力。与传统的师资学历教育一样，目前大部分的对外汉语教学专业仍主要定位在知识本位上，对实践技能和技术能力的重视不够，无法对学生未来的职业生涯产生更积极的作用。因此，在信息化技术飞速发展的今天，应该抓住信息时代给专业发展带来的机遇，从观念到技术全面提升人才素质，培养具有知识、技能和技术等多重能力的创新型对外汉语教学专业人才。

2. 所培养的人才在类型化和层次化上的变化

对外汉语教学工作需要各个类型和层次的人才。早在20世纪90年代，吕必松（1990）先生就曾指出，国内外对外汉语教学和科研工作，要求有四种类型和层次的教师。第一种是能够胜任课堂教学工作的教师，这是基

本层次上的教师。第二种是“教学型”的教师，又分为两个层次：一是能够胜任多种教学任务的教师，一是教学艺术高超的教师。后者是最高层次上的教师。第三种是“科研型”的教师，也分为两个层次：一是既能胜任教学工作、又能进行科学研究的教师；一是能够胜任教学工作，科研能力特别强的教师。后者也是最高层次的教师。第四种是“管理型”的教师。还可分为两个层次：一是既能胜任教学、科研工作，又能担任教学、科研管理工作的教师；一是既能胜任教学、科研工作，管理工作能力特别强的教师。后者是最高层次上的教师。一般来说，对外汉语教学本科专业，应当培养出能够胜任课堂教学工作的教师；这一专业招收的硕士和博士研究生，要能成为较高层次上的教师。

教育信息化对对外汉语教师提出了新的要求，需求的类型层次上则注入了新的角度和内容，就是要培养掌握、熟悉和精通对外汉语教学方面的专业教育技术的人才。具体说来可以分成几个类型和层次，第一种基本技术层次的人才，他们应该是能够整合各种教育资源，驾驭各种形态（文字、音像、实物、电子）的教材，能根据学生需求和特点，进行合理的教学设计，并以多媒体、超文本、友好交互等方式对教学内容进行集成、加工处理，转化为数字化教学资源。第二种是网络型教师，除了上述能力之外，还能够成为教学课件和积件的设计专家。能够设计出高质量的适合学生自学的学习材料，又能设计出适合学生独立学习的远程学习材料。他们既能熟悉内容，又能熟悉技术（包括信息呈现技术、传输反馈技术）；既能考虑实时的信息组织方式，又能考虑异步的教学内容扩展。第三种是面向技术的科研型人才，他们除了上述两种类型人才的能力之外，能够有较强的面向技术的科研能力。他们能进行信息化环境下的教学系统设计，能够深入思考内容与技术的深度结合，技术因素和人的因素的有效结合，自主地进行适合对外汉语教学特点的教育技术理论的研究和实践工作。

新趋势的人才目标与原有的四种类型和层次并不冲突，是对传统教师类型和层次的补充。而传统教师在新的教育发展趋势之下，大多通过在职培训、自学、参加专题讲座等方式逐步提升自身技术能力，已有不少教师变成了具有相当技术能力的教学型、科研型甚至管理型教师。

（二）对外汉语教学专业人才培养内容的调整

培养上述适应数字化、信息化时代的对外汉语教学人才，需要在培养内容上进行相应的调整。首先，要从观念上进行更新，通过专门的课程或讲座等让他们树立起新的教学观、实践观。其次，要有具体教学内容上的调整，应该增加更多的现代教育思想和现代教育技术的基本知识，提高他们在这方面的知识、技能。最后，要让他们学习如何把这些现代教育思想和教育技术与对外汉语教学的特点进行融合，达到优化教学结构，提高教学效率的目的。

（三）对外汉语教学专业人才培养方法的改变

在信息化技术的条件下，对外汉语教学领域的教学模式和方法有了新的变化和发展。培养适应教学发展新趋势的对外汉语教学专业人才的方法，也应该进行相应的改变。作为培养教师的教师，当然更应该自觉主动地应用信息化技术，有效提高教学效果；尤其是一些探讨教育信息化技术在对外汉语教学中的应用的课程，更是老师言传身教的好平台。教学中可以把启发建构式教学、任务型或项目型教学、自主性学习等新的教学理论或原则，用多媒体和网络技术的手段予以实现，使其更加形象和高效，最终形成一种既能发挥教师主导作用，又能充分体现学生主体地位的以“自主、探究、合作”为特征的教与学的方式，从而真正把学生的主动性、积极性、创造性充分地发挥出来。

三、对教育信息化条件下对外汉语教学人才培养工作改革的几点建议

（一）加强教育信息化的理论研究工作，提高应用和发展教育技术的认识

当代信息技术发展很快，其在教育领域的应用技术也在飞速发展。为此，必须加强对教育信息化的理论研究，深入探讨教育信息化与对外汉语教学的相互关系。不论是对外汉语教学专业人才的培养者还是专业人才本身，都要认识到教育信息化的重要性和紧迫性，认识到这是教育改革和发展的必然要求，也是对外汉语教学改革的关键之一。要使他们充分认识教育信息化及信息技术的作用领域和特点，充分理解信息技术能在更高层次和更广形态上对对外汉语教学产生积极作用。

（二）积极调整教学内容和教学方法，适应新的人才素质需求

为满足新的人才素质需求，调整教学内容和教学方法是十分必要的。

在课程安排上，除了原有的对外汉语专业知识，如本体汉语知识、第二语言教学理论、第二语言习得理论、各种课型的对外汉语课堂教学、教育学、教育心理学、文学文化知识等课程之外，还要增加新的教学内容，主要是两方面：一是与信息化有关的如现代教育技术等相关课程应成为必修或选修课程；二是开设一些探讨将信息技术整合于对外汉语教学的理论、原则、方法和实践的相关课程。例如，有教育学者就提出，应该把应用现代教育技术的重点从课件开发设计转移到信息环境下的教学设计。即运用现代学习与教学心理学、传播学、教学媒体论等相关理论与技术，来分析教学中的问题和需要，设计解决办法，试行解决办法，评价试行结果，并在评价基础上改进设计。教学设计的开展，有利于教学工作的科学化和青年教师的培养，有利于教学理论与教学实践的结合，有利于科学思维习惯和能力的培养，有利于信息化教育的开展和多媒体教材质量的提高。

在教学方法上，以探究式反省式的方法，结合现代教育技术，把师资培训的各项内容纳入到信息化的环境之下。积极打造适合师资培训的资源库、积件库，如多样的对外汉语教材、真实的留学生中介语材料、真实的留学生课堂教学录像、应用效果好的对外汉语教学课件或网络课程等；以及适合对外汉语教师的各种资源库，如大量的图片、声音、动画、视频素材，以方便指导学生在海量的教学资源中，根据教育教学规律、学生的特点和需求，来寻求恰当的教学设计，实现合理的教学结构，掌握相应的教学能力。相较于过去的传统工匠学徒式的师傅示范徒弟观察学习的方式，学生在这一过程中具有更多的自主性；而且由于信息技术带来的形象化和仿真性，更容易使他们进入角色，因此学习更有深度，效率也更高。

作为师资储备的学历教育，年轻人更容易接受和掌握现代教育思想和现代教育技术的基本知识和技能，教学内容和方法上的调整也应该会受到学生的欢迎，应能产生较好的效果。

当然，由于对外汉语教学的现代化还处于一个逐步探索和完善的过程当中，很多问题并没有研究清楚，可以在教学当中鼓励学有余力的学生积极探索，创新方法，鼓励他们向科研型人才方向发展。

（三）将运用现代教育技术的能力纳入到人才培养的质量评估体系

根据教育信息化的理念，对人才培养的教学内容和方法加以调整，就必须有相应的人才质量评估体系来把关和保障。通过建立有效的评估体系，对学生使用现代教育技术的能力进行检查、督导和评价，根据学生自身特点，形成人才培养质量上的类型化和层次性评价习题。例如，有的学生能够基本胜任课堂教学工作，有的学生能胜任新发展趋势下课堂教学工作，有的学生能为网络教学、远程教学提供技术支持，等等。运用教育技术能力的提高，实际上也能拓宽学生的就业口径，尤其是能将专业知识与现代信息技术深度结合的复合型人才，必将成为新教育时代的弄潮儿。

（四）创造良好的现代教育技术运用环境，搭建对外汉语教学专业人才的资源共享平台

为实现人才培养的新目标，建议配备计算机、投影仪、录像机等设备，教室里能随时联通到互联网上，供教师和学生共同使用。如果有条件的话，可以请相关教育技术的教师和对外汉语专业的教师，把在对外汉语教学领域的信息技术整合过程及方法，通过数字化的教学的方式进行共同讲解和说明。

此外，呼吁有对外汉语教学专业的相关学校，共同搭建服务于对外汉语教学人才培养的网络平台，建设基于师资学历教育人才、基于对外汉语教学新发展的培训中心、资源中心、交流中心、服务中心，实现基于互联网的学习功能、学习管理功能、考试功能、资源数据库管理功能、资源自动上传和下载功能、实时和非实时的互动交流功能。

总之，教育信息化给对外汉语教师和对外汉语教师培养都带来了新的机遇和挑战。只有顺应时代的要求和未来的发展趋势，才能培养出高素质的对外汉语教学的专业人才。

参考文献

[1] 郑艳群：《课堂上的网络和网络上的课堂——从现代教育技术看对外汉语教学的发展》，载《世界汉语教学》2001 年第 4 期，第 98—104 页。

[2] 吕必松：《关于对外汉语教师业务素质的几个问题——一个亟待解决的问题》，载《对外汉语教学研究》，北京语言学院出版社 1990 年版，第 1—7 页。

[3] 皮连生：《教学设计——心理学的理论与技术》，高等教育出版社 2001 年版，第 5-23 页。

（作者单位：文学与新闻传播学院）

关于提高大学预科数学课堂教学质量的新思考

——基于教育人类学的视角

杨清霞

作为促进学生全面发展教育的重要组成部分，数学教育不仅担负着使学生掌握现代生活和学习中所需要的数学知识和技能、理性思维等的任务，同时还具有传承民族文化尤其是民族数学文化的责任。然而，在大学预科数学教学过程中，经常会听到有些学生说“害怕数学”，甚至有的新生在第一节数学课上课前就已经产生心理暗示，对数学“惧怕三分、退避三舍”了。这给我们这些数学教师们以深深的思索：数学真的这么可怕吗？国际数学大师、中国科学院外籍院士陈省身教授曾经说：“数学是很有意思的科学。”他在接受数学教育家张奠宙教授的一次访谈时说到：“数学课要讲得孩子们有兴趣。孩子们都是有好奇心的。他们对数学本来也有好奇心。可是有的教师教得不好，把数学讲得干巴巴的，扼杀了好奇心，数学就变得越来越难了。”

数学学习过程的确应该是一个生动活泼的、主动的过程。在预科数学课堂教学中，教师应创造性地利用教材，给学生提供开放的、自主的、趣味性强的、参与度高的教学课堂。本文试着从文化教育人类学的视角谈谈如何提高大学预科数学的课堂教学质量。

一、提高教师自身业务素质和多元文化教学技能

著名科学家钱伟长说：“教师不仅要进行教学工作，而且还要进行科学研究和学术创新工作。”常言道：“要给人一杯水，自己先要有一桶水。”要教给学生完备的知识，教师首先必须具备较高的业务素质。教学科研是提高教师业务素质、提高教育效果的主要途径。只有那些勇于探索，善于将教学与科研相结合，在教学中搞科研，以科研促教学的教师，才能有较高的知识水平、理论水平，才能具备较优化的知识结构和较新颖的教学理

念。数学教师也只有通过深入地进行教学科研，才能进一步深化教育教学改革，适应时代对学生数学素质提出的新的更高要求。

另一方面，民族院校预科学生95%以上是少数民族。而教师们主要接受的是教育学方面的培训，民族学、人类学方面的知识比较欠缺，理论素养不足，对少数民族文化了解得不够全面、系统和深入，对学生的多元文化背景及其心理特点也认识不充分。一些教师甚至对某些民族学生仍然存在着一定的族群偏见或刻板印象，对学生的期望值不高，在激发学生的学习动机、提高其学业成就方面难有作为。所以教师要提升自身的多元文化教学技能。

二、钻研教材，创造性地使用教材

目前，预科学生使用的是教育部民族教育司组织编写的“普通高等学校少数民族预科教材”。本套教材充分考虑了少数民族学生的实际情况，针对预科阶段的教学特点，在高中阶段各科教学内容的基础上，指导学生对应掌握的学科知识进行查缺补漏，补预结合，使之全面提高。但是，由于学生经过一年或两年的预科学习后一般会进入不同的本科院校学习，不同的学校和专业对学生的数学水平要求是不同的，所以，在使用教材时要有灵活性，要创造性地使用。而且，教师只有准确地把握教材的系统性、逻辑性，吃透教材，才能高屋建瓴，面对学生才能做到巧妙地启发，准确地点拨，及时地引导。对教材中一些例题、习题，如果教师能在深刻领会教材编写意图的前提下，充分发掘教材的数学文化和民族数学文化内容，结合实际，大胆活用例题、习题，不仅能促使学生积极参与教学的全过程，而且可以更好的帮助学生理解掌握知识，感受数学的趣味和价值，达到事半功倍的效果。

三、教学方法的选择

教育人类学者从生态学的观点出发，把学校看作是一个反映外围大系统（社会环境）的社会子系统，并由师生间的互动组成一个动态模式，与周围环境发生着千丝万缕的联系。然而，由于师生的生活背景上的差异，以及各自的年龄、性别、民族、地域、成长经历都各不相同，导致他们表现的交流与沟通方式不尽相同，由此产生了教学上的差异性与多样性。深刻地认识这些差异性和多样性，从中寻求最佳的平衡点，才能促进教学达到最优效果。

我国部分民族地区的学生，或者由于其经济、文化相对落后，或者由于其对现代文化的不适应，比较容易产生挫败、自卑的心态，导致学习动机水平偏低，兴趣不高，自信心不足，甚至有的学生还存在读书无用的思想。因此，激发学生数学学习的兴趣、采用多样化的教学方法十分关键。

通常来讲，人们将教学方法分为三类，即语言的教学方法、直观的教学方法和实习的教学方法。语言的教学是指学生通过语言获得教学信息，包括讲授、谈话等。直观的教学是指让学生通过感官直接接触客观事物或现象获取知识，包括实物或教具的演示、参观等。实习教学是指让学生参与实践活动，以此掌握有关教学内容，包括实验、练习等。各教学方法是相互渗透相互补充的。

（一）注重课堂提问

提问是引导学生参与课堂的一种主要形式。教育心理学告诉我们：学生的思维过程往往是从问题开始的，有经验的教师在教学中总是精心设计提问，以“问”来点燃学生思维的火花，激发他们的探究欲望。在教学中，教师提出问题以后，可能立即有学生举手想要回答问题，此时不要急于让学生回答，而是给学生留出独立思考以及和周围同学交流想法的时间，等待学生对问题有深刻的理解后再让他们回答。这样提问，有利于促进教学活动中两个主体之间的互动，使学生的注意力始终处于活跃的积极状态。而且，在学生回答完问题以后，教师一定要给予表扬。盖杰和伯令纳在《教育心理学》一书中指出：表扬是一种最廉价、最易于使用且最有效的，但也是最容易被人们忽视的激发学生学习动机的方法。根据我近十年的教学体会，在预科教学中，表扬对学生至为重要。他们来自不同的民族，当地不同的生产生活方式已经深深影响到了学生的个性发展特征。有的民族以好客著称，有的民族以勇敢为荣，有的民族以勤劳为美。反映到课堂上，有的同学上课非常活跃，有的同学谨小慎微，有的同学则从不主动回答老师的问题。实践证明，不管学生是主动还是被动地回答了问题，结果正确的都要表扬，即使回答的不对或者根本不切题，也要从另外一个角度适度地加以肯定，比如肯定学生是动了脑筋思考的。

（二）注重板书教学

随着我国现代教育技术的日益发展和教育改革的日趋深化，多媒体优化组合教学已成为教育改革的组成部分。在教学过程中运用多媒体辅助教学，制作一些生动形象的课件，从优化训练内容出发，使学生听觉、视觉、触觉都参与感知活动，可以更大限度地调动学生学习的积极性，使学生开阔了视野，丰富了知识。但是现在的多媒体教学出现了一些不和谐音符。有的教师凡课必用多媒体，基本上已经厌弃了传统的粉笔和黑板，被戏称为“无尘教学”。多媒体不再只是“辅助”，而是“代替”了传统教学的方法和手段，一堂课后黑板上仅有寥寥数字，教师只是“解说员”而已。而且，多媒体教学的课堂教学容量和教学密度往往比传统授课大，从而形成新形式的“满堂灌”的教学方法。课堂上学生看得津津有味，但学生往往是被课件本身而不是课程内容所吸引。

对于预科的数学教学，我曾经在全国文科班、全国理科班以及新疆班连续多年分别做过问卷调查，调查结果显示，85% 以上的学生倾向于教师在黑板上以板书的形式进行公式推导和例题解答，对于那些理论性较少且偏重于介绍性的知识，学生则倾向于教师以多媒体的形式展现出来或者是自己看书。其实，数学的教学过程更强调教师的主观情感的渗入，教师的言语、眼神、面部表情、肢体动作及声音的抑扬顿挫，计算机是无法做到的。板书是一种呈现在黑板上的具有一定逻辑联系的书面语言，有其不可替代的优点。首先是板书即时重现力强，随写随看，内容可以方便地增删。另外，好的板书有提纲挈领的作用，学生抬头一看，便对本节课的重点一目了然。再次，教师在黑板上一步一步推导的过程中，学生有足够的时间跟随板书过程不断思考。教师可以通过学生的反馈有效地控制课堂节奏，边讲边板书能引导学生的思路跟着教师的讲述发展，板书完成后，教学内容会在黑板上停留一段时间，而不是 PPT 翻页后的过眼云烟。当然，板书和多媒体并不是对立的矛盾体，二者的有机结合才可实现各自优势的互补，相得益彰，课堂方能因此而丰富多彩，从而实现教学效果的最优化。

四、提高讲授的艺术性

教育家波利亚说，有一条绝对正确的规律就是，如果老师不喜欢数学，学生也就不会喜欢数学。教师要做到学生喜欢上数学课，喜欢数学，就有讲授艺术的问题。同样的知识，不同教师的授课方法收到的往往是不同的教学效果，只有当它具有创造性、情感性和趣味性时，才如同艺术一样沁人心脾，催人奋进，才能取得良好的教学效果。

（一）数学美是讲授艺术的重要源泉

数学美自古以来就吸引着人们的注意，诱使人们如痴如醉地倾注心血于数学研究。数学学科具有其他学科无法比拟的简单美、和谐美、对称美等。教师深入挖掘和充分展示给学生数学的这些内在美，是提高授课魅力的本质。举例说，数学里有“对称”，文学中则有“对仗”。对称是一种变换，经过变换后有些数学性质保持不变。而对仗是上联变成下联，字词句的某些特性不变。王维有诗云：“明月松间照，清泉石上流”。这里，明月对清泉，都是自然景物，没有变。形容词“明”对“清”，名词“月”对“泉”，词性不变。变化中的不变性质，在文化中、文学中、数学中，都广泛存在着。数学中的“对偶理论”，拓扑学的变与不变，都是这种思想的体现。因此，文学意境也有和数学概念相通的地方。著名数学家徐利治先生早就指出：“孤帆远影碧空尽”正是极限概念的意境。以上种种，教师都要引导学生充分领悟。

（二）演说技巧是发挥讲授艺术的核心

每个人都有这样的认识：同一首歌曲，不同的歌唱家就有不同的演唱效果。不同的教师使用同一教材，甚至同一教案，教同一个班的学生，教学效果也绝不会相同。教学不只是讲求对不对，还要讲求好不好。学生有不同的民族文化背景，不同的情感。一个好的教师要把讲台作为自己的表演舞台，集“编剧”、“导演”、“演员”三者的任务于一身。不仅利用充满激情的语言吸引学生的注意力，引起学生情感上的共鸣，还要用语调的轻重缓急、抑扬顿挫启发学生的思维，用大方的姿态、和蔼的表情展现自己的讲授愿望，充分发掘学生的最大潜能。

五、结　　语

目前的班级授课制虽然符合一般学生的心理、生理水平，但同一班级的学生智力水平、非智力水平毕竟存在差异。所以教学中不能采用单一的教学模式和手段，要根据因材施教、因人施教的原则，精心设计课堂教学环节，创设情境，开课做到“一石激起千层浪”，新授课做到“柳暗花明又一村”，总结做到“一番滋味在心头”。让自己的学生积极参与教学，多给学生自由表现见解的机会，使学生的个性潜能得到淋漓尽致的发挥，学生身上蕴藏的民族文化魅力和创新能力得以充分体现。如此，数学课堂将成为学生们求知的乐园，成为师生展示个人魅力与才华的天地。

参 考 文 献

[1] 黄毅英：《数学观研究综述》，载《数学教育学报》2002 年第 1 期。
[2]《普通高中数学课程标准解读》，江苏教育出版社 2004 年版。
[3] 张奠宙：《数学文化》，载《科学》2003 年第 3 期。
[4] 哈经雄、滕星：《民族教育学》，教育科学出版社 2001 年版。

（作者单位：预科教育学院）

大学生英语应用能力培养中动态评估的可行性研究

——以中央民族大学为例[①]

张欲晓

教育部制定的《大学英语课程教学要求》指出：大学英语的教学目标是培养学生的英语综合应用能力。教学评估是实现这个教学目标的一个重要环节。建立全面、客观、科学、准确的评估体系对于实现教学目标至关重要。教学评估既是教师获取教学反馈信息、改进教学管理、保证教学质量的重要依据，又是学生调整学习策略、改进学习方法、提高学习效率和取得良好学习效果的有效手段。建立有效的评估体系，是培养大学生英语应用能力的重要环节和迫切任务。

评估（assessment）和测试（testing）是两个不同的概念。根据《朗文语言学与应用语言学词典》的定义，测试是衡量能力、知识和表现的一种程序。Bachman（2010）认为评估是收集记录信息的各种方法，包括：观察、报告、访谈、问卷、录音、录像、口头描述、定性分析、评分等。测试是一个较狭窄的概念，指在一定时间点对人的能力的衡量，而评估是一个相对宽泛的概念，指采取各种方式，在某个时间点或一段时间内对信息的提取。简单地说就是，测试属于评估，评估包含测试。

动态评估（Dynamic Assessment）作为一种能力评价的新范式，还是一个相当年轻的领域，兴起的时间只有短短二三十年，现在已经成为外语教育领域，特别是语言测试方面的研究热点。本文旨在通过对传统的静态评估与动态评估的对比分析，指出在大学英语教学中建立有效的动态评估体系的必要性和可行性，有利于解决大学生英语应用能力培养过程中的现存问题。

---

① 本论文为全国教育学科“十一五”规划2010年度教育部重点课题“民族院校大学生英语应用能力培养研究”的阶段性成果，课题批准号GPA105032。

一、动态评估的理论基础和内涵

动态评估源于苏联心理学家 Vygotsky 提出的社会文化理论，他的同事 Luria（1961）最先提出动态评估这一术语，之后有以色列心理学家和教育家 Feuerstein（1979）和他的同事发展出一系列有影响的动态评估工具，对动态评估的研究发展起到了极大的推动作用。

动态评估的理论基础是 Vygotsky 的社会文化理论，提出了内化（internalization）、中介（meditation）、最近发展区（Zone of Proximal Development）、支架（scaffolding）等概念，特别是最近发展区的概念最具影响力，是动态评估理论的核心内容。

最近发展区是指学习者独立解决问题的实际水平，和在有经验的教师的引导下或水平较高的同学合作中体现出来的潜在的解决问题的水平之间的差距（Vygotsky 1978：86）。全面评估某个个体能力的发展，仅仅关注其“发展的果实”（实际发展区）是不够的，要重视“发展的花蕾”（最近发展区）（韩宝成 2011：268）最近发展区概念的提出拓展了评估的领域，使评估不再局限于追求对学习者过去能力严密准确的衡量，而是将目光投射到学习者的需求和发展的可能，更加关怀学习者个性化的发展。兼顾学习者的实际发展区和最近发展区，是对学习者能力进行全面合理评估的前提。

动态评估是指向未来的，以最近发展区为其核心理念，指在评估过程中通过评估者和学生的互动，尤其是在有经验的评估者的帮助下，探索和发现学生潜在发展能力的一系列评价方式的统称（Lidz 2003：337）。动态评估要求评估者密集地实施干预，介入学生的学习过程，及时针对学生的问题，实施干预和反馈，提供建设性的意见和有效的解决办法。动态评估强调将教学和评估相结合，注重个体的发展，挖掘学生的潜能，采用发展的观点看待学习的过程，关注学生个性化的学习方式和未来的发展。

静态评估（Static Assessment）是指向过去的，指测试者对被试按照一定顺序呈现一组题目，被试在要求的时间段内对题目进行回答。期间测试者不对被试进行任何的干预和反馈。测验结束后，被试得到的唯一反馈就是成绩单。（Wertsch 1985：68）静态评估衡量的是学生在某个时间点上的能力，是终结性的评估，关注的是学生已经形成的能力，它和教学是分离的，是标准化的。

概括来说，静态评估是结构严密的，量化的评估方式，以评估者，即教师为中心，关注学生的已有能力，评价的是学习的结果；动态评估强调教师和学生的互动，将教学与评估相结合，关注学生认知过程的发展，考查重点是学生潜在的认知发展水平。

二、大学生英语应用能力培养现状

中央民族大学的大学生来自于全国各地，少数民族学生众多，文化背景和教育背景呈现多样性。地区与地区不同，民族与民族不同，同一地区的不同民族不同，不同地区的同一民族也不同。不同的知识基础，不同的文化背景，不同的学习动机，不同民族习得英语的方式必定不同，具有不同于非民族高校大学生英语学习的特殊性。因此大学生英语应用能力培养也具有自身的特点，主要有以下三个方面：

（一）分级教学

对于中央民族大学的新生，入学时通过分级考试（placement test），按照分数高低进行分级。分级教学中，成绩相近的学生被分配在同一个班级，避免了同一个班学生之间英语水平差距过大，教师上课难于兼顾学生的不同需求的问题。教师可以根据学生的实际情况，安排教学内容和进度，做到因材施教，提高效率。

自实行分级教学以来，取得了很多可喜成绩，但与此同时也带来一些新问题。例如：学生成绩水平相近，使一些学生安于现状或自暴自弃，学习积极性下降；教师打分上拉不开距离，分数对学生的激励作用降低，学生学习动力不足；二级起点班、普通班和基础班考试分别命题，学生分数未经折算，不利于学生公平竞争学校奖学金等奖项；分级教学贯穿整个大学英语教学过程，除了个别特殊情况，大部分学生会始终固定在一个级别上，原则上不对学生进行级别调整，不利于学生增强学习动力和竞争意识。

（二）静态评估

大学生英语应用能力培养过程中，虽然有少数教师对形成性评估进行探索性的研究，但整体上还是采取静态评估的方式对学生各方面的应用能力进行衡量，也就是用小测验、期中考试、期末考试和四、六级考试来对学生英语应用能力进行终结性的评估。这种传统的静态评估方式会带来很多问题，不适应现今教学改革的发展。

静态评估是标准化的，现在实行的各类考试，如：小测验、期中考试、期末考试，基本上都是以四、六级考试为范本的。不管从题型上，还是各个应用能力的比例分配上，都是和四、六级考试保持一致的。这样在一定程度上误导了学生，使他们过于重视考试分数，教学也不可避免地倾向于应试教育。

静态考试是终结性的，评价的是学生已经形成的能力，强调的是学生的考试成绩在群体中的位置，不利于学生审视自身的发展，更不利于在学生中形成良性竞争的环境。静态评估所提供的信息不足以让教师及时调整教学内容、进度和方法，也不足以让学生进行学习反思、强化学习动机和调整学习策略。

（三）英语应用能力发展不平衡

在大学英语应用能力培养中，听说和读写是分别授课的。由于管理和教学上的有限资源，读写课所占课时数是听说课的两倍。单从量上，就可以看出对于听说和读写应用能力发展空间上的不对称。另外学生从初中到高中接受的是教师讲授式的教学模式，以至于学生升入大学后，过于依赖教师讲授，自我约束能力较弱，合作学习、自主学习方面明显不适应。考试中主要强调对学生阅读和听力的考核，对写作和口语的考核还不够。虽然教师有自己组织口语考试，但考试内容和模式也是教师由自己决定的，缺乏统一的规划和评估模式，因此学生的口语成绩在大范围内也不具有可比性，对于教师口语教学的参考价值有限。

三、实施动态评估的可行性

《大学英语课程教学要求》明确指出，高校应对英语教学开展形成性评估和终结性评估。由此看来，传统静态评估的弊端已经引起国内专家的注意，探索新型的、适合我国英语教学现状的评估模式已经正式提上日程。因此，结合中央民族大学大学生英语应用能力培养的现状，实施符合本校大学生英语学习特点的，科学、有效、全面的评估体系势在必行。

动态评估的实施，正是响应了国家对大学英语教学评估改革的号召。改革现有传统而单一的静态评估模式，可以一定程度上解决目前大学生英语应用能力培养中的一些问题。

分级教学中，动态评估可以向教师提供静态评估之外的评价方式，可以解决同一级学生因为英语水平相近，考试分数拉不开的问题。动态评估强调学生自身的发展过程，学生学习进步的快慢和幅度大小都可以体现在动态评估中。教师有了评价学生能力的另外一个纬度，有助于鼓励学生未来的发展。

静态评估注重学习的结果，给学生的唯一反馈是成绩单，教师是评估的主体。但是动态评估强调教师和学生的互动，学生之间的合作，强调学生解决问题的潜在能力，可以一定程度上消解静态评估带来的应试教育的趋势，教学重点在于学生如何运用英语和他人合作沟通，共同解决问题，为发展个人潜在能力提供广阔的空间。

中央民族大学的学生来自于全国各地，由于各地的教学资源、学生文化背景和学习背景的不同，导致学生在入学之初，英语听说读写等应用能力发展的不平衡现象。而入学之后，因为管理和教学等方面的限制，大学生英语应用能力也得不到全面均衡的发展。动态评估提倡学生个性化的学习方式，鼓励学生合作学习、自主学习，一定程度上弥补了教学安排和考试构成的不足。

四、动态评估的基本模式

动态评估研究中，由于各个学者强调的理念和重点不同，出现了各种不同的动态评估模式。综合来看，Lantolf 和 Poehner（2004）认为动态评估模式大致可以分为两类：干预式（interventionalist）和互动式（interactionalist）。

Sternberg 和 Grigorenko（2002）将干预式动态评估分为两类，“三明治式”（sandwich format）和“蛋糕式”（cake format）。三明治式动态评估基本采用了“前测—训练—后测”的模式，和传统实验设计大致相同。三明治式的动态评估要求对被试进行前测，了解被试学习上的弱点和问题，根据前测收集到的信息，对被试进行干预训练，然后再进行后测，对比前测的信息了解学生接受干预训练后学习能力是否有改善。蛋糕式动态评估要求评估者按一定顺序向被试逐项呈现题目，评估者通过明示和暗示的指导方式，对被试逐项进行辅导。如果被试能够回答问题，就进行下一项，如果被试不能回答问题，评估者就对其进行辅导，好像在蛋糕上涂一层奶油做标记，直到被试正确回答问题或最后放弃为止，然后再呈现下一项。

Feuerstein 是互动式动态评估的坚定支持者，他提出了以“中介学习经验”（mediated learning experience）为核心的互动式动态评估模式，认为要实现最大限度的互动合作，必须将评估者和被试者的关系变为教师和学生的关系，教师的任务是为学生提供及时的帮助，提高学生解决问题的能力，最终促成学生完成学习任务。在此基础上他又提出了“学习潜能评估程序”（learning potential assessment device），这是一套衡量学生语言、数字、图形、逻辑多方面认知能力的工具，教师根据对学生的观察，对测试题目的频率、复杂程度、情景进行调整，可以极大地激发学生的好奇心和兴趣。这一模式关注的是学生认知能力的变化，而不是学习的水平，教师行使中介人的角色，不是评估学生的水平高低，而是帮助学生如何取得成功。

五、实施动态评估面临的挑战

动态评估虽然在心理学和特殊教育方面取得了许多成绩，但是在外语教学方面的研究还处在探索阶段。做到真正有效地将动态评估融入教学过程中，实际操作中还将面临一定的问题和挑战。在大学英语应用能力培养过程中，教师面临班级学生数量多，教学任务重的问题，如果短期之内在教学中实施动态评估还可以承担，但如果将动态评估模式融入长期的教学过程中的话，教师很难负担庞大的工作量。建议未来可以探索除了教师和学生一对一模式之外的一对二、一对多、甚至多对多的新模式，也可以探索如何实现借助网络教学平台等高科技手段实施人机合一的动态评估新模式，使动态评估能够有效地融入教学实践，真正地普及到各个高校的教学活动中去。

参考文献

[1] 教育部高等教育司：《大学英语课程教学要求》，上海外语教育出版社 2007 年版，第 128 页。

[2] 理查兹、施密特等编，管艳红、唐玉柱译：《朗文语言学与应用语言学词典》，外语教学与研究出版社 2005 年版，第 702 页。

[3] 韩宝成：动态评价理论、模式和其在外语教育中的应用，载《语言学研究新视野：理论与应用》，外语教学与研究出版社 2011 年版，第 262—281 页。

[4] Bachman，L. F. and A. S. Palmer. 2010. Language Assessment in Practice. 10 – 20. Oxford：Oxford University Press.

[5] Feuerstein，R.，Rand，Y. and Hoffman，M. B. 1979. The Dynamic Assessment of Retarded Performers：The Learning Potential Assessment Device，Theory，Instruments and

Techniques. Baltimore: University Park Press.

[6] Genesee F. , et al. 1999. 'Scenarios for ESL Standards - based Assessment'. The 33rd TESOL Conference in New York.

[7] Lantolf, J. P. and Poehner, M. E. 2004. 'Dynamic Assessment: Bringing the past into the future'. Journal of Applied Linguistics 1: 49 - 74.

[8] Lidz, C. 2003. 'Dynamic Assessment (Learning potential testing, Testing the limits)'. In Rocio Fernandez - Ballesteros (eds.) Encyclopedia of Psychological Assessment, 337 - 343. London: SAGE Publications Ltd.

[9] Luria, A. R. 1961. 'Study of the Abnormal Child'. American Journal of Orthopsychiatry: A Journal of Human Behavior 31: 1 - 16.

[10] Sternberg, R. J. and Grigorenko, E. L. 2002. 'Dynamic Testing'. The Nature and Measurement of Learning Potential. Cambridge: Cambridge University Press.

[11] Wertsch, J. V. 1985. Vygotsky and The Social Formation of Mind. 68. Cambridge MA: Harvard University Press.

（作者单位：外国语学院）

课程建设

理论力学习题课中渗透研究性教学的探索与实践①

贾　莹　张谷令　邹　斌　付军丽　王义全　苏玉成

理论力学课程是以高等数学方法为工具解决物理问题的一门课程，也是物理专业本科生接触的第一门理论物理课程。[1]这门课程的特点是结构严谨、逻辑性强、定理公式多、方法灵活。笔者在教学实践中发现，学生在学习这门课程时普遍存在“课上听得懂，课下不会做”的现象。这种现象在很大程度上挫伤了学生的学习积极性，一些学生甚至因此产生了厌学、惧学的思想。

习题课是理论力学教学过程中的一个重要环节，如何在有限的学时内上好习题课，最大限度地提高学生对知识的理解能力和应用能力，将是我们必须认真思考的一个重要问题。笔者根据近几年的课程教学实践，在此简单地谈一下挑选具有代表性的习题在上好习题课、优化教学效果中的作用。

一、针对学生易混淆的概念和定理，精心挑选习题，培养学生深入思考问题能力

理论力学课程中涉及了很多物理概念和物理定理。在教学实践过程中，笔者发现学生对概念和定理的理解往往只停留在表面层次上，缺乏细致的思考和琢磨。对于一些物理概念和定理，即便是学生在普通物理课堂上就接触过的，但对其的理解仍然是模棱两可。这种现象的出现充分暴露了某些学生的不良学习习惯。受网络时代的影响，学生每天接受的信息是大量而又丰富多彩的，这促使他们具备了短时间内接受大量信息的学习本领，可同时，这种快速接受新信息的习惯也使得他们很少能够静下心来，

① 本文是2011—2013年度中央民族大学校级优秀课程立项项目及中央民族大学教育教学改革项目“2012年度中央民族大学应用物理学专业综合改革试点项目”的阶段性成果。

对某一问题进行深入的思考。针对这种现象，我们精心挑选了一些习题，以帮助学生形成清晰的物理概念。下边以一道出错率较高的习题为例。

例 1：一均质小球，从固定在地面上的一圆球顶端无初速地无滑滚下，如图 1 所示，已知小球的半径为 r，固定球的半径为 R，试计算小球球心下降的切向加速度。

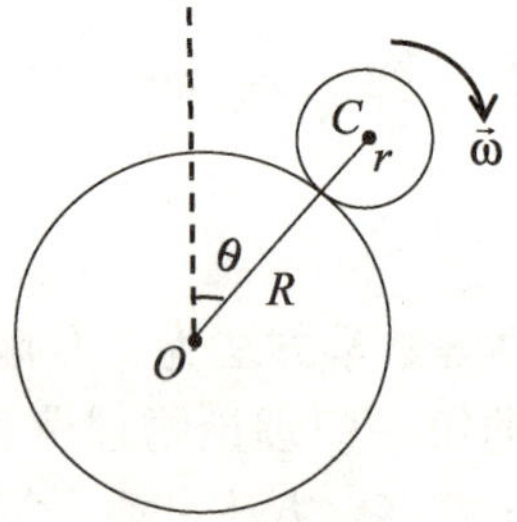

图 1　小球从固定球上无滑滚下

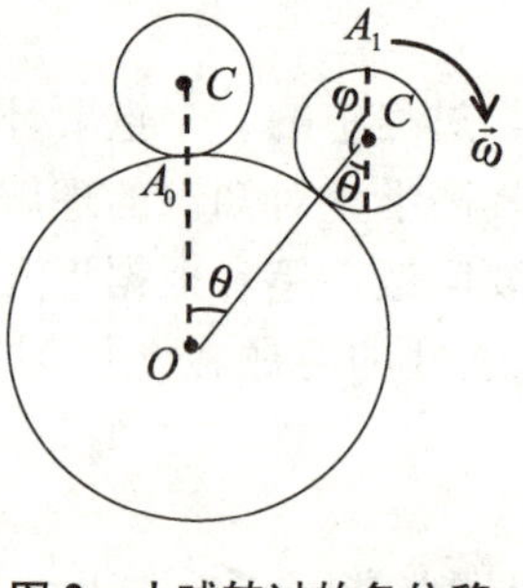

图 2　小球转过的角位移

这是一道普通的平面平行运动方面的习题，中间需要找到小球的转动角速度 ω 和 $\dot{\theta}$ 之间的关系。一部分同学（A 组）是这样做的。把 C 点看作是 OC 连线的端点，因为 OC 转动的角速度是 $\dot{\theta}$，所以 $v_c = (R+r)\dot{\theta}$，又由小球做无滑滚动的条件 $v_c = \omega r$，最终得到 $\omega r = (R+r)\dot{\theta}$。另一部分同学（B 组）是这样考虑的。因为小球做的是无滑滚动，所以从初时刻到末时刻小球与大球接触过的圆弧长相等，即 $r\varphi = R\theta$，两边同时对时间求导，得到 $r\dot{\varphi} = R\dot{\theta}$，即 $r\omega = R\dot{\theta}$。

两组同学的分析似乎都没有错误，为什么最终的答案会不同呢？把这样的习题拿到习题课上讲，学生会饶有兴趣地进行讨论。在他们讨论过一段时间后，如果没有得到正确的结论，适当的时机，我会提出问题：$\dot{\varphi}$ 究竟等不等于 ω，或者说 φ 究竟是不是小球转过的角位移？学生一般会答：

当然是啊。我接着问：角位移的概念是什么？学生答：物体从初位置到末位置所转过的角度。我会继续问：那 φ 是物体从初位置到末位置所转过的角度吗？如果我们选择半径 CA 为跟踪半径，其初始位置在 CA_0，末位置在 CA_1，它转过的角度是 $\varphi+\theta$，那究竟 φ 是小球转过的角位移，还是 $\varphi+\theta$ 是小球转过的角位移呢？要回答这个问题，学生就必须重新思考下，初位置到末位置所转过的角度到底应该怎么计算？把 $\varphi+\theta$ 作为角位移，是以一个跟踪半径的末位置与初位置相比较得到的；而把 φ 作为角位移，是以跟踪半径 CA 与两球心连线的位置相比较得到的，但是两球心连线并非是静止的，因此把 φ 作为角位移是不合理的。小球正确角位移应该是 $\varphi+\theta$，进而角速度是 $\dot{\varphi}+\dot{\theta}$，又因为 $r\dot{\varphi}=R\dot{\theta}$，所以 $\omega r=(R+r)\dot{\theta}$，这样与 A 组同学的结论是一致的。

这样的分析过程最终涉及了基本概念的理解上。当学生明白其中的道理后，心理上往往会受到很大的震撼。有学生曾发感慨道："角位移的概念在高中就学过，到现在已经接触了五年，可没想到，我并没有把这个简单的概念真正地学明白。"

这类习题的引入，不仅使学生对某一物理概念有了清晰深刻的认识，更重要的是，讲解这类习题所带来的震撼将会促使学生反思自己的学习习惯，逐渐养成勤于思考、深入探究的良好习惯，从而对学生的后续学习甚至其他课程的学习产生良好的影响。

二、加强一题多解的习题训练，培养学生多角度思考问题能力

一题多解的情况在理论力学课程中出现得比较多，大体分为两种类型。一类是用同一个定理但是用不同的数学方法求解，例如研究物体的运动，坐标系既可以选择直角坐标系，也可以选择自然坐标系或极坐标系；对于某些与转动有关的运动学和动力学问题，既可以在静止坐标系下求解，也可以在动坐标系下求解，并且动坐标系的选择可以是灵活多样的。二是用不同的定理求解，例如对于静力学平衡问题，既可以采用牛顿力学法求解，也可以采用虚功原理求解；对于质点动力学问题，既可以采用牛顿动力学求解，也可以采用拉格朗日方程、正则方程等来求解。在理论力学习题课的教学中，挑选一些典型的能够一题多解的习题，不仅可以培养学生运用各方面的知识解决问题的能力，还可以培养学生多角度思考问题的能力。下面通过一个习题作为一题多解的实例，进行分析。

例 2：一质量为 m 的小环套在半径为 r 的光滑圆圈上，并沿着圆圈滑

动，如果圆圈在水平面内以匀角速度 ω 绕圈上某点 O 转动，试求小环沿圆圈切线方向的运动微分方程。

此道习题既可以用转动参照系的质点运动学方程进行求解，如解法 1 所示，也可以采用拉格朗日方程进行求解，如解法 2、解法 3 所示，还可以用哈密顿正则方程求解，如解法 4 所示，另外可以用哈密顿原理进行求解，如解法 5 所示。因篇幅所限，下列解法中只列出了最关键的步骤。

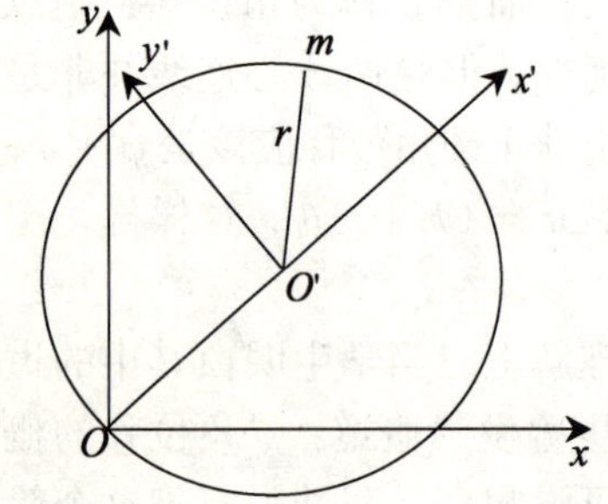

图 3

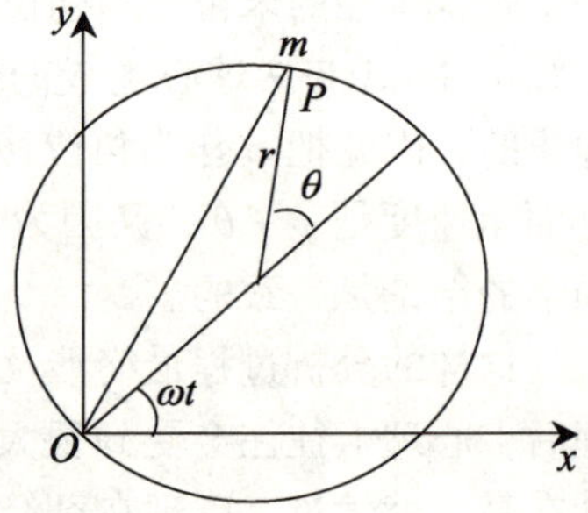

图 4

【解法 1】采用转动参照系中的质点动力学方程进行求解。选 Oxy 为固定参考系，转动参考系 $O'x'y'$ 固定在圆圈上，如图 3 所示。

由转动参照系的质点运动方程得 $mr\ddot{\theta} = -ma_{o'}\sin\theta$，又因为 $a_{o'} = rw^2$，得到 $\ddot{\theta} + \omega^2\sin\theta = 0$。

【解法 2】采用拉格朗日方程进行求解。选择的坐标系如图 3 所。

小环相对固定参考系的速度为 v，相对动坐标系的速度为 v'，动坐标系原点的速度为 O'，由绝对速度和相对速度之间的关系可知 $v = v' + v_{O'} + \omega * r$，写出系统的动能 $T = \frac{1}{2}m[(r\omega + r\dot{\theta} + a\omega\cos\theta)^2 + r^2\omega^2\sin^2\theta]$，及系统的拉格朗日函数 $L = T - V = T$，代入拉格朗日方程 $\frac{\mathrm{d}}{\mathrm{d}t}(\frac{\partial L}{\partial \dot{\theta}}) - \frac{\partial L}{\partial \theta} = 0$，得 $\ddot{\theta} + \omega^2\sin\theta = 0$。

【解法 3】采用拉格朗日方程求解。只选一固定参考系 Oxy，如图 4 所示。

写出小环某时刻的位置坐标 $x = r\cos\omega t + r\cos(\omega t + \theta)$，$y = r\sin\omega t + r\sin(\omega t + \theta)$，选 θ 为广义坐标，系统的动能为 $T = \frac{1}{2}m(\dot{x}^2 + \dot{y}^2)$，写出系统的拉氏函数为 $L = T - V = T$，应用拉氏方程 $\frac{\mathrm{d}}{\mathrm{d}t}(\frac{\partial L}{\partial \dot{\theta}}) - \frac{\partial L}{\partial \theta} = 0$，得 $\ddot{\theta} + \omega^2\sin\theta = 0$。

【解法4】采用哈密顿正则方程求解。选择的坐标系如图3所。

写出系统的拉氏函数 $L = mr^2\omega^2 + \frac{1}{2}mr^2\dot{\theta}^2 + mr^2\omega\dot{\theta} + mr^2\omega^2\cos\theta + mr^2\omega\dot{\theta}\cos\theta$ 和广义动量 $p_\theta = \frac{\partial L}{\partial \dot{\theta}} = mr^2\dot{\theta} + mr^2\omega + mr^2\omega\cos\theta$，代入广义能量的定义式中，得到 $H = -L + \sum_\alpha \frac{\partial L}{\partial \dot{q}_\alpha}\dot{q}_\alpha = -L + p_\theta\dot{\theta} = \frac{1}{2}mr^2\omega^2\cos^2\theta - p_\theta\omega(1+\cos\theta) - \frac{1}{2}mr^2\omega^2 + \frac{p_\theta^2}{2mr^2}$，代入哈密顿正则方程 $\dot{\theta} = \frac{\partial H}{\partial p_\theta}$，$\dot{p}_\theta = -\frac{\partial H}{\partial \theta}$，可得到 $\ddot{\theta} + \omega^2\sin\theta = 0$。

【解法5】采用哈密顿原理进行求解。选择的坐标系如图3所。

写出系统的拉氏函数 $L = T - V = T$，并代入哈密顿原理的数学表达式 $\int_{t_1}^{t_2}\delta L\mathrm{d}t = 0$ 中，得到 $\int_{t_1}^{t_2}(\dot{\theta}\delta\dot{\theta} + \omega\delta\dot{\theta} + \omega\cos\theta\delta\dot{\theta} - \omega^2\sin\theta\delta\theta - \omega\dot{\theta}\sin\theta\delta\theta)\mathrm{d}t = 0$，在被积函数中，由于 $\dot{\theta}\delta\dot{\theta} = \frac{\mathrm{d}}{\mathrm{d}t}(\dot{\theta}\delta\theta) - \ddot{\theta}\delta\theta$，并且 $\cos\theta\delta\dot{\theta} = \frac{\mathrm{d}}{\mathrm{d}t}(\cos\theta\delta\theta) + \dot{\theta}\sin\theta\delta\theta$，因此积分式可写为 $(\dot{\theta} + \omega + \omega\cos\theta)\delta\theta\big|_{t_1}^{t_2} - \int_{t_1}^{t_2}(\ddot{\theta} + \omega^2\sin\theta)\delta\theta\mathrm{d}t = 0$，由于 $\delta\theta\big|_{t_1} = 0$，$\delta\theta\big|_{t_2} = 0$，再考虑到 $\delta\theta$ 的任意性，得 $\ddot{\theta} + \omega^2\sin\theta = 0$。

由上边的实例可以看出，精心挑选一些能够一题多解的习题，不仅帮助学生复习和巩固了以往所学的知识，而且通过各种定理、各种方法在同一问题上的对比应用，更有利于学生找出它们之间的内在联系和具体差别，以及各自的使用条件、使用范围等，这将有助于学生对所学定理的深刻理解。多种解法显示了异曲同工之妙，殊途同归之效，使学生不能不为力学理论体系的科学性、完美性所折服。一题多解不仅使学生大开眼界，而且能够促进学生学习的主动性，形成勤于思考的好习惯。

在具体进行一题多解训练时，我一般是预先布置题目，让学生独立思考，然后在课堂上留出足够的时间让大家各抒己见，展开讨论，互相补充。然后由老师对各种解法进行归纳、总结，并做出评价。实践证明，这种做法有助于引导学生对所涉及的定理特点进行分析对比，从而达到举一反三，融会贯通的目的。

三、巧用数学软件求解习题，提高学生的解题兴趣

理论力学课程具有理论性强、内容抽象的特点，在完成一些习题的求

解过程后，学生对其物理图像仍有可能不太清楚，这也在很大程度上降低了学生的学习兴趣。如采用有心力的相关定理求解 α 粒子的散射问题，计算结果是一个很复杂的式子，学生对 α 粒子的散射轨迹、瞄准距离与散射角之间的关系等仍缺乏形象的认识；又如求解落体偏东、陀螺旋转等习题也都存在类似的问题。

针对这种情况，我们鼓励学生对其进行计算机数值模拟。所推荐的软件是 MATLAB 软件。MATLAB 软件具有强大的数值计算、符号运算及仿真模拟等功能，尤其是在作图方面具有很强的优势，这些有利于我们把抽象的物理问题具体化、形象化；同时此款软件学生掌握起来比较简单。[2] 下边以一道关于 α 粒子散射的习题为例。

例 3：设 α 粒子的质量为 m，具有初始动能 E 和瞄准距离 b，从无穷远处射向靶核。它在库仑力的作用下轨迹发生偏转，试画出 α 粒子的运动轨迹，并得到散射角 θ 随瞄准距离 b 的变化关系图。

下边是一位同学以金核对 α 粒子的散射为例，编写程序所得到的计算结果。

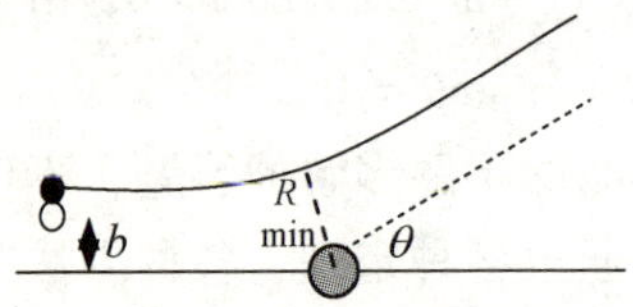

图 5　α 粒子的散射轨迹

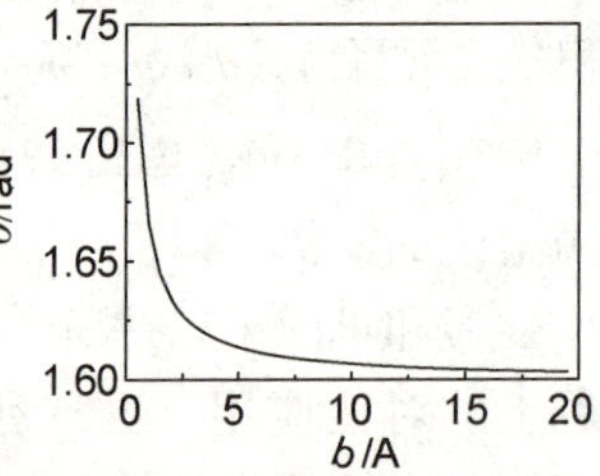

图 6　瞄准距离与散射角的关系

图 5 是某一瞄准距离时 α 粒子的散射轨迹，图 6 是瞄准距离与散射角的关系。从这两个图可以很直观地看出 α 粒子的散射轨迹以及瞄准距离与散射角的关系。并且该学生根据计算模拟结果，还得到了以下结论：由图 6 可以看出，随着瞄准距离的增大，散射角减小，也即 α 粒子距靶核的垂直距离越远，其轨迹受到靶核的影响越小；在瞄准距离很小的地方，随着瞄准距离的增大，散射角迅速减小，而在瞄准距离较大的地方，随着瞄准距离的增大，散射角减小得很慢。

除了完成老师布置的计算模拟作业以外，该学生还根据自己所编写的程序做了一些额外的工作。图 7 是瞄准距离与入射粒子至靶核最小距离的关系，图 8 是同一瞄准距离和同一入射能量下，入射粒子至靶核的最小距离随原子序数的变化，图 9 是在同一瞄准距离和同一入射能量下，散射角随原子序数的变化。从这三幅图该同学分别得到了一些有价值的结论。

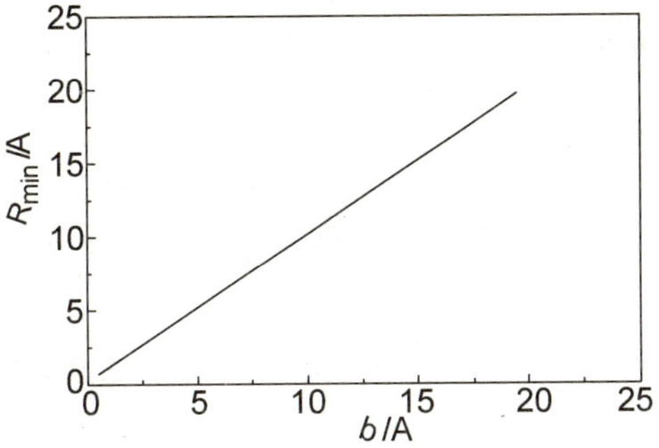

图 7　瞄准距离与入射粒子至靶核最小距离的关系

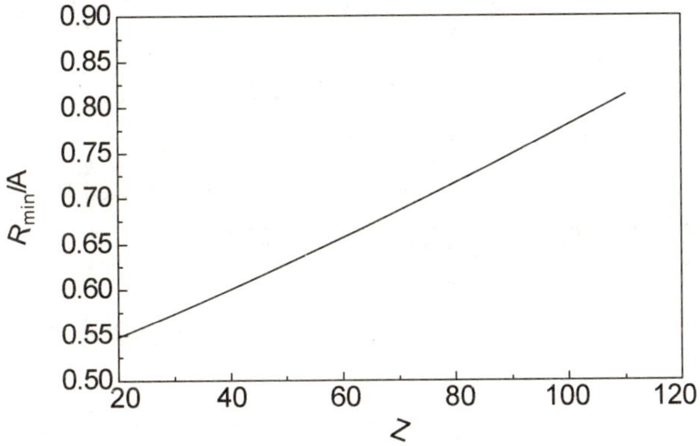

图 8　相同的瞄准距离和入射能量下，入射粒子至靶核最小距离随原子序数的变化

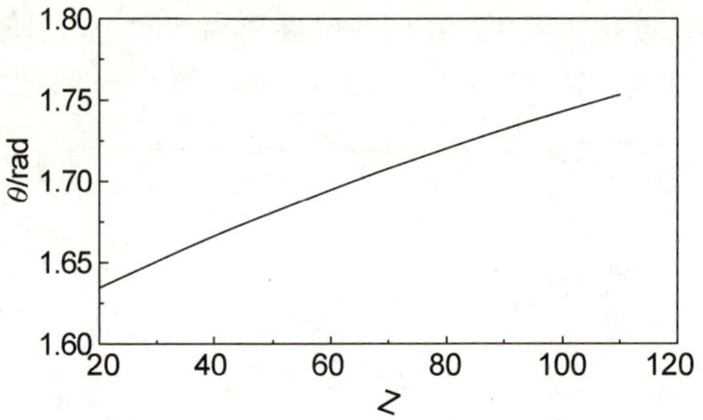

图 9　相同的瞄准距离和入射能量下，散射角随原子序数的变化

从上边的实例可以看出，选择一些能够进行计算机模拟的习题，不仅可以培养学生使用计算机技术研究力学问题的能力，适应现代社会发展的要求，同时在学习过程中让学生由观看变成参与，由被动接受变成主动研究，激发了学生的学习兴趣，为学生提供了可以自由探索和尝试的空间。

参 考 文 献

[1] 卢圣治:《理论力学基本教程》，北京师范大学出版社 2004 年版。
[2] 彭芳麟:《计算物理基础》，高等教育出版社 2010 年版。

（作者单位：理学院）

注重学生全球化视角的培养

——世界史课程教学的探索与实践

崔丽娜　宋海斌

2011年，世界史成为历史学门类下与中国史、考古学并列的一个一级学科，在我校历史系本科生的培养体系中，它仍然是两大通史课程之一，担负着培养时代发展需要、具有初步史学思维能力的人才这一重要任务。当今世界，不同地区、不同国家之间的联系日渐紧密，经济、文化交流日益频繁，全球化是有目共睹的事实。在这一时代背景下，培养历史专业学生的宏观视野显得非常迫切和必要。一方面，世界历史上的很多现象、事件具有跨国家、跨区域的影响力，比如罗马帝国的建立、中世纪黑死病的流行、20世纪发生的一战、二战等，而当今的很多政治、经济事件更是具有“牵一发而动全身”的影响。另一方面，长期以来在教师讲授和学生学习的环节中，对培养宏观视野没有足够的重视，从而导致学生在看待一些历史问题的时候视野狭窄、结论片面，无法形成全面、完整的认识，这必将影响到他们对现实问题的理解。所以，笔者认为，在世界史教学中培养学生的宏观视野，并不是无足轻重的问题，而应成为教学中的一个重要目标。但是，如何在教学中培养学生的宏观视野，没有现成的经验和固定的模式可循。笔者在几年的教学实践中摸索了几种方法，形成文字，以供参考。

一、以趋势分析方法来探讨历史发展的规律

传统的历史教学比较重视对知识点、重大事件的讲述，似乎历史就是众多事件的累加，这样做的后果往往是学生只知道机械记忆，对整个历史发展的脉络却茫然无绪。相对于知识点，更重要的是使学生掌握将知识点串联起来的线索，也就是世界历史的基本框架和一般规律。吴于廑教授在高教版、六卷本《世界史》总序中指出：世界历史包含纵向发展和横向发

展两个方面，纵向发展“指人类物质生产史上不同生产方式的演变和由此引起的不同社会形态的更迭”，而横向发展是指“历史由各地区间的相互闭塞到逐步开放，由彼此分散到逐步联系密切，终于发展成为整体的世界历史这一客观过程”。[①] 依据这一概念，笔者在世界史导论课中以“生产工具”、“所有制”、“经济性质”、“历史格局”、“矛盾运动”等作为考量标准引导学生分析整个世界历史的演进趋势，如生产工具经历了从石器→青铜器→铁器的发展；所有制从原始公有制发展为私有制；经济性质从自然经济转变为商品经济；历史格局从古代的分散孤立发展到全球化时代；矛盾运动从游牧与定居的对抗发展为现代世界中核心地区与边缘地区的对抗。通过这一分析学生首先获得了对世界历史的总体认识，即世界历史的发展呈现出一种进步和上升的趋势。

在具体章节的讲述中，同样要注意引导学生将知识点串联起来，形成系统。世界史不是国别史、地区史的简单相加，在具体的现象背后，它能够向我们展示出人类社会发展的一般规律，这需要教师引导学生去分析和认识。比如，在讲完东西方早期文明的发生和发展后，可以让学生自己归纳早期文明的共性，最明显的一点是“初入文明的古代国家普遍盛行君主制”，在学生理解了这一特点后，继续引导学生思考为什么会出现这种现象，以及这些国家的君主制走向如何。对这些问题的回答实际上阐明了古代世界的一个发展规律，即古代国家，无论是古代东方还是希腊罗马，都开始于君主制，结束于君主专制，只不过时间有先后，程度有差别而已，这样一来学生就从具体的知识上升到了宏观认识。如果教师在讲课过程中有意识地引导学生多做类似的概括和总结，不仅会启发学生的思维、提高他们的学习兴趣，而且有助于培养学生从宏观上看问题的习惯。

二、以文明区的划分作为历史讲述的单位

我国编写的各种世界史教材，一般都是按照社会发展形态的先后对各地区、各国和各民族的历史逐一进行叙述，所以实际上是国别史的汇编。按照这种方式讲述世界史，就把原本具有整体性和统一性的世界历史碎化成了很多细小的单位，不便于学生形成宏观和整体的视角。因此，在讲课时我们可以采用以文明区为单位的方式，将所讲述的内容按照文明发生的

---

① 吴于谨、齐世荣主编：《世界史》古代史上卷，高等教育出版社 1994 年版，第 9—10 页。

先后顺序划分为“古代东方”“古代希腊和罗马”、“中古基督教文明”、“中古伊斯兰文明”、“华夏文明周边区域”等部分，这样做既能突出同种文明的共性，又使学生容易看到不同文明之间的差别。那么，以文明代替国家和民族作为世界历史的单位是否具有可行性？实际上，早在20世纪上半叶，就出现了以文明体系编写史学著作的实践，代表作品是德国学者斯宾格勒的《西方的没落》和英国学者汤因比的巨著《历史研究》。在他们看来，所有文明都有平等价值，都要经历大致相同的发展过程，最后走向衰落和灭亡。他们的贡献在于提供了一种不同以往的分析世界历史的方法，这种方法至今仍有很大影响。在国内，北京大学出版社2004年出版的、由马克垚主编的三卷本《世界文明史》可以看作是以文明为单位讲述世界历史的一次成功尝试。马克垚先生在导言中指出：文明是人类所创造的全部物质和精神成果，从这个意义上说，文明史也就是世界通史。[①] 可见，以文明作为世界历史的单位在理论上具有可行性。从实践上看，这种方法也有它的优势。目前，各个高校的世界通史课程都在压缩，在有限的时间里条理清晰地介绍世界历史上下五千年的发展并非易事。以国家、民族为单位容易导致内容庞杂、线索不清。以文明区为单位，将具有共性的文明归在一起，就使学生的视野跳出了国家和民族，投射到了更大的地理单位，便于他们从宏观的角度理解文明的共性、差异性以及文明之间的相互联系和影响。另外，这种方法也可以在世界历史中弱化传统的“欧洲中心论”。我国的世界历史是地道的舶来品，世界史学科的话语权很大程度上掌握在欧美学者手里，他们所创造的理论、方法甚至词汇充斥在世界史当中，所以很长时间以来，所谓的世界史实际是以欧洲为中心的世界史，就连古代、中世纪、近代的分期方法都是欧洲人发明的，当然也是以欧洲历史上的重大事件作为分界线。以文明作为单位，从体例上打破了传统的国别叙述方式，削弱了欧洲史的主导地位，有助于弱化欧洲中心论，让学生认识到各个民族都对世界历史的发展有所贡献。

三、以全球化视角定位中国在世界史中的坐标

全球史（Global History）是20世纪下半叶在美国兴起的一个史学流派，主张把世界视为一个整体，从宏观的、联系的角度考察人类历史的演

① 马克垚：《世界文明史导言》，载《北京大学学报》2003年第5期，第12页。

进，其诞生的标志是1963年美国芝加哥大学历史系教授威廉·麦克尼尔出版《西方的兴起》一书。从产生的背景来看，全球史是全球化的产物，全球史学者把追溯全球化的过程作为他们的学术取向之一，但并不满足于此，而是着眼于从跨国的联系、交流与互动的角度重构世界史。因此，全球史观是一种从宏观上把握全球历史发展脉络、了解世界历史的新方法，有助于帮助学生树立全球视野，了解不同地区历史和文化的交流。

国内的学者和学生对全球史的最初了解大多来自斯塔夫里阿诺斯的《全球通史》，这本书自20世纪80年代译成中文以来，一直畅销不衰。但全球史观真正进入中国是在2005年10月，标志性事件是由首都师范大学历史系和美国世界历史学会主办的“世界各国的世界通史教育国际学术研讨会”的召开。会议的议题是世界各国的世界史研究和教学。这次会议之后，就如何在教学中运用全球史观的问题，首都师范大学向全国37所高校做了问卷调查，调查结果显示，全球史观受到了教师、学生的高度评价，认为全球史观作为一种有代表性的史学方法，便于我们从总体上把握纷繁复杂的世界，是避免把世界史讲成国别史的最有效途径，并且认为全球史观对世界发展进程进行整体性考察，有助于表明这个整体的结构和发展动态，其现实意义也很重要。① 这里要强调的是，教师们所支持的是将全球史观贯穿到世界史中，而并非完全按照全球史观授课。因为全球史是基于微观史学基础上的宏观方法，对学生和教师都有较高要求，要在本科课堂上讲授有一定难度。但是全球史看问题的视角和方法是可以借鉴的。对某些历史问题和历史现象，在传统的解释之外，我们可以向学生介绍全球史家的解释，不仅可以开阔学生的视野，而且可以锻炼学生用全球史的思维去思考问题。试举一例。关于丝绸之路，传统上只是从它沟通中西贸易方面来评价它的作用。全球史家则从四个方面分析了它的重要性：它对参与跨文化贸易的各国上层社会有巨大影响；它便利了宗教和文化传统的传播；它也是病原体、流行病传播的通道；丝绸之路的长途贸易加强了中亚的游牧民族，使他们对整个欧亚大陆的定居社会构成了威胁。② 这种解释不仅突破了传统的认识，而且每个方面都构成一个新的问题，可以激发学生进一步探究，非常具有启发性。如果能在世界史课程中适当介绍一些全球史家的观点，对培养学生的宏观视野无疑是很有帮助的。

---

① 刘新成主编：《全球史评论》第一辑，商务印书馆2008年版，第367页。

② Jerry Bentley, Cross - Cultural Interaction and Periodization in World History, The American Historical Review, 1996, p. 762.

目前，我国的历史学专业基础课程分为世界通史和中国通史两大部分，这样做的初衷不难理解，作为一个中国人，当然要熟悉自己的历史，就像“美国史”是美国大学的必修课一样。但是，正如刘家和教授所指出的，这种区分一旦在观念与操作上予以绝对化，那么其中的隐患就值得忧虑了。[①] 世界史作为一个整体，理应涵盖中国史，但由于系统的中国通史课程的存在，世界史课程中往往只涉及很少的中国史内容，甚至直接把中国史排除在外，这样做的后果是虽然学生有系统的中国史知识，却很难估价中国史在世界史上的地位。笔者认为，在世界史课程中，并不一定要专门辟出章节讲述中国史，因为这样做的话，不仅内容与中国史课程重复，而且也不如中国史讲得深入。最好是就世界历史上的一些问题和现象有意识地与中国史进行联系和比较，看似同样的问题，站在世界的角度重新解读，不但可能会有不同的结论，重要的是有助于培养学生立足中国观察世界，从世界的角度透视中国的思维方法。而且，当我们把中国史置于整个世界的背景下来看时，可能会产生一种民族自豪感。麦克尼尔声称，在1000—1500年这段时间，中国是世界体系的中心，而1500年后西方的兴起，也是向中国学习的结果。[②] 德国学者弗兰克、美国学者彭慕兰经过研究发现，至少在18世纪以前，中国的发展并不落后于欧洲。[③] 这些学者正是站在世界的角度、以自己的历史作为参照来分析中国历史，在比较的基础上获得了独到的见解。如果只是埋头于自己的历史，不与同一时期世界其他地区进行比较，是很难获得这种认识的。阐明中国史在世界史中的地位和作用，应该是中国史学工作者义不容辞的责任，现在看来，西方人似乎走在了我们前面，这也是值得反思的一个问题。所以，世界史课程一定要有意识地融入中国史的内容，如果世界史和中国史始终是两条平行线的话，不仅不利于学生形成宏观视野，而且也很难达到对中国历史的全面理解。

---

① 刘家和，《走出世界历史研究的困境》，载《中国社会科学报》2010年3月4日。

② W. H. McNeill, The Rise of the West after Twenty - Five Years, Journal of World History, 1990, p. 5, 18.

③ 弗兰克：《白银资本》，刘北成译，中央编译出版社2000年版；彭慕兰：《大分流：欧洲、中国及现代世界经济的发展》，史建云译，江苏人民出版社2003年版。

参 考 文 献

[1] 吴于谨、齐世荣主编:《世界史》古代史上卷，高等教育出版社 1994 年版。
[2] 马克垚:《世界文明史导言》，载《北京大学学报》2003 年第 5 期。
[3] 刘新成主编:《全球史评论》第一辑，商务印书馆 2008 年版。
[4] Jerry Bentley, Cross - Cultural Interaction and Periodization in World History, The American Historical Review, 1996.
[5] 刘家和，《走出世界历史研究的困境》，载《中国社会科学报》2010 年 3 月 4 日。
[6] W. H. McNeill, The Rise of the West after Twenty - Five Years, Journal of World History, 1990.
[7] 弗兰克:《白银资本》，刘北成译，中央编译出版社 2000 年版。
[8] 彭慕兰:《大分流: 欧洲、中国及现代世界经济的发展》，史建云译，江苏人民出版社 2003 年版。

(作者单位: 历史文化学院、校友工作办公室)

生物化学实验教学的思考与实践①

李文瑞　王　斌　刘立亚

生物化学是生命科学领域的一门重要基础学科，也是一门以实验为基础的学科。通过生物化学实验，首先学生可以了解生物化学理论知识的来源，更加感性地认识理论来自于实践的道理。同时，通过实验得出的结论能够与理论知识相互印证，加深对理论知识的理解，为学生提供一个多方位多角度认识真理的机会和条件。其次通过实验，使学生掌握常规仪器的使用及注意事项。另外，通过实验，对学生进行生物科学实验基本操作技能的训练，培养学生养成良好实验操作规范，了解生物实验室行为规则，提高学生的独立观察和思考问题、解决问题的能力。最后，通过训练学生撰写规范的实验报告，让他们逐渐养成基本的科学素养，为进一步科学创新打下良好的基础。因此，实验教学在培养学生综合素质和创新能力方面所起的作用，是其他任何教学形式都无法替代的。[1]

一、实验教学内容的建设

我们针对不同专业的学生设计了不同的实验教学内容。对于生物科学和生物技术的学生，由于专业的要求，我们在基础实验课之外增加了“SDS—聚丙烯酰胺凝胶电泳”和“免疫印迹”两个综合性实验，旨在考察和提高学生综合运用生物化学实验手段进行操作和解决问题的能力。对于生态学专业的学生，我们开设了七个基础生物化学实验和一个综合性实验——真核生物（植物）基因组 DNA 的提取与鉴定。同时，我们选择了一些与生活密切相关的实验内容，使学生体会到抽象复杂的生物化学现象

① 本文系北京市生物实验教学示范中心、化学实验教学示范中心专项经费和高等学校学科创新引智计划 B08044 的阶段性成果。受生物技术专业建设项目资助。

无处不在，从而增强学生的实验兴趣。[2] 比如“酶的特性”这一实验，通过现场采集不同同学的唾液，检测人体唾液淀粉酶的活性，每位同学唾液淀粉酶的活性通过显色反应非常清晰地展现出来，同学们对这样的理论联系实际的实验表现出极大的热情和兴趣，建议今后应该多开设这样能充分调动学生积极性的实验。通过几年的教学实践，取得了良好的教学效果。

二、实验教学思路

（一）以培养学生熟练的动手操作能力为基础

生物化学实验的目的之一是使学生掌握常规的生物化学实验基本技术和方法，培养学生的实际操作能力。在此基础上，着眼于培养学生观察现象、解释现象，分析问题、解决问题的能力，开拓创新思维，掌握复杂的综合性的生物化学技术，为学生参与毕业论文和科研实验奠定基础。

实验开始之前，采取讲练结合。比如尽管可调式移液器已经普遍使用，但是作为传统的玻璃移液器的正确使用也纳入到我们的实验基本操作训练当中。教师首先示范玻璃移液器的正确移液过程，同时讲解注意事项，之后马上让学生进行实际操作训练。这样在后面正式的实验中大部分学生都能正确移取试剂，保证了实验的顺利进行。这样的基本操作训练每堂实验课都有，教师花很短的时间示范练习就能达到良好的教学效果。

（二）以培养学生科学素养为目的

生物化学实验是一切生物学实验的基础。因此培养学生良好的实验室行为规范和科学实验素养也是教学重点之一。在每学期第一节实验课，我们首先会向学生介绍实验室安全条例，对于水、电、气和有毒危险化学试剂的正确使用规范和注意事项进行系统的介绍，并在实验室张贴安全操作规范，在每台仪器旁边都有该仪器正确使用流程介绍，提示学生在实验室实验时的正确流程。

在培养学生良好的实验室行为规范方面，我们建立了三步培训法，确保学生能按规范正确操作。比如使用电子天平时，要调水平、归零、称重、清扫、关电源。教师首先介绍使用流程，其次是亲自演示操作，最后让学生自己操作，教师在旁边审查是否合格。经过我们反复实践，三步法完全能够实现让学生掌握仪器操作要领和进行实际操作，此法也适用于实验步骤的训练。我们还要求学生在实验室实验中做到团结、紧张、活泼。

团结就是使用仪器不能只顾自己。比如使用离心机离心时，要求学生照顾周围组别的同学尽量一起离心，这样能免去整体实验长时间的等待过程。但是团结不等于帮别人做实验，做到分工明确，养成团结协作的团队合作习惯。紧张就是要求学生提前预习实验，不拖沓，将实验过程紧凑有序地进行。活泼是要求同学在不影响他人实验和自己实验过程顺利的前提下，可以进行实验步骤的小改动小创新，这样就极大地调动了那些动手能力强的学生的实验积极性，从而提高学生的创新能力。

在学生科学实验素养的培养中，教师要求学生在实验中做到勤于观察、勤于思考，最后动手实践付诸实施。因为生物化学实验是一门基于实验对实验现象观察、分析、验证之后才能得到结果的科学。所以对现象的观察和描述以及合理推理分析是一项非常重要的基本功。为此，我们要求学生对重要实验现象进行仔细观察，并将观察结果用科学准确的术语表达出来。比如对于沉淀的描述，要求从颜色、形状、多少、形成速度、浑浊度等多方面多角度进行描述。分析是指要对实验结果进行充分的分析讨论，得出结论。勤于思考是指当实验出现问题时要运用已有的知识进行分析讨论，讨论形式既可以是同学间、实验组之间也可以是师生之间，思考目的是要解决实验中出现的困难和问题。只有在充分的分析讨论思考之后，才能动手进行后续的实验步骤，为一个成功的实验奠定基础。

经过一学期以上两方面的训练，学生们基本上形成了良好的实验室操作习惯和规范的生物化学实验素养。

（三）以培养学生良好的科研写作习惯为主导

生物化学实验最终结果以实验报告形式呈现。实验报告要求学生不能生搬照抄教科书内容，要以实际操作过程为依据，进行真实的记录。第一，前言原理介绍要求应该主动查阅文献，按照自己的理解描述。第二，材料和方法要根据实验室提供的具体仪器和材料进行详细记录，比如仪器厂家、型号等，这些在科研论文的写作中都是有要求的。第三，实验步骤要求现场记录，每人的实验步骤的先后顺序，称量的试剂药品多少都不同，这些都要求在实验报告中体现出来。第四，结果呈现以让读者容易看懂理解为原则，图表呈现严格按照科研论文的形式，图表说明中英文并列，图标应有相应的解释等。第五，结果分析是必须出现在报告中的一项。因为这部分内容能够充分反映出学生对理论的理解和理论与实践相结合的能力。

分析讨论要求有证据，即实验结果；多角度，即从至少两个以上的实验证据进行分析，对于只有一个实验证据的结果，可以通过查阅文献，引经据典，理论联系实际进行分析，这样得出的结论才符合逻辑。第六，通过分析讨论，得到符合逻辑的结论。有些学生分不清结果和结论之间的关系，因此我们反复强调：结果是客观的，而结论是主观的，是通过客观现实经过推理得出的。因此下结论一定要审慎，从而培养了学生严谨的科学态度。

三、实验教学实践

（一）实验内容的讲解依托科研前沿

每次实验课都要在讲明实验目的、原理和具体实施步骤之后对学生进行相关文献研读。比如在“小麦萌发前后淀粉酶活力的比较”这个实验中，要求学生取发芽较短的小麦作为实验材料，这时就问同学为什么要取发芽短的小麦作为实验材料；之后会提供几篇参考文献让大家阅读，让同学了解淀粉酶的分类、研究历史、研究方法以及目前还未解决的问题，带着这些问题让同学边实验边思考，让他们了解一个实验背后往往隐藏着巨大的科学问题，知道即使一个简单的实验也包含了不简单的科学难题。

（二）实验实施

注重实验过程而不强调结果——不以实验成败打分。学生对实验课往往抱着就是验证理论知识的态度来上，希望得到与理论一致的结果。一旦实验中出现问题，就会出现急躁甚至借用其他实验组成功实验结果的现象。因此，我们提示学生要注重实验过程，好的实验结果固然重要，但是实验课对科学的思维结合动手实践的锻炼才是实验目的。实验中遇到困难和问题并不是坏事；相反，为所有同学提供了很好的分析问题解决问题和思考的机会。首先在心理上给学生解压，让他们放手去做实验；但同时也要求学生以严谨的科学态度去对待每一个实验步骤，这样好的实验结果就会水到渠成。学生在实验过程中会出现各种意想不到的情况，有时实验无法达到预期的目标，经过思考后能找出失败的原因，也是一种学习过程。对于这种情况，教师通过观察和讨论，了解学生分析问题和解决问题的思路和方法，然后对各个实验小组进行评估后，结合实验报告进行打分。实验失败也会让学生体会到科学研究和创新是一个在失败和重复中才会有结果的学科，需要科学严谨的态度和良好的动手能力，让他们学会如何分析实验过程和结果，培养对待实验挫折的正确态度，锻炼了学生在科研压力方面的承受能力[3]。

（三）实验总结

科学合理的实验总结能提高大学生的实践动手能力，同时也训练了他们科学严谨地对待实验的每个细节。每节实验课都要进行上次实验课程和实验报告点评。讲解实验中以及实验报告中出现的问题。因为实验报告的撰写有利于锻炼学生的逻辑思维和文字表达能力，使其实践能力得到锻炼，科学研究精神得到培养[4]。对于实验报告，我们从五个方面要求学生。

1. 文字描述的准确性。比如“流动相”，有些同学写成“流动象”。对于液态试剂的称量术语为“量取”而非“盛取”，这些细节的描述都要求学生做到准确严谨。

2. 实验报告的真实性，忠于实际操作过程。实际实验过程往往与教科书有所不同，要求学生不能照搬照抄教材，而应以实际情况为准。比如在蛋白质性质实验中，教科书采用0.5%的蛋白浓度，而实际配制的是1%的浓度，很多学生在实验报告中照抄0.5%；又比如教材中使用仪器有“烘箱”，而实际实验中我们没有用到烘箱这种仪器，对于报告中照抄教材的情况我们都会提醒学生下次注意。这就训练了学生严谨的写作态度。

3. 结果的呈现方式以让读者一目了然为目的。要求学生以简单明了的方式呈现结果。比如合理使用表格、流程图；以科研论文的要求标注中英文图标说明等。这种写作方式的培训为大学生今后的毕业论文和其他科研论文的撰写奠定了坚实的基础。

4. 结果的分析要求详细、深入、透彻，言之有据。比如在“纸层析法分离鉴定氨基酸”实验结果的分析中，告诉学生应该从几个方面来分析判断氨基酸的种类。第一，从氨基酸染色的颜色和迁移速率来判断混合氨基酸的成分；第二，从迁移速率的不同分析不同氨基酸溶解性与其极性等理化性质的关系；第三，从扩展速度来分析；第四，对于混合氨基酸中未能分开的氨基酸的解决方案的探讨。这些提示和引导对于学生思维的科学严谨性有显著的训练效果。对大学生的创新思维和创新能力是一种良好的锻炼。

5. 结论的确立要准确。很多大学生实验报告中分不清结论和结果。因此我们告诉学生，结果是客观的，而结论是主观的，是根据结果进行合理的逻辑推理而来，不是随便就能下结论。这就更深一层次锻炼了大学生科学严谨的实验态度。

6. 创新思维及对实验的改进方法。这个内容一般教科书不做要求。但是我们要求学生通过对实验中出现的问题进行思考讨论，以多种方式来解决问题。比如与教师讨论、同学间讨论、各个实验组之间的讨论、参考文献等多种方式。这就从另一方面锻炼了大学生的创新思维。对于有创新思维的学生，即使是不成熟的思想，也要进行及时的鼓励，通过这种鼓励参与方式调动学生的创新积极性。

四、在实验教学中提高实验教师素质

（一）站在学科前沿，与国际学科前沿接轨

教师在准备实验课教学时就会不断思考如何培养学生的创新能力，这就要求教师要不断查阅学科前沿的各种文献作为知识储备。在实验中对于出现的问题，也要具备大量的理论和实践经验来指导学生，这就要求教师不仅要提高自身的理论知识，也要同时不断亲自动手实验。这样才能全面考虑实验的课时和内容，进行统筹合理安排。在最后的实验报告的批改过程中也要针对每位同学的创新思维翻阅文献核实，对其创新点进行思考，这对教师来说也是一个学习提高的过程。

（二）指导实验过程，及时与学生沟通

在实验过程中，教师要注意培养学生实验记录的习惯，规范实验记录，忠实记录实验结果。学生从实验试剂的配制到最终的结果分析都参与其中，学生会不断地遇到问题，实验很可能因为一个小问题而无法继续进行下去，所以及时发现学生实验过程中出现的问题，进行纠正和引导，对教师也是一种挑战和提高。例如在配制和制作聚丙烯凝胶过程中，学生往往会因为加入的过硫酸铵不新鲜而使凝胶无法凝固，从而使后续实验无法正常进行。这时教师就要根据自身经验引导学生找出问题症结。出现问题，解决问题，对学生的综合素质的提高起着不可估量的作用。[5]

（三）个性化教学，因材施教，给学生发散思维创造机会

在实验过程中，学生遇到问题要求与教师交流讨论，这时教师要针对不同的学生采取多种方式进行解答。对于理论基础较为扎实的学生采取启发式讨论，引导他们动脑筋解决问题。对于基础薄弱的学生采取手把手

教，同时引入理论知识的方式加深其对理论的理解和应用于实践的能力。对于动手能力强的学生引导他们思考如何解决实验课未能解决的科学问题。总之实验课以激励学生学习兴趣、开发学习潜能、培养实践能力和创新能力为核心，这就要求教师和实验技术人员不断学习新知识、拓宽知识面，了解、掌握更多更新的实验方法和手段，不但要有扎实的理论基础，还要有过硬的实践动手能力。在实验教学中，教师和实验技术人员与学生之间要相互交流，共同研讨，推进创新人才的培养，做到教学相长。

参考文献

[1] 蓝江、付克翠：《运动生理学实验教学模式改革的理论与实践探究》，载《科技资讯》2008 年第 33 期，第 130 页。

[2] 陈慧芬：《提高高校计算机实验教学的思考》载《化工高等教育》2003 年第 4 期，第 72—73 页。

[3] 邓子新：《实验室重在培养创新型的人才》，载《实验室研究与探索》2006 年第 3 期，第 1—3 页。

[4] 朱玉华、杨正宏：《建设精品实验项目促进创新能力培养》，载《实验室研究与探索》2008 年第 2 期，第 7—9 页。

[5] 谢苗、甘纯玑：《生物化学设计性实验教学规划与实践》，载《实验室研究与探索》2010 年第 5 期，第 119—122 页。

（作者单位：生命与环境科学学院）

无机化学实验实施“自主设计实验方案”的探索与实践①

刘春兰　周宜君　李　华　刘　颖　武海波

化学学科是一门以实验为基础的学科，化学实验是训练科学方法和思维，培养科学精神和品格及创新能力的途径，是实施化学教育最有效的教学形式。[1]传统的无机化学实验包括基本操作和对理论课知识的验证实验。根据学生的实际情况，由于中学化学实验训练较差，在进入大学后的第一门基础化学实验课中，“验证式实验和基础性试验”对学生掌握基本理论，基本知识、基本实验技能和实验素养方面的训练是必不可少的。[2]但这种教学方式存在缺乏调动学生学习主动性和创造性的不足。

实验教学改革是现今高等教育改革的主要内容之一。随着新一轮高校课程改革的不断深化，在实验课教学中相对于注重基础知识、基本技能培养的传统教学理念，培养学生自主学习与创新能力的现代理念已日益成为主流思想，越来越受到关注。[3]综合性、设计性实验在培养学生的综合素质方面具有重要作用，因此在《普通高等学校本科教学工作水平评估方案(试行)》中，对实验教学提出了综合性、设计性实验的要求，并明确了所占的比例，同时对设计性实验进行了定义，即“设计性实验是指给定实验目的的要求和实验条件，由学生自主设计实验方案加以实现的实验”。[4]我们在近几年的无机化学课程建设的实践中，不断加深了对实验教学的认识，逐步加大了对实验课程的建设力度，将先进的教学理念逐步贯彻于实验课程的教学实践中，特别是对于“自主设计实验方案”的教学方式在无机化学实验教学中的应用进行了一些有积极意义的探索与实践。

---

① 中央民族大学无机化学精品课程建设项目（2011）的阶段性成果、中央民族大学“985工程”项目（MUC985 -9）。

一、自主设计实验开设的基本程序

在自主设计实验中，学生能够在教师的指导下独立完成实验设计以实现自己的想法。学生经过了验证性实验模块和基础性试验模块的训练，具备了独立开展实验设计的基础和能力。为了使实验能够顺利进行，提出的自主设计实验流程为：

1. 教师给出实验题目和设计要求

考虑到无机化学实验是学生进入大学后的第一门基础化学实验课，要求教师所选择实验题目的难易程度要适中。根据教材或教师提供的课题，学生可以从原理、途径、条件控制、药品仪器的使用、预期实验结果等方面对方案进行设计。在这个设计过程中，很可能出现方案与教师的预期差距较大，不是根本不知从何处下手去设计，就是考虑不周，漏洞百出。教师要对学生进行一定的组织。如在 Ag^{+}、Cu^{2+}、Cr^{3+}、Ni^{2+}、Ca^{2+} 进行分离与鉴定设计性实验中，要求以样品中可能含有 Ag^{+}、Cu^{2+}、Cr^{3+}、Ni^{2+}、Ca^{2+} 进行设计合理的分离与鉴定方案，同时编写一些问题，如在实验中涉及的基本操作有哪些？如何消除干扰离子？对上述离子常用分离和鉴定方法是什么？一并发给学生供设计方案用。教师通过问题启发的方式引导学生思考并找到实验设计过程中的关键性问题。如上述题目中，我们认为可引导学生提出以下几个问题：（1）各离子具有的焰色反应颜色和特效反应是什么？（2）反应的条件如何控制？如从离子混合溶液中沉淀 C_u^{2+} 时为什么要控制溶液的酸度为 0.30～6mol·L^{-1}？如何控制？控制酸度用 HCl 还是 HNO_3？（3）试剂和样品的用量：一方面要考虑到反应对试剂和样品用量要求。如通常设计的方案都是最后一步得到 Ca^{2+}，由于量少就检测不到 Ca^{2+}；另一方面要考虑到试剂过量会产生哪些副反应等。学生根据设计要求查阅有关资料，有利于实验设计过程中问题的思考。相比于教师直接告诉学生正确的方案，这是一个烦琐的过程。但这正是学生产生想法、修正思路、得出结论、自己动脑的过程。这个自主学习的过程是学生学习实验设计整体思路的必由之路，其教育价值远胜于一个正确的结论。这个过程锻炼了学生独立查阅资料、归纳自拟实验步骤的能力。这对于低年级的大学生而言，是一个缩短大学学习适应期的重要环节。

2. 实验设计方案的审定

根据教师提出的实验课题和实验设计要求，学生查阅相关资料、撰写并提交的实验设计报告，包括实验目的、材料、实验流程和预期的实验结果等。实验设计是顺利完成的前提，但由于经验不足，学生所提交的实验设计报告往往存在许多不足之处，如工作量过大、采用的实验方法不合理、实验参数选择不合理等，需要教师对每个实验设计报告进行审核。并指出方案中的优点和不足，然后，再让学生补充、完善整个实验方案，并强调对于离子的检测一定要选择它的特效反应及反应的条件。例如，有些方案中在做 Ca^{2+} 的鉴定实验之前，采用了加 HAC 溶解碳酸钙，这个方案的分析结果就有可能检测不出 Ca^{2+}，原因就是在这样的酸性条件下，草酸根离子的浓度太低，但学生起初不会考虑这个因素。这就需要教师把理论课上讲解的沉淀溶解平衡原理的内容和特点再重复告诉学生。这样，使学生在设计方案时就能考虑到这些因素。

此外，在审核实验设计方案过程中，教师也可以了解学生的想法和存在的共性问题，通过与学生讨论交流，提示学生在实验中应注意的事项，以保证实验的顺利进行，并能够达到预期的结果。

3. 设计实验的教学组织

合理的教学组织是达到预期教学效果的必要保证。在实际教学过程中根据不同阶段、不同的设计实验内容，我们采取了不同的教学组织。如上述实验的组织程序为以下几步：(1) 方案设计：同学提前一周将设计实验的题目、实验设计方案和所需要的试剂、仪器交给指导教师，经教师认可后方可进入实验室研究。(2) 实验研究：同学按照设计方案进行实验，实验教师负责提供必要的仪器、药品并进行适当监控指导。实验中强调学生是主体，教师则处于主导地位。不再像传统实验中那样准备、设计、讲解及监督实验，而是顾问和导师的角色，负责答疑解惑，引导学生克服实验中遇到的问题，以及应注意的实验安全等。在实验过程中经常会遇到各种问题，如实验现象不明显，实验数据可疑等。在实验过程的监控指导中，我们及时给学生提示，和学生一起讨论，启发学生思维，帮助学生分析，找出问题存在的原因，改进实验方法。实验过程的监控指导可以了解学生的实验情况，发现问题及时解决，为学生实验的顺利进行提供了保障。(3) 合作讨论与交流：针对设计实验中出现的问题，以小组为单位组织讨论交流，优化方案。(4) 撰写研究报告或论文：实验结束，同学交一份设计实验研究报告，报告按科研论文的格式书写。对设计性实验进行数据整理、分析、撰写论文和总结报告过程是培养学生综合素质的重要组成部分。对实验数据和实验结果进行科学合理的分析、撰写实验报告（论文）不仅具有对实验加深认识、总结提升的作用，而且有助于培养训练学生分析问题的能力。

二、自主设计实验的教学效果

1. 思维能力的培养

自主设计实验使学生从“被动、封闭、受束缚的状态”变成“主动、开放、较自由的状态”，真正成为实验室的主人、教学的主体。在设计性实验进行过程中，总是面临许多问题，包括如何根据教师的要求进行实验设计、撰写实验设计方案，实验材料、试剂和实验仪器的准备，实验过程中实验现象不明显或实验结果与设计有较大偏差，以及如何分析整理获得的实验数据和撰写实验论文等。完成所有的工作都是在解决问题，而要解决问题则必须进行思考，所以在解决问题、完成全部工作的过程中培养了学生的思维能力。例如，上述实验学生设计的方案主要有：第一类是利用各离子生成的化合物的溶解度不同进行分离后一一鉴定；第二类是加入不同掩蔽剂后进行鉴定；第三类是沉淀和掩蔽法相结合分离鉴定。每个学生说明了自己选择这类方案的依据，尽管每个方案中或多或少有一些不合理因素，但这个过程已经大大提高了学生的思维能力。学生们普遍反映，在实验中，他们的“思维”与“意识”充分地得到调动。

2. 实验设计能力的培养

验证性实验和综合性实验是老师组织设计安排的，学生统一按照老师设计的实验方案进行实验。在设计性实验中，学生根据老师提出的题目和基本要求在查阅相关文献资料的基础上独立设计并撰写实验设计方案。通过实验设计以及实验过程，学生了解了实验设计的流程和实验设计应该考虑的问题，理解了完善的实验设计在整个实验中的重要性。更重要的是提高了学生的综合应用能力、实验技能和理论与实践结合能力。通过实验设计训练，学生熟悉了从事科学研究和实验的基本步骤，为学生后续申请实验课题和毕业设计的顺利进行奠定了基础。

3. 实验操作技能的综合培养

在设计性实验中涉及多种实验操作。学生在完成设计性实验的过程中，不仅能够在解决问题时合理使用各种实验操作实验方法，同时在实际操作中又使学过的操作技能进一步加强。在上述实验中我们发现学生巩固了蒸发、离心等基本操作，提高了学生的实验技能综合应用能力。

4. 实验论文撰写的培养

实验论文的撰写对每个学生来说是必须掌握的内容。学生在撰写实验论文中不仅对实验过程及结果进行提炼和总结，同时通过深入思考，运用比较准确的书面语言描述现象和阐述问题。学生按照教师要求的统一格式撰写，尽管是同一实验题目，但由于分析问题角度和能力的差异，各自在总结结果和讨论中形式迥异。实验论文的撰写不仅使学生了解了实验论文撰写的基本要求和基本思路，同时为后续的本科毕业论文的撰写奠定了基础。

三、结　　语

综上所述，设计性实验与传统实验相比教学内容大不相同。设计性实验教学的方法不同于一般实验。它更要体现出以教师为主导，以学生为主体。通过自主设计实验方案，学生得以在实践中不断地提高自主实验的积极性和主动性，题目的设计在内容和技术上有一定的综合性和先进性，这些都有利于培养学生的创新意识和综合能力。教学实践证明：在大一无机化学实验课中，在开展基础性试验、验证式实验的基础上，根据学生实验的内容和时间做出合理的安排，分阶段、分层次地开展学生自主设计实验是一种行之有效的教学策略。

参考文献

[1] 海华、赵玉清、李光浩：《无机与分析化学精品实验项目的建设》，载《大连民族学院学报》2012 年第 5 期，第 89 页。

[2] 雷雪峰、马军现、王悦辉：《无机化学验证性实验的教学探索》，载《新课程研究》2011 年第 219 期，第 96 页。

[3] 张志红、魏婷：《无机化学实验中自主设计实验的教学研究》，载《昌吉学院学报》2010 年第 5 期，第 95 页。

[4] 关随霞、张敏：《建立开放性实验室加强综合性、设计性实验》，载《科技信息》2010 年第 5 期，第 126 页。

（作者单位：生命与环境科学学院）

落点训练法在网球正手技术教学中的应用

靳海涛

落点训练法是在初步掌握网球技术动作的前提下，按一定的教学要求和动作要领反复地练习同一区域或多个区域的方法。落点训练法在以前的传统训练中只是应用于发球技术的练习和技术的测评中。实质上落点训练可以贯穿网球训练的始终，使训练更有目的性，更有明确的目标指向，从而拓宽了传统的训练模式，是符合科学化训练的原则。它能有效地让运动员掌握规范的技术动作，提高击球的准确性，提高运动员技战术的应用能力，提高训练水平。底线正手技术是网球运动中一项最基本的技术，是进攻的主要手段，练习者必须首先要掌握这项基本技术，掌握此项技术才能为以后学习底线反手和网前接击打下良好的基础。底线正手技术动作难度较大，在教学方法上必须采用解决关键环节的针对性较强的练习方法。传统的网球底线正手训练方法往往是让学生将球击入“后场区域”或者“底线”附近等，这些要求较模糊，使练习者没有明确的目标，训练缺乏明确的指向性。训练方法单调，准确性不高，表现在比赛中回球落点不深、威胁不大，常常处于被动状态。而在采用落点训练法的练习中要求将球准确地击入规定的各个不同的区域内，使单调乏味的训练充满了趣味性。落点训练将感知、思维与实践三个环节紧密地结合在一起，通过认真的观察，积极的思考，反复的练习来有效地完成教学目标。这种方法有利于激发学生练习的兴趣和积极性。落点训练法在练习者初步掌握技术动作的基础上，通过训练能够很快地使练习者实现动作的自动化即技术动作的动力定型。因此本文将落点训练法和底线正手技术的学习提高结合起来，在底线正手技术的学习中应用落点训练法，使练习者尽快掌握底线正手这项技术，为网球的学习打下良好的基础。

目前有关网球落点训练方面的研究比较少，如何使网球落点训练法趋向合理，满足于实战要求，本文在这方面进行了实验研究，并通过对比训练前后底线正手技术的运用情况的变化，探索网球教学训练的方法和有效途径，为网球教学训练提供借鉴。

一、研究对象及研究方法

（一）研究对象

本文选取中央民族大学网球队新队员 10 名和普通教学班学生 10 名进行试验研究，以落点训练法在网球底线正手技术教学中的应用为研究对象。

（二）研究方法

本文用了文献资料法、数理统计法和对比实验法。在对比实验法中试验选取中央民族大学网球队新队员 10 名和普通班学生 10 名为实验对象，中央民族大学网球队新队员与普通班学生都是初学者，基本上一点基础都没有，所以在实验前需对全体同学进行三周的基础训练，如通过发球训练、基本的底线正手挥拍练习、自抛球击底线正手练习、移动中正手击球练习、老师发底线正手球学生按要求击底线正手等基本训练方法，提高击底线正手技术动作的动力定型，使一些基础差一点的学生具备底线正手动作的概念表象，使底线正手技术有所提高，从而使所有的实验对象具有一定的基础，提高实验效应。然后再按实验要求进行训练，其中网球队新队员和普通班学生各分为两组，网球队新队员和普通班学生的实验组分别为 A 组 5 人和 a 组 5 人，网球队新队员和普通班学生的对照组分别为 B 组 5 人和 b 组 5 人。实验组在底线正手技术学习中采用落点训练的教学方法，对照组采用传统的训练方法（底线正手的常规训练方法是指按教师的要求，让学生将球击入“后场区域”或者“底线”附近等，这些要求较模糊，使练习者没有明确的目标，训练缺乏明确的指向性，准确性不高），对训练前后的结果进行测试。

二、底线正手落点训练法的实验设计

（一）场地的落点区域划分

以单打场地为例，把场地分为两个落点区域（A 区、B 区）和三个击球区域（E 区、F 区、G 区），用胶带在场地上按图 1 所示，按区域进行有针对性的训练。

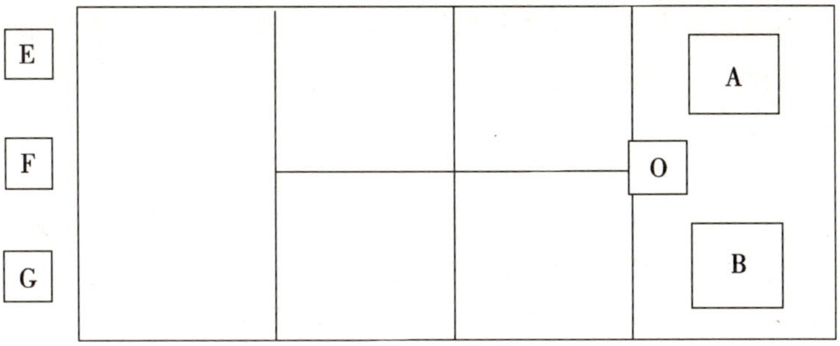

图1　网球场地

注：由于实验对象技术水平的不同，对初学者的场地设计可以降低要求，使球的落点区域稍微大点以降低难度。

（二）实验设计

所有实验对象实验时间为两个月，地点在中央民族大学网球场，场地条件相同，实验时间相同，测试和比赛用的球统一为天龙。为避免实验者效应，实验采用单盲实验法，以提高实验的外部效度。为避免实验组和对照组在实验前存在系统差异影响信度和效度，实验前对两组的定点击球落点成功率进行测试，结果表明两者在测试成绩上无明显差异（见表1）。

表1　实验组和对照组实验前测验结果

		成功率
普通班学生	1 实验组	29.5
	2 对照组	30.1
	P	>0.05
网球队新队员	1 实验组	47.8
	2 对照组	48.1
	P	>0.05

（三）实验组的练习方法

1. 定点击球练习

练习一：学生分别站于E、F、G三点底线正手击球，由老师在O点发底线正手球，学生回球的落点分别为A、B两点中的任意一点。

练习二：学生站于F点底线正手击球，由老师在O点发底线正手球，球的落点为运动员在击球时老师随机指定的落点，每人击球 10 次然后轮换。在提高技术的基础上训练运动员的战术意识和随机应变能力。

要求：技术正确，落点准确。

2. 动态击球练习

练习一：学生在 F 点跑到 G 点击球，由老师在 O 点发底线正手斜线球，球的落点为 A、B 两点中的任意一点。

练习二：学生由 E 点跑到 F 点击球，然后迅速回位 E 点，然后在再 E 点跑到 G 点击球，由老师在 O 点发底线正手，球的落点为运动员在击球时老师随机指定的落点。在巩固技术的基础上提高运动员的战术意识和跑动击球以及随机应变能力。

要求：跑动速度快，对来球判断准确，技术正确，落点准确。

三、实验结果

（一）实验效应的指标

实验前、实验后对击球落点成功率进行测验。如图 1 由学生从 A、B 两点选择自己成功率最高的球的落点区域和击球区域进行测试，确定击球区域和球的落点后，老师发底线正手，学生回球到确定的落点。

（二）实验结果分析

1. 网球落点训练法与常规教法对提高学生底线正手落点成功率的对比分析

通过两个月的教学训练，网球队新队员和普通班学生两组不同水平学生的底线正手技战术都有了很大的提高。为了探讨网球落点训练法在提高学生底线正手技术的作用，本文对运动员静止和跑动中回球的落点成功率进行了测验。在测试中，学生选择确定击球的落点和击球区域，对实验组和对照组学生网球底线正手的击球落点进行测试，由老师发球，每人击 20 次底线正手，击入指定的区域即为成功，否则为失败。从而得出结论：网球落点训练法对提高学生击底线正手的准确性有着显著的效果。测试结果如表 2 所示：

表 2 实验组和对照组学生击底线正手成功率对比表

	普通班学生			网球队新队员		
	实验组	对照组	P	实验组	对照组	P
静止击球	45.2	35.7	<0.01	68.6	57.3	<0.01
动态击球	35.1	28.9	<0.01	56.9	44.5	<0.01

2. 技术评定

在网球的各项技术中，底线正手技术是各项技术的基础。击出高于网带1米，深度在T点以后而且在界内的击球，称为底线正手。一般在处于被动的情况下，为了争取时间，调动场上的位置，争取变被动为主动时就打出底线正手高球，有利于回位时间，以使对方不能很快地进攻。如果运用适当，底线正手也能为进攻创造良好条件。因此掌握正确熟练的底线正手技术很重要。以下是网球专业运动员对参加实验的学生底线正手的技术动作的评价，评价内容如表3所示。

表 3 底线正手技术评价表优良差

	优	良	差
准备	握拍合理、规范、灵活、放松，基本姿势合理、协调（为引拍击球创造有利条件）	握拍基本合理，不灵活，腿部和膝关节弯曲不够，准备动作幅度大而结构基本合理，符合规范	握拍不规范或有错，准备姿势不规范
引拍	引拍的轨迹有利于创造击球条件，符合运动力学原则。完成引拍速度快，准备充分	引拍动作幅度大，完成引拍速度慢	引拍过程中受某环节制约，击球后收拍不规范，身体不协调或有错
击球	击球点适宜，发力集中	稍偏离击球点（前或后），发力不够集中	偏离击球点太远，发不出力

在对实验组和对照组学生击定点底线正手的测试过程中，同时根据表3的内容进行技术评价，目的是使对底线正手技术的评价更合理，能够充分验证落点训练法在底线正手技术教学中的作用。技术评定结果如表4。

表4　对学生技术动作的评定

		准备	引拍	击球
普通班学生	1 实验组	优 79% 良 20% 差 1%	优 74% 良 24% 差 2%	优 67% 良 26% 差 7%
	2 对照组	优 71% 良 27% 差 2%	优 65% 良 30% 差 5%	优 60% 良 29% 差 11%
网球队新队员	1 实验组	优 87% 良 13% 差 0%	优 82% 良 17% 差 1%	优 80% 良 19% 差 1%
	2 对照组	优 85% 良 15% 差 0%	优 79% 良 19% 差 2%	优 75% 良 23% 差 3%

从表 4 可以看出，在准备动作中，通过落点训练使得普通班学生的实验组学生在网球底线正手动作技术规范程度上较之对照组有很大提高，而网球队新队员的实验组的底线正手技术动作规范程度稍好于对照组，从而得出结论：落点训练能使初学者尽快地掌握正确的击球动作，因为运动技能的动力定型的形成过程是在多种感觉功能参与下，同大脑皮质动觉细胞建立暂时的感觉联系，充分发挥视觉与本体感觉的相互作用，能强化正确动作、建立精确的肌肉感觉，建立正确击球动作感觉，掌握正确的击球动作，实现动作技术的动作定型。例如：击球到某一落点，球击出后的落点通过视觉可以立刻反馈到我们的大脑中，并且及时调整拍型与击球动作。人、拍形成一个有机的整体，从而建立正确而稳固的动作定型。

3. 教学比赛的对比分析

为了进一步验证落点训练法在网球底线正手技术教学中的效果，在采用落点训练法与常规教法提高学生底线正手技术的教学实验结束后，按网球队新队员实验组与对照组两大阵容进行单打对抗比赛和普通班学生实验组和对照组两大阵容进行单打对抗比赛，网球队新队员的两组对抗赛采用淘汰赛方法。比赛结果表明，网球队新队员的实验组在比赛中成绩明显好于对照组。落点训练法对提高学生底线正手的实战能力有良好的效果。

通过教学比赛得出结论：落点训练法能够有效培养高水平学生的实战能力。落点训练法是在初步掌握网球各种技术动作环节的前提下，按一定的教学要求和规范动作要领反复地练习同一落点的方法。它能有效地让运动员掌握规范动作，发展身体素质，提高训练水平，并能掌握、改进和提高运动技术水平和战术的应用能力，提高击球准确性，为技术组合训练打下坚实的基础。运动员在比赛中，如能有效控制击球的落点，就能限制对方长处的发挥，紧紧抓住对方的弱点进行攻击，从而赢得比赛的主动权。落点训练法根据运动员在场地的位置以及对方站位，合理进行落点组合练习，使落点与战术训练两者有机结合，培养了学生的战术意识。在实验结果中，实验组学生击底线正手的落点准确、稳定、球路深。

四、结论与建议

（一）结论

（1）落点训练法激发了学生的练习兴趣：落点训练法拓宽了传统的训练模式，它根据网球比赛的站位和击球落点将回击球的落点确定为最有效的落点。使回球的落点非常直观地展现在学生面前。练习中要求学生回球落点深，使得击底线正手的训练充满了针对性，提高了学生的学习兴趣和专注度，充分地调动他们学习的积极性和主动性。落点训练将感知、思维、实践三个环节紧密地结合在一起。通过生动、直观、认真的思考和积极的练习来有效地完成教学任务，达到教学目的，有利于激发学生练习的兴趣和学习积极性。

（2）落点训练法在提高学生正手底线正手技术、回球落点的准确方面效果优于常规教法。

（3）落点训练法简便易操作，充分利用肌肉的本体感觉，深入体会动作的要领和完成方法，以消除动作的紧张、牵强和多余动作，保证动作肌群协调合理用力。这样肌肉发力会更协调，爆发力会更充分地体现，更能体会到拍面与球接触的感觉。对深度的掌握，巩固正确的动力定型，使其达到自动化程度。精确度高、具有压迫性，从而提高实战能力。

（4）落点训练法有效地提高了学生的战术意识，增强实战能力。落点训练法设计简单、新颖实用，有较高的实用价值。

（二）建议

（1）在大多数学校的日常网球训练和教学中，常规的底线正手训练法是最基本的一项技术。这种训练方法缺乏目的性和指向性，在战术意识和实战能力方面效果不明显。运动员在比赛中，如果能有效地控制回球落点，就能限制对方的发挥，紧紧抓住对手的弱点进行攻击，从而赢得比赛的主动。网球落点训练法可以使学生明确击球落点，有效地提高学生技战术意识和实战能力。

（2）本文的研究虽然只针对网球的教学训练的底线正手技术，但也可以应用到其他的技术教学训练以及战术组合中。在一点对多点的组合练习中，根据实战要求，合理进行落点组合，使落点、战术训练二者有机地融合，有效地培养学生的战术意识，使学生在比赛中回球落点准确，大胆变线，球路刁钻，从而赢得比赛的胜利。

（3）在采用落点训练法时教练员可根据运动员的训练水平调整落点区域的大小以调整训练难易度。水平高的运动员在采用落点训练法时可将落点区域缩小增加训练难度，进一步提高运动员的训练水平。

（4）落点训练法可以用于网球运动训练的始终，既可以用于初学者，也可以用于高水平的运动员。对于初学者来说落点训练法可用于发击底线正手等网球基本技术的训练，以提高和巩固技术动作。对于高水平运动员来说落点训练法可用于各种技战术的组合训练，提高实战能力。

参考文献

[1] 陶志翔：《网球运动教程》，北京体育大学出版社 2002 年版。

[2] 陈德林：《乒乓球 12 区落点训练法的实验研究》，载《成都体育学院学报》2000 年第 2 期，第 97—99 页。

[3]《网球抽球三点落点训练法的研究》，载《广州体育学院学报》2002 年第 5 期，第 40—43 页。

[4] 王学农、肖嵘：《网球正手击底线正手技术和教学方法》，载《郧阳师范高等专科学校学报》2003 年第 6 期，第 103—105 页。

[5] 曾亦斌、李开颖、孔丽娜、徐国良：《十三区落点训练对提高网球技术的实验研究》，载《解放军体育学院学报》2004 年第 4 期，第 68—71 页。

[6] 王希升：《网球打法与战术》，人民体育出版社 2001 年版。

[7] 马达弟：《网球基本技战术》，广东人民出版社 2003 年版。

[8] 陶志翔等：《学会打网球》，民主与建设出版社 1999 年版。

[9] 王希升、刘占捷：《网球》，人民体育出版社 1997 年版。

[10] 傅众：《对我国网球若干训练观念的探讨》，载《网球天地》2005 年第 6 期。

[11] http：//wings. avkids. com/Tennis/Project/。

[12] http：//www. gzii. gov. cn/left2/sci_ theory/006. htm。

[13] Advanced Coaches Manual [S] . International Tennis Federation，ITF Ltd。

（作者单位：体育学院）

无用之用或为大用

——文学理论教学的若干思考

刘淑欣

一、“诗无达诂”和“无用之用”

汉代董仲舒说过“诗无达诂”，原意大概是说因时代变迁，对于古代的诗歌总是难以得到透彻的解释。这曾不断引起人们对于文学的审美鉴赏是否有客观标准、是否存在共同价值判断的讨论。西方人也说，“一千个读者就有一千个哈姆莱特”，与董说意思相近。其根本原因在于，人文学科是关于人的学科，即所谓“人学”，人文学科的根本目的是要探寻人的生存及其意义、人的价值及这个价值的实现问题，为人的行为确立某种价值导向，而人是什么，人应该怎么样，这些问题始终是人探讨的重大问题，并在历时性的过程中不断变化，也就是说人文学科的研究对象是一种始终未完成的存在物。因此，“诗无达诂”实在是文学学科乃至人文学科的学科特点。例如关于莎士比亚的著名悲剧人物哈姆莱特的延宕的解释，在对这部戏剧的研究历史中，各种解释居然有几十种之多。歌德从里面看出了“一件伟大的事业担负在一个不能胜任的人的身上”的悲剧；史雷格尔看到了：“在一个极度败坏的世界中，理智所遇到的无比绝望。”① 批评家乌尔里奇认为哈姆莱特“生性是个哲学家的头脑，他有完成伟业的意愿与能力，但那必须服从他自己的思想而通过自己独立、独创和创造性的力量去实现”，哈姆莱特对出于那些出于外在原因、由外部情况强加于他的事业，都因为违反他的本性而受到哈姆莱特本能地排斥和抗拒，而这正是他对复仇事业再三犹豫而不能断然行动的原因。这些是对著名的哈姆莱特

① 弗·史雷格尔：《论哈姆莱特》，载《莎士比亚评论汇编》，中国社会科学出版社 1979 年版，第 312 页。

的“延宕”问题之不同解释。莫泊桑一篇几千字的短篇小说《项链》的主题，粗略统计竟有十三种之多。什么讽刺、批判小资产阶级虚荣心、劣根性啊，揭露资本主义罪恶，批判奢靡庸俗的上流社会啊，宿命论啊，揭示偶然事件对人生的影响啊，对人生的冷嘲啊，显示小资产阶级生活的不稳定及其尴尬处境啊，人要敢于直面命运的挑战啊，歌颂了忠贞的爱情啊，见仁见智，均能自圆其说。对这些内涵丰富复杂的文学作品、人物形象的解读的这种现象，充分验证了“诗无达诂”的这一中国古说。那么既然研究的东西总是莫衷一是，人文学科的许多研究课题，似乎是徒劳无功的，人文学科用在何处呢?

今天在许多人都认为文学无用的时候，我们必须重拾“无用之学”的价值观。

人文学科的重要性不在于它探寻的结果而在于探寻的过程。人文学科所要探寻的东西是人的生存意义或人的价值，而这是在人的发展中不断地生成着的，在人文学科的探寻过程中不断地被开掘着的。正是通过对于人的生存意义生存价值的永无止境的开掘和追问，构成了人类精神的大厦，不同时代不同空间的人们不断从新的方面、新的高度、新的角度展示出人性的丰富性和生动性。19 世纪法国孔德的实证主义夸大了自然科学方法，把人文科学自然科学化，试图对人的发展的未完成状态作科学的界定，把人生的多元化的意义和价值作非此即彼或非彼即此的实证，这事实上是对人生的意义和价值的否定。马斯洛曾经说过，当人想要了解社会和人时，机械主义科学是全然失效的。人文科学要从外在于人的自然科学思维中解放出来，通过体验内心生命或精神的“解释学”的方法，达到领悟丰富多彩的人生的意义和价值的目的。

人文学科追寻人生之道，而非生活之术。最初文学之所以成为大学的作为一种专业训练，是因为文学中驻扎着“世界上曾经知道和想到的最好的东西”。从急功近利的需要看，这些学问可能便是无用之学。所谓“无用之学”是指那些不直接与学生的就业、求职等专业需要相关，无用之学关注思想本身而非其实用性，但是却能够丰富人的精神内涵、激荡人的道德情怀。无用之学可为大用。大学教育除了要传授那些实用性的知识之外，必须传授一些“无用之学”。韩愈把“传道”作为师者的首要之义，本文理解同样也是一种追求“统领一切的普遍价值”的人文教育。这些普遍价值培养的不是统一规格的“齿轮和螺丝钉”，而是具有批判精神和自由性灵的人。

文学的本性在于提升人生境界、塑造美好心灵、构筑人性家园。例如，人文价值坚持以人为本的价值观，生命是一个过程。每一个生命都是有终点的。在这个有终点的过程中，值得去斤斤计较的事情并不很多。浮华的生活方式，讲究的装修，都是生命之外的奢侈。所有对于名利的追逐，终将是一场虚空。生命过程是千姿百态的，懂得在生命的旅途过程中营造快乐，而不是直到终点才看清。充满智慧的人生，不因物欲而迷惑，才能够赢得心灵的富足。

作为人文学科的探索，我们更应该坚持对人性的关注和对健康人格的培养。以生命为出发点和目的，以爱与美为拯救人生的良药。《呼啸山庄》、《基督山伯爵》等作品中，主人公的复仇成功了，但是他们并没有胜利，因为他的一生在精神的喧嚣与骚动中挣扎。懂得以宽恕替代仇恨，可以获得精神解放、人生幸福。在分工精密化和知识专业化的现代社会中，一个真正意义上的现代化大学，在培养科学家和实用性专家的同时，不能忽视这样一个传统：塑造睿智的灵魂、深厚的人文素养、崇高的道德情怀的健全人格。也许对于大学人文学科来说，塑造灵魂和培育人格都更为重要。因为大学的首要之义就是要发掘和弘扬人性中的那些神圣而潜在的基质，而不是批量生产规格一致的专业人才，这正是大学不同于工厂的关键所在。

多年的人文学科的教学使我深深体会到，在培养专业人才的同时坚持培育大学生们的人文精神和道德情怀，具有更为久远的意义。

二、“一粒沙一世界”——以问题和例证引导教学的尝试

将上述理解运用到文学理论的教学过程中，本人就文艺学教学进行了几点尝试。首先是打破学科框架限制，强化问题意识。文学理论的学术创新能力从根本上说是来自对于现实中提出的问题以及新的文化与文艺状态的积极参与和回应。但是过去由于强调文艺学学科的框架庞大完整理论框架，致力于从宏观视野把握学科特点学科框架，教学中学生的反映总是好像盲人摸象——这头大象体形庞大，并依然在不断地长大——学生因为无法分辨而无所适从。本课程在教师的引导下，学生精读教材，抽取全书逻辑结构，由学生以读书笔记的方式完成，叫做“导游图”。我们把引导学生课下细读教材，通过把书读薄和读厚的过程，通过读书笔记完成文学概论基本框架的搭建，引导学生尽快从宏观角度掌握学科的知识。

例：文学典型部分的知识结构图：

- （一）典型理论简述
  - 1.西方：17世纪前——类型说（狄德罗）；18世纪后——个性典型观（黑格尔）；19世纪80年代末——马克思主义典型观
  - 2.中国："阶级论典型"、"共性与个性的统一"说、"共名"说、"必然与偶然的联系"说、"个性出典型"说、"中介—特殊"说
- （二）典型的美学特征
  - 1.特征性
    - ①总特征
    - ②局部特征
    - ③特征化
  - 2.丰厚的历史意蕴
  - 3.艺术魅力（艺术魅力来源于）→
    - ①人的生命形式
    - ②真实性
    - ③合乎理想
    - ④新颖性
- （三）典型环境中的典型人物
  - 1.典型环境：指充分体现了现实关系真实风貌的人物的生活环境。它包括以具体独特的个别性反映出特定历史时期社会现实关系总情势的大环境；又包括由这种历史环境形成的个人生活的具体环境
  - 2.典型环境与典型人物的关系
    - ①依存性关系
      - A
      - B
    - ②互动性关系
      - A
      - B
- （四）文学典型的定义：文学典型是显示出特征的、富有艺术魅力的人物性格。作为文学形象的高级形态之一，它包含着丰富的历史内容，成为人类直观自身、认识生活的主要形式。它是写实性作品的最高的美学追求和理想的范型模式，是人类创作的艺术至境形态之一

在此基础上把各章内容分解为问题，以核心问题带动学生课堂学习讨论，叫做"旅游景点"的深度游览——当然不只是游览，而是在若干重要景点中，师生驻足，切磋探讨。

其次是扔掉课件"拐杖"，带领学生做"思想的体操"。在师生互动中引导学生走过一段"思路"。把授课的过程真正做成师生共同思考问题的实践过程。在今天的人文学科的教学中，我们可以看到许多与人文特点背道而驰的东西，例如多媒体数字技术介入教学过程，在某种程度上挤压了人的主观能动性。人被捆绑在程序当中，成为传媒工具的奴隶，部分地失去了个性化和创造力。本人认为，多媒体课件的教学在文学理论教学中的优势微乎其微，更多的是具有把思维割裂成碎片的弊端。本人认为手段必须符合对象，ppt 课件适合具象（理论结构图），不适合抽象（关于审美观

念的描述)；适合表现平面（如展示一个问题的几个方面）的东西，不适合表现纵深的东西；适合表现共性的东西，不适合表现个性的东西；适合传达类型的东西，不适合传达风格的东西。理论课在培养学生分析、解决问题的能力，在教学过程中师生互动中完成对问题的思考，走过一段“思路”，这是课件展示所难以达到的。我们在教学过程中，提炼教材内容，在各章节设置拓展思考题，问题的设置依据教材重点、难点，以及学生关注的相关领域的热点问题，每章一至两个论题，整个学期的讲课内容分解为十数个论题，大约每周讲授或讨论一至两个论题，这些论题通过课堂教学和课堂讨论完成。与学生一起顺利完成由高中应试教育到大学素质教育的过渡，对刚刚开始大学生活的一年具有重要意义。

第三是精简文本例证，集中一个或者几个例证，培养学生多角度审视一个事物、多元价值思考问题。文本例证是文学理论教学的拐杖，依据文本分析，概括基本理论。我们在例证教学的实践中多次调整。文本举例太多，学生的注意力会过多关注具有生动故事情节、鲜活人物形象的作品上面，较难回到“枯燥”的文学理论上边。记得多年前鉴于学生的兴趣意见，即刚刚从高中进入大学的学生没有足够的阅读储备，希望老师多介绍一些文学作品。本人曾经在一学期的文学理论课上，“狂轰滥炸”地谈到多部诺贝尔文学获奖作品以及巴尔扎克的《人间喜剧》，雨果的《悲惨世界》、《巴黎圣母院》，罗曼·罗兰的《约翰·克利斯朵夫》、托尔斯泰的《安娜卡列尼那》、《复活》等，还有中国的四大名著、优美诗词……结果是老师讲得天花乱坠，学生听得兴致勃勃，文学理论课讲成了“古今中外文学作品选”，从老师的初衷而言，所有这些努力最终目的是水到渠成地概括艺术真实、审美意识形态、文学形式、情感把握、审美意蕴——但是，水到了，渠不成——学生只对例子有热情！以后经过实践的摸索，集中使用一两个例证，在解决学生阅读经验不足的基础上，把学生对故事情节的关注，引导到对理论的热情。同一个例证，变换视角，体验“高度”、“角度”、“尺度”的不同和整体地看问题、发展地看问题以及辩证的观点，在文论的教学上收到了好的效果。例如一个《红楼梦》例证，分别从微观视角、中观视角、大观视角解读，就读出了中国古代文化的蕴涵、封建社会以及家庭的结构对主体的询唤建构以及个体的悲剧命运、生命美好人生无常等多层的内涵。结合具体作品文本的分析讨论，解读在特定的历史语境下文学对于社会人生的演绎。例如组织学生讨论作品《苹果树》，探讨人物在不同的文化语境中情感的变化的历程，挖掘社会历史文化对于人性内容的巨大影响，收到了明显的效果。培养学生全面的观点，结合一首诗、一篇小说，从各个侧面进行分析，包括分析文学作品的文本的表层结构、深层结构，分析文学语言、声音、图画、情感，分析形象系统的形与神，分析思想内涵的社会生活层面、历史文化层面、人生基本冲突、哲学层面等。提高了学生分析问题解决问题的能力，并进而归纳出这些作品所以“诗无达诂”客观原因以及主体方面的多重原因。学生在全面地、辩证地、历史地分析问题方面获得了显著的提高。

三、从“无用”到“有用”——在指导本科生毕业论文的实践中统一

本科毕业论文是本科培养目标和教学成果的集中体现。也许在这一点上体现了人文学科的“有用”性。一篇论文从开题到完成是师生共同思考、相互切磋和琢磨的渐进过程，教师的理论视野乃至论文写作的经验，对学生有着重要的指导意义。从纵向时间的过程中看，开题到几易其稿完成论文是一个时间过程，从指导论文的内在规律来说，各个阶段贯穿着训练培养学生科学理性的思想方法的核心，而引导和协助学生能动地把握和控制自己的研究对象，并由“形之于心”到“形之于笔”，使论文逐渐符合批评文体的规范，是我指导学生毕业论文的尝试。

从纵向时间的过程看，写作毕业论文从开题到完成论文，各个阶段要求学生完成的工作不同。开题阶段获取资料和确定题目，指导学生获取相关材料包括理论背景的资料，并积累学生对研究对象的阅读经验。此时所有资料基本上是杂乱无章地储存堆积，一时难以理出头绪。教师给学生提供几种整理资料的方式：①按时间顺序归纳不同时段研究内容和研究成果；②按照作品构成情况：研究思想内容的资料、研究艺术特色的资料；③按照创作主体的研究方向：作家生平、作家风格；④对作品进行宏观总体的研究，如风格研究、文化内涵研究、深层意蕴研究等。教会学生从中寻找个人研究的思路和创新之处，或发现别人没有看到注意到的有意义有价值的材料，通过对这些材料的分析思考得出某种结论；或某种已经有的结论；或发掘他人研究薄弱的环节；或把零散芜杂的研究进行系统整理归纳。学生了解了这些工作的价值和意义，给创建属于自己独创的文本带来信心，是他们完成论文的积极动力。一稿从大处着眼，建立文章结构，完成总体的轮廓；二稿理清各分论点的轻重缓急，组织好各分论点，对文章的逻辑关系做进一步思考和必要的调整；三稿对论文细节推敲，观点与观点之间的逻辑过渡，段落与段落之间的衔接，以及文字表达的锤炼。段与

段之间、句与句之间逻辑紧密，衔接自然，使文章逻辑严谨，语言晓畅，浑然一体。在整个写作过程中各阶段都有不同的任务、不同的规范和要求，让学生明确区分开题、框架、初稿乃至三稿的工作不同目标，完成任务如同水到而渠成。

自从误打误撞进入文艺学这个领域，余之高校教学科研生涯已经三十余年，对于从事了大半辈子的这个“事业”乃至身之所在的“人文学科”，有痛苦的纠结，有思考的快乐。教学相长，师生共进。自己从因其“无用”而“自卑”、“自嘲”，到今天由衷地热爱乃至敬畏——如渺小的我们对人生。因为，人文学科给我们以智慧，教我们不会在人生的旅途中迷失。

（作者单位：文学与新闻传播学院）

“英语语言与西方文化”通识课程的教学与评价[①]

陈 参

一、引 言

“英语语言与西方文化”作为中央民族大学首批素质教育通识课的实验课程，旨在帮助学生深刻理解英语语言与西方文化之间的关系，并通过对比中西方文化及思维模式，结合与跨文化交际相关的案例分析，使学生掌握跨文化交际所需要的基本知识和方法，拓宽学生的知识面，提高学生的人文素养，提升使用英语进行跨文化交际的水平。课程定位不仅符合我校素质教育通识课程建设促进学生知识、能力、素质协调发展、提高本科生综合素质的目标，而且契合通过外语教学最终实现有效交际的宗旨。

在教学内容设置方面，课程整合了英语语言学、西方文化以及跨文化交际等学科的内容，是一次有意义的跨学科尝试。教师在授课过程中注重帮助学生把所学知识有机整合，融会贯通，注重启发学生自由思考，培养学生思辨能力。

课程面向全校本科生开放，授课人数累计百余人，学生反映良好。为了准确了解选课学生对于课程的预期，以保证授课内容契合学生的实际需求，我们在2011—2012学年第一学期开课伊始向选课学生发放了《英语语言与西方文化选课学生信息表》，并在课程结束时对相同的调查对象发放了《英语语言与西方文化课程评价与反馈调查表》，以了解在教学实践过程中学生的反馈，力图解决教学中可能出现的问题。

---

① 本文是2010—2011年度中央民族大学校级“首批素质教育通识课”教学改革立项项目“英语语言与西方文化”的阶段性成果。

二、课程评价与反馈

（一）《英语语言与西方文化选课学生信息表》调查结果分析

1. 问卷设计

问卷调查对象为选修"英语语言与西方文化"通识课的 37 名学生，收回有效问卷 33 份。问卷内容涉及五个方面：（1）选课学生个人基本情况；（2）选课原因；（3）对英语语言及西方文化感兴趣的内容及其原因；（4）对于课程的预期及在课程学习中可能会遇到的困难；（5）希望采取的考核方式。问卷采用开放式主观问题的方式，目的是了解学生的真实想法。

2. 结果分析

本课程的特点体现在专业性与非专业性的统一，具体表现为本课程既是一门英语语言专业课，又是一门西方文化知识普及课。统计结果很好地反映了上述特点——学生来自英语专业及非英语专业，同时具有多元文化背景（包括不同民族的学生以及韩国籍留学生 1 人）。上述生源构成与课程所强调的跨文化交际能力相得益彰，师生之间在课堂上的互动不仅有助于学生使用英语进行国际交流，更有助于学生举一反三进行国内的跨民族交流，进而与不同文化背景的同学和谐相处。

在上述的 33 份有效问卷中，仅有 8 名同学学习过与本课程相关或类似的课程，主要为英语专业和法英专业的学生（6 人），选修的课程主要为我校英语专业开设的英美概况、西方文化、西方文化与电影等。对于非英语专业的学生而言，学生在调查问卷中反映的情况与我校大学英语课程设置的现状相符合，即只在大学一、二年级开设一门校级公共必修课——大学英语（课程性质属于综合英语类教学），对大学三、四年级学生没有开设英语类课程，学生的英语学习基本处于"断线"状态。① 表 1 为上述问卷调查的详细统计结果。

---

① 赵明珠：《我校大学英语后续课程体系建设的必要性及可行性研究》，载《中央民族大学本科教学研究》第六辑，中央民族大学出版社 2010 年版，第 305 页。

表 1　选课学生基本信息

国籍/民族	中国						韩国
	汉族	朝鲜族	维吾尔族	藏族	回族	壮族	
	19（57.5%）	3（9.1%）	3（9.1%）	3（9.1%）	2（6.1%）	2（6.1%）	1（3.0%）
年级	09 级（三年级）			10 级（二年级）			
	14（42.4%）			19（57.6%）			
专业	语言文学	法学（含法英）	社会学	经济学	理工学科	民族学	艺术学科
	8（24.2%）	9（27.3%）	6（18.2%）	4（12.1%）	4（12.1%）	1（3.0%）	1（3.0%）
是否学习过与本课程相关或类似课程	是			否			
	8（24.2%）			25（75.8%）			
是否去国外学习、居住或者旅行	是			否			
	5（15.2%）			28（84.5%）			

问卷的第二部分内容是关于选课的原因，每名选课同学给出一个至几个原因不等。在各种原因中，一半以上的学生表示对英语语言或西方文化很喜欢、感兴趣（见表 2）。将近 40% 的同学表示想多了解英语语言、西方文化及思维方式。同学希望通过课程的学习，“提升自己的英语语言理解能力与西方文化素养”。

表 2　选修英语语言与西方文化课程的原因

对英语语言或西方文化喜欢、感兴趣	想多了解英语语言、西方文化及思维方式	更好地促进英语学习	与所学专业有重要联系	喜欢老师的生动幽默的上课风格	其他（如教师推荐、课程难度及上课时间适宜、能学到知识）
18（54.5%）	13（39.4%）	5（15.2%）	5（15.2%）	4（12.1%）	5（15.2%）

当被问及对于英语语言及西方文化哪些方面感兴趣时，学生的回答比较多元，大致可以归纳为如下几个方面：英语语言（87.9%），西方文化

(33.3%)，语言与文化的关系（18.2%），中西方语言、文化及思维差异对比（15.2%），其他包括教师本人的出国经历、英语语言的使用语境等(12.1%)。以第一方面"英语语言"为例，表3为详细统计结果。

表3　对英语语言及西方文化感兴趣的方面以及原因

感兴趣的方面		人数及比例	感兴趣的原因
英语语言	英语语言的起源与发展	9（27.3%）	对英语习语特别感兴趣；更好、更深入地了解英语、促进语言学习；有助于更快、更多地掌握新词汇；通过英语语言的历史、神话、典故可以了解当时的社会情况；神话、典故对英语语言影响重大；英语是通用的语言；毕业想去美国继续学习；可以切实体会到英语语言的美。
	神话、典故	7（21.2%）	
	西方文学、诗歌	4（12.1%）	
	习语及习惯表达	3（9.1%）	
	英语的语言结构	2（6.1%）	
	英语的词汇来源	1（3.0%）	
	英语语言思维	1（3.0%）	
	美式英语	1（3.0%）	
	英语与其他语言的关系	1（3.0%）	
	小计	29（87.9%）	

从学生的回答反映出来的问题是，学生对知识输入型的英语语言与文化的内容关注较多，对于跨文化交际相关的话题关注比较少，仅包括了语言与文化、文化差异两个话题。造成此现象的原因一方面可能与学生对于这部分话题欠缺了解、缺少实际经历有关（表1显示被调查的33名学生中仅有5人有出国学习、旅行或者居住的经历），另一个可能的原因是我校英语教学中缺少相关跨文化交际课程的设置。

此外，统计结果反映出的一个值得关注的问题是，由于英语语言与西方文化的内容包罗万象，学生感兴趣的角度和内容复杂而多元，不可能通过一门课程将英语语言与西方文化涉及的所有内容一一进行详细介绍和分析。因此教师需要做到的是：通过对同学已知和未知的关于英语语言和西方文化知识的回顾和学习，归纳出语言与文化发展的共性和特性，以提纲挈领的方式，介绍基本常识和重要内容，梳理线索。[①]

问卷第四部分和第五部分的设计目的在于了解学生在课程学习中可能

---

① 王林：《西方文化课程的教学与改革》，载《中央民族大学本科教学研究》第六辑，中央民族大学出版社2010年版，第314页。

会遇到的困难和对课程的具体要求，以便教师在备课过程中根据学生的需求做出调整，形成良性的师生互动。学生的反馈内容将在下述“对教学实践的指导意义”部分论述。

3. 对教学实践的指导意义

通过对学生选课原因、对于课程感兴趣的内容及原因等方面的调查以及对统计结果的分析，在充分考虑了选课同学课程需求的基础上，授课教师基于课程的教学目标及其各个组成部分之间的内在联系，在教学实践中将课程的内容确定为以下四个模块：

（1）英语语言发展历程介绍，其中包括：（a）英语语言的起源与发展；（b）英语神话与典故；（c）全球化背景下英语作为国际通用语言的影响及作用；（d）英语语音与方言。

（2）西方文化知识介绍，其中包括：（a）西方文化发展的三个阶段；（b）英语语言与基督教文化；（c）英语语言与西方文化的关系；（d）英语语法与西方文化。

（3）英语民族思维模式及中西方思维模式对比，其中包括：（a）英语民族逻辑与英语思维；（b）中西方思维模式对比。

（4）跨文化交际案例分析，其中包括：（a）文化适应，文化冲击以及逆文化冲击；（b）民族中心主义、文化相对主义以及文化定势。

另外，我们充分考虑学生的其他需求，并贯彻在具体的教学实践中，如：让学生在课堂上接触到“原汁原味的英文语言美文华章”，“英语经典文学段落”；推荐丰富的材料让学生课下阅读；考试希望采取开卷的论文形式，同学能够针对某个问题有更多自己的思考。同时，同学也指出，希望老师结合自己的出国经历，多讲解一些“现代生活中会遇到的文化碰撞，以便更好地适应社会”，因为“全球化的社会需要我们更多地了解彼此的差异，以便更好地与彼此交流”。

（二）《英语语言与西方文化课程评价与反馈调查表》结果分析

1. 问卷设计

选课的 37 名同学在学期末填写了《英语语言与西方文化课程评价与反馈调查表》，共收到 35 份有效问卷。问卷包括三部分内容：（1）学生从两个角度对于课程主体内容进行评价：对所学内容感兴趣程度及所学内容对英语学习帮助程度。调查问题采用李克特五级量表形式，从“非常感兴趣”到“非常不感兴趣”逐级变化；从“非常有帮助”到“完全没有帮助”逐级变化。（2）学生对于授课总体评价以及对授课方式、考核方式的评价。调查问题共 7 个，采用李克特五级量表形式，从“非常同意”到“非常不同意”逐级变化。(3) 学生回答两个开放式问题，包括“学习本课程的其他心得”，“希望课程还能增加的我感兴趣的话题以及对课程的建议。”

2. 结果分析

问卷第一部分的统计数据显示，各项统计值均数都显著高于中间水平（见表4），在4.00上下浮动（5级量表），即对所学内容“感兴趣”，对英语学习“有帮助”。数据反映出学生对于授课内容认同度较高，所学内容对英语学习有帮助、促进作用。

表4　学生对课程主体内容的评价

授课内容	对所学内容 感兴趣程度（均值）	对英语学习 帮助程度（均值）
一、英语语言发展历程	3.91/5.00	3.86/5.00
二、西方文化知识介绍	4.03/5.00	4.06/5.00
三、英语民族思维模式 及中西方思维模式对比	4.29/5.00	4.49/5.00
四、跨文化交际案例分析	3.97/5.00	3.89/5.00

关于问卷第二部分的七个问题，学生认为“本课程对完善我的英语知识结构有帮助”（4.23/5.00），“让我更多地了解英语语言、西方文化、及思维方式”（4.37/5.00），“学习本课程增强我对跨文化交际的信心和交流意愿”（4.00/5.00），“有助于我在跨文化交际中更好地理解对方的视角”（4.17/5.00）。此外，学生十分喜欢老师的上课风格（4.66/5.00），认为考试形式合理（4.31/5.00）。

在这部分的调查问题中，学生对于“本课程与所学专业有联系”这一问题回答的均值为3.46，明显低于其他均值。如前所述，本课程为全校公选课，学生来自各个不同专业，因此本课程与学生所学专业相关程度各不相同。而另一方面，学生对于课程认同程度较高的事实则印证了开设通识课以拓宽学生视野、提高学生综合素质的必要性。

问卷第三部分共设置两个开放式问题，包括“学习本课程的其他心得”，“希望课程还能增加的我感兴趣的话题以及对课程的建议”。关于第一个开放式问题，学生的回答体现出选课之初单纯的工具型动机到愿意进行跨文化交际的显著变化，如学生了解到中西方思维方式的差异，以后与外国人交流时能站在对方的角度，并能理解这种差异；学生增强了跨文化交际的交流意愿和动力，愿意和英语国家人士接触，去探索不同语言、不同文化的国家和地区。

对于问题二，学生的回答集中体现在以下四个方面：

（1）课程内容设计丰富，但由于授课时间有限，部分内容讲解得不够充分。

（2）多开展小组形式的讨论或更多样的交流，让学生自主地表达自己的想法。

（3）希望今后教学时，老师能尽可能多地在课堂上播放与教学内容相关的视频短片。

（4）多讲一些实用性的英语、口语内容，更多涉及英语语音、语调的知识和技巧。

三、结　　论

开设英语学习类通识课程既是对英语专业课程的延伸和补充，又能在一定程度上解决非英语专业高年级学生英语课程的缺失问题。教学内容的设置基本实现了课程之初设定的总体教学目标，达到了学生通过课程学习完善英语知识结构，提高英语综合学习能力、拓宽视野的预期。在教学实践和学生反馈中，我们得出如下结论：

（1）学生通过课程学习改变了选课之初比较单一的工具型动机。选课之初，学生在描述个人情况时，主要提及的内容包括：喜欢英语，并想通过课程的学习有所收获，进一步促进英语的学习；准备各种英语考试，如大学英语六级、英语专业八级和托福考试等；毕业后计划出国留学，继续读取硕士、博士学位。由此可见，学生的工具型动机（包括个人发展动机和成绩动机）仍占主体地位。而在课程结束时，学生对于课程学习的感受出现了较为明显的变化，即学生的跨文化交际意识增强，“想出国看看”，愿意和英语国家人士接触。由于学生更多地了解到了中西方文化、思维方式等的差异，因而愿意尝试从对方的角度理解文化差异。

（2）课程内容充实有趣，教师授课方式轻松、幽默、充满热情等因素增强了学生对语言学习的兴趣。学生认为每堂课都很有意义，能够从更多的角度认识到英语的趣味性，因此十分愿意参与到课堂内容中来，并将课程推荐给其他同学。此外，课程考试形式为学生运用所学知识探索、解决问题，不用学生死记硬背知识点。学生反映在查阅资料写作的过程中，提高了英语阅读、写作的综合能力。

（3）针对上述学生对于完善课程的建议（即部分内容由于时间限制展开不充分，教师应尝试在课下与学生实现互动等），在向学生推荐与教学内容相关的书籍的同时，教师应充分利用学校网络教学平台，提供更多文字、视频等补充内容，供学生课下自主学习，弥补课上教学的局限。同时，教师通过设计问题解决型任务及作业，促进学生通过合作的方式开展研究型学习，促进不同专业学生之间的课下互动。

（4）在教学方式手段上，正如学生所指出的，教师应改变以讲课为主的模式，开展以学生为中心的课堂教学方式，给学生更多的机会表达自己的观点。Duron 指出，学生只有主动运用教师所讲内容及相关材料，才能达到真正理解所学内容的目的，并能够反思学习过程中的意义所在。① 对于学生来说真正有意义的学习过程是在教师指导下自主探索问题答案的过程。此外，学生思辨能力的培养与课堂组织形式密切相关。在教师授课的基础上，开展以学生为中心的合作型学习模式，学生能更多地参与到课堂讨论、写作、问题解决等活动中，能够有效促进学生分析、归纳、评估等高层次的思辨能力。无论对于教师还是学生而言，这都将是愉快而有价值的学习过程。

参考文献

［1］Duron，R. （2006）. Critical Thinking Framework for Any Discipline. International Journal of Teaching and Learning in Higher Education，17 （2），160-166.

［2］Markee，N. （1997）. Managing Curricula Innovation. Cambridge：Cambridge University Press.

［3］高等学校外语专业教学指导委员会英语组：《高等学校英语专业教学大纲》，2000 年。

［4］王林：《西方文化课程的教学与改革》，载《中央民族大学本科教学研究》2010 年第六辑。

［5］许力生：《新编跨文化交际英语教程》，上海外语教育出版社 2009 年版。

［6］赵明珠：《我校大学英语后续课程体系建设的必要性及可行性研究》，载《中央民族大学本科教学研究》2010 年第六辑。

（作者单位：外国语学院）

① Duron，R. （2006）. Critical Thinking Framework for Any Discipline. International Journal of Teaching and Learning in Higher Education，17 （2），160—166.

试论民族汉语听说教学的文化导入

——以中央民族大学为例

焦玉琴

文化因素对语言习得有着重要影响，文化导入是民族汉语听说教学中的一个有机组成部分。在加强沟通、交融和团结的民族教育事业中，文化导入更具特别重要的意义。在少数民族汉语教学中，应当积极克服汉语听说教学中的各种消极因素，坚持文化导入的原则，使来自民族地区的学生成功跨越不同文化之间的鸿沟，为民族文化交流搭建桥梁。本文结合中央民族大学民族汉语听说教学的实际情况，对听说课教学中文化导入的内容及途径进行了初步探讨，以期对民族汉语教学提供借鉴并有所促进。

一、文化导入的必要性

（一）文化导入的定义

语言学家萨丕尔曾说："语言有一个底座，语言也不能离开文化而存在，就是说不脱离社会流传下来的，决定我们生活面貌的风俗和信仰的总体。"[①] 这说明语言与文化的关系非常密切，这一点正得到越来越广泛的认同。不同民族的语言反映和记录了不同民族独特的文化风貌，学习一门语言即意味着学习一种文化。在对少数民族汉语教学中，我们发现民族学生常常由于对汉文化的不了解，给学习汉语造成很大的阻碍。尤其是听说课的教学体现得最为明显，民族学生由于对一些文化习俗、文化词语的陌生，而影响对整句话整段话的理解，难以作出正确的判断。因此，他们有时可能完全听懂了某句话却并不明白其中的真正含义。"语言教学的基本

① 萨丕尔：《语言论》，商务印书馆 1985 年版，第 186 页。

任务是培养学生运用所学语言进行社会交际的能力。"① 而听得懂则是这种交际顺利进行的首要前提。鉴于此，在汉语听说课的教学中需要进行汉文化的导入和渗透。

所谓文化导入，是指在汉语教学过程中，教师自觉地、积极地、有计划地传授文化知识，包括文学、历史、哲学、民俗、地理等因素，培养学生使用汉语的社会规则。② 我们应该在"掌握语言，了解文化，学以致用"的基本目标下，坚持语言和文化并重的原则，借助文化导入机制，使汉语听说课教学达到更为完满的效果。

（二）语言与文化的关系

为了更好地在教学过程中实施文化导入，我们应该对语言与文化的关系有一个清楚的认识。"文化"一词是一个宽泛的概念，广义的文化指人类在社会实践过程中所创造的物质和精神的价值总和。语言符号作为人类所特有的把握世界的手段，也是文化的重要组成部分。语言作为一种文化形式，体现了思维的方式、思维的范围、思维的深度；而思维的直接产物是精神文化，思维的间接产物是物质文化，所以人类建构起来的文化世界基本上储存在语言之中。人类在认识世界和改造世界的各项活动中所取得的成果，都要借助语言把它们记载下来，以便保存、交流和传播。因此，语言是文化最忠实的记录者，是人类文化的"标本"和"化石"。语言作为文化的一部分，同时又是文化的镜像折射，这种文化形态上的差异不可避免地会呈现在语言系统的不同层面，如语音、词汇、语法等。也就是说通过语言层面，可以了解该民族丰富多彩的文化形态。正如维特根斯坦所说"语言是如此深刻地嵌在一个背景的框架上，这个框架就是作为语境的文化。"

（三）民族汉语听力教学中的文化因素

在民族汉语教学领域，文化主要指与汉语有关的精神文化，一般指通过汉语的词汇所承载的汉民族文化。汉文化具有几千年的发展历程，许多词语/语汇是随着文化遗产的积累而形成的，所表示的意义不只是词语中语素意义是简单相加，而是在广阔的社会文化背景下，发生出丰富多彩的语义变化，蕴含着大量的历史和社会因素，具有浓郁的人文性。民族学生

① 吕必松：《对外汉语教学探索》，华语教学出版社 1987 年版，第 6 页。

② 吕必松：《汉语教学发展概要》，北京语言学院出版社 1990 年版，第 133 页。

要学好汉语，必须同时学习汉语所负载的中华文化。民族汉语听说教学中的文化导入，主要在于引入对听力理解和判断起重要作用的语言文化现象，并引导学生在不同的语境中顺利地与人沟通。例如，讲解和传授各类汉语语汇所承载的文化内涵。尤其是像“不惑之年”一类的成语，仅从字面意思很难理解词义，需要还原其语源。可向学生引出《论语》中的原句：“吾十有五而志于学，三十而立，四十而不惑，五十而知天命，六十而耳顺，七十而从心所欲不逾矩。”① 这样，学生不仅能从中学到一系列的成语“志学之年”、“而立之年”、“不惑之年”、“耳顺之年”、“知命之年”、“从心所欲”，而且还可增加对孔子以及儒家文化的了解。

二、文化导入的现状及存在的问题

（一）发展现状

由于种种原因，我校对来自新疆的维哈民族学生的汉语听力教学中，没能很好地贯彻实施文化导入机制，或是浅尝辄止，导致语言教学与文化教学的脱节。文化知识和文化适应能力是语言交际能力的重要组成部分。当我们在教学实践中把“听”与“文化”简单粗暴地割裂开来的时候，教学效果就会大打折扣。一个明显的现象是，我校有的民族学生在 MHK（四级）考试中，阅读理解、写作以及总分都过线了，但是由于听力理解考试成绩不理想，他们迟迟拿不到过级证书，甚至会因此而影响到顺利毕业，更不用说在实际工作和生活运用汉语进行交际了。目前，这种状况已经引起师生双方的高度重视。

（二）存在的问题

经过对这种状况仔细分析研究，我们发现，首先，教师对文化导入机制的认识和理解还不够深刻。教师居于教学活动的主导地位，只有教师在思想上充分认识到文化导入的重要性，才有可能带领学生完成汉语中涉及的文化知识的学习。其次，我们的学生来自新疆，他们中不少人生活在民族聚居区，很少接触汉民族同胞以及汉文化，思想相对比较保守，对汉文化有一种自然的排斥心理。虽然这种排斥心理是正常的，但必然会影响到

① 《论语注疏·为政》，北京大学出版社 1999 年版，第 15 页。

民族学生对文化导入的接受度，并进一步影响到他们听力理解水平的提高。第三，民族学生的汉语水平参差不齐也影响到文化导入的实施。目前我校维、哈民族学生来自新疆各地，他们在新疆读中小学时接受的汉语教育程度存在着差异，因此进入大学时，其汉语水平并不一致，在约四十人的一个班级中，学生的汉语水平有高有低，分化比较显著，而文化导入是讲究遵循渐进原则的，需要针对不同的学习对象由浅入深地进行，因此使得教学的主导者难以把握文化导入的深度和广度。

三、文化导入的内容、原则及方法

（一）文化导入的内容

罗常培先生曾说语言文化是一个民族文化的结晶。汉语是中华民族传统文化的结晶，无论语音、语法、词汇、文字或修辞都蕴含着丰富的文化内涵，但民族汉语听力教学中不可能将所有的语言文化现象都囊括进来，这其中必然有所取舍。

1. 思维方式的导入

就语言学习而言，思维方式的不同是最大的文化差异。维、哈等少数民族学生是在掌握母语之后才开始学习汉语的，其母语的思维习惯定势对他们汉语的学习造成阻碍和干扰。新疆是一个少数民族聚居区，其传统文化的基础是草原游牧文化。哈萨克族、柯尔克孜族、塔吉克族等至今仍生活在草原从事畜牧业生产。维吾尔族历史上曾从事游牧生产，虽然他们早已定居，从事农业生产，但其传统文化中仍保留着相当浓郁的草原游牧文化气质。在这种草原游牧文化背景下生长的民族学生，其文化思维特征也就具有浓厚的草原游牧文化气息。汉语则反映中原地区的农业文化和基于该文化基础之上的思维方式，这与游牧文化有着巨大的差异，因此民族学生感到陌生，造成听力理解上的困难。

2. 文化习俗的导入和渗透

新疆地处中国西北部，远离中国的政治经济文化中心，加上长期的封闭生活，使少数民族对内地的生产、生活和习俗不够了解。例如在游牧民族逐水草而居的文化背景下，不断搬家是一件平常事，所以对“背井离乡”这个词语民族学生一般难以理解。教师应结合汉文化中固有的“恋家守旧情结”对其加以阐释，古代中国人除非万不得已是不会选择“背井离乡”的。同时还可以扩展讲解此类词语，如“叶落归根”、“木落归本”

等，它们都反映了汉民族“眷恋故土、思念故乡”的文化心理。这种方式的使用有助于扩展学生的知识面和文化视野。

中国是礼仪之邦，有着几千年的礼仪传统。生活中人们也一向待人谦恭有礼，体现在语言上，就是有很多表示礼貌、谦逊的词，例如：您，您好，请，谢谢，再见，对不起，不客气等。这些词语的使用应与具体的语境相结合，教师应该通过讲解让学生认识到这一点。

中国有着数千年的尊师重教传统，老师的地位是很崇高的。春秋时期的大教育家孔子一生传道、授业、解惑，被后人尊称为“至圣先师，万世师表”。汉文化中尊重老师的故事和熟语比比皆是，如“程门立雪”、“桃李满天下”、“诲人不倦”、“良师益友”、“一日为师，终身为父”等。由于文化差异，有不少民族学生对此不够了解，往往对老师直呼其名，或提问题的时候不加称呼而直接发问。这些行为方式在汉文化语境中不太妥当。对此，教师应该加以合理引导。

3. 文化词语的导入

文化词语，就是指蕴含社会文化意义的词语。“语言的基础是词汇，核心是词义，因而语言词汇与文化的真切关系应当深入到词义与文化的关系中去说明。”[1] 文化词语与民族心理、历史地理和社会变革等密切相关，是词汇中最活跃的部分。文化词语在汉语语汇中所占的比重较大，这对民族汉语听说课的教学是一个挑战。教学中，教师要善于因势利导。

有的文化词语与字面意思无关。如“小张真不是东西”这句话中，“不是东西”是一个惯用语，如果按照字面意思理解的话，“不是东西”就应该是“人”，这显然是不对的。实际上说某人“不是东西”，含有责骂的意思。再如例句“周强和李梅能够结为夫妻，真应该感谢他这位月下老人”中“月下老人”是一个固定词组，若从字面意思理解为月亮下面的老人，那就错了。“月下老人”其实是神话传说中的人物，主管人间婚嫁之事，简称“月老”，后来泛指媒人，是为恋爱婚姻双方牵线搭桥的人。

有的文化词语的意思是在字面意思基础之上的延伸，也需要教师加以阐释。例如，我们目前使用的《大学汉语听说》教材（维哈文版第 2 册，北京语言大学出版社）中有这样的几句话：

（1）他说事业单位是铁饭碗，从长远来看，比较稳定。

（2）八字还没一撇呢，我只是收到了他们的面试通知，成不成很

---

① 宋永培：《中国文化词汇学的基本特征》，载于邵敬敏主编：《文化语言学中国潮》，语文出版社，1995 年版，第 95 页。

难说。

（3）客观地说，这样的活动对减缓气候变暖可以是杯水车薪。

例句（1）中的“铁饭碗”是一个惯用语，意指好的单位或部门，工作稳定，收入无忧。“铁饭碗”思想在中国是根深蒂固的。例句（2）中的“八字没一撇”的意思跟“八”的意义没有任何关联，但是与“八”字的结构密不可分。按照书写习惯，若第一笔的左撇还没有写出，则第二笔的右捺就无从谈起。比喻事情毫无眉目，不可指望。例句（3）中的“杯水车薪”是一则成语，字面意思为用一杯水去救一车着了火的柴草，比喻力量太小，解决不了问题。

该教材中类似的语汇很多，教师在进行文化导入和渗透时，要结合整篇听力材料，强化语境意识，坚持“词不离句”的原则。并让学生多加练习，引导学生重视语言实践的积累，形成良好的语言感悟能力。

许多表示地名、人名或机构名称的专有名词也打上了汉民族文化的烙印。如果学生对这些名词不熟悉，势必影响听力理解和口语表达。例如，我们的听力材料中有一段这样的录音：

上半年姜育恒、陈小春相继唱红内地，莎拉·布莱曼、王力宏、孙燕姿的个唱也即将拉开序幕。个唱市场的极度火爆，造成票房的互相制约。明星们自然不甘落后，纷纷使出“独门绝活”来拉票……为了给自己的上海个唱积聚更多的人气，任贤齐在海神诺福特酒店 3 楼举行歌迷见面会……而迟迟没有宣布的演唱会嘉宾名单日前也终于浮出水面，除了先前公布的张信哲外，小齐特别请到了伍思凯、徐怀钰以及自己的恩师小虫来上海，为个唱助阵。①

针对录音提出的问题是：

（1）上半年许多明星纷纷在内地举行什么活动？

（2）任贤齐演唱会嘉宾有几位？

（3）小虫和任贤齐是什么关系？

这段录音材料中出现了许多人名，一个接一个，对学生听觉产生持续的刺激和冲击，如果学生对这些一无所知，一时之间难以反应过来，那么答题的准确率就会下降。这些人名是与当今的大众流行文化密切相关的，熟悉他们则意味着熟悉流行文化。由此可见，听说课教学中，文化导入的内容也要体现时代性，要与当下的社会生活结合在一起。

---

① 崔巍主编：《MHK 民族汉考全真模拟题集》（四级）上册，北京大学出版社 2004 年版，第 21 页。

（二）文化导入的方法和原则

1. 层进的原则

文化引入与语言教学一样是有层次性的，应由浅入深，循序渐进。具体方法上，可以在播放录音材料之前，先向学生介绍材料的背景，对重点词语进行提示，让学生有一个思想上的准备。听完录音后，针对习题以及学生的理解程度再对个别难点进一步讲解和阐释。文化学界将文化划分为两种层次，即表层的物质文化和深层的精神文化。一般来说，初级水平的民族学生希望能尽早熟练运用汉语，汉文化引入应为这一目的服务，介绍的内容应是比较浅显、易于接受的物质文化。在中、高级阶段的汉语教学中，可逐渐增加精神文化层面的内容，以利于民族学生对听力材料的理解把握。

2. 适度的原则

在民族汉语听说教学中引入汉文化因素，其目的在于排除民族学生听力理解以及跨文化交际中的文化障碍，克服因文化背景、思维模式、价值观念等的差异造成的交际困难。因此，文化因素的导入和渗透，要密切结合汉语听说教学。

3. 分析对比的原则

比较法是跨文化语言教学中的一个重要方法。通过对比更能清晰地认识目的语和学生母语语言结构与文化间的异同，从而获得跨文化交际的文化敏感性。通过文化差异的比较，对文化信息中的障碍进行疏导，排除难点。例如，汉文化以“龙”为图腾，它承载着中华民族自古以来所崇尚的奋斗不止、自强不息、用于开拓的民族精神。维吾尔人以“狼”为图腾，认为狼是勇猛的、机智的，它有着坚韧的毅力和冲天的斗志。维吾尔人自认为是狼的后裔，现代维吾尔人有的仍把刚出生的小男孩称为“小狼”。而在汉文化中，狼则意味着残忍、狡猾，许多汉语词汇和熟语中的狼都带有贬义，如：“狼子野心”、“狼狈为奸”、“声名狼藉”、“狼心狗肺”、“前怕狼，后怕虎”等。

4. 创造语言学习环境

维、哈民族学生应该冲破思想的束缚，树立信心，克服心理上的障碍，有效利用当下所处的课堂以外的大环境，主动创造学习目的语的机会和条件。例如，鼓励他们多与汉族学生或母语为汉语的其他少数民族学生交朋友，经常接触沟通，或一起生活、学习；还可以收听汉语广播、看电视、学唱汉语歌曲等，增加汉语学习的趣味性；此外，业余时间多参加学校组织的各种学生活动，在活动中多听多看多了解多学习，充分享受民大“美美与共”的和谐校园氛围创造的语言环境。这既可增进友谊、加强民族团结，又能使民族学生对汉文化获得感性的认识，在实际生活情景中提高汉语交际能力。

文化因素对语言习得有着重要影响，文化导入是民族汉语听说教学中的一个重要的有机组成部分。在加强沟通、交融和团结的民族教育事业中，文化导入更具特别重要的意义。在少数民族汉语教学中，应当积极克服汉语听说教学中的各种消极因素，坚持文化导入的原则，使来自民族地区的学生成功跨越不同文化之间的鸿沟，为民族文化交流搭建桥梁，在国家建设中发挥应有的作用。

（作者单位：中国少数民族语言文学学院）

浅谈优秀课程建设的标准

——对“发展心理学”优秀课程建设的思考

董 艳

发展心理学是教育学院教育学专业的基础必修课程，也是一门学科主干课程。在本专业学生知识结构中占有非常重要的地位，是构建教育学专业知识结构的基础知识。学生在第一学期学习了心理学入门课程普通心理学后，在了解人的一般心理现象和规律的基础上，需要了解人在不同的年龄阶段心理发展的特点。发展心理学研究个体从受精卵开始到出生、成熟直至衰老的生命全程中心理发生、发展的特点和规律，如年龄特征，全面深入地理解在个体心理发展过程中的遗传与环境、普遍性与特殊性等发展心理学的基本理论问题。任何教育活动都不能不了解教育对象——儿童的心理特征和发展规律，做任何教育教学和管理活动都应该符合儿童心理和行为特征。学习发展心理学可以帮助学生具备用发展心理学的理论和方法研究年龄特征的能力和技巧，从而为学生从事各级各类教育教学和管理工作奠定坚实的心理学知识基础。本门课程也是学生未来担任父母角色所必备的知识。

发展心理学因为其学科体系中的重要地位，而得到了学校优秀课程建设立项。

一、发展心理学优秀课程建设的主要工作

1. 收集国内同行发展心理学教学资料和信息，了解现状，明确本项目的课程设计思路

课题主持人利用各种机会走访了北京师范大学、天津师大、东北师范大学、云南民族大学、内蒙古民族大学等学校关于发展心理学教学的现状和经验，同时也通过互联网收集了相关的发展心理学教学资料，从而对国内的发展心理学课程设计、教学内容及方法的现状有了较为清晰的了解。

目前有北京师范大学的发展心理学建成了国家级精品课程，课题组也收集了该精品课程的有关教学材料。

目前国内的发展心理学课程的内容设计有两个类型：一是按照年龄顺序为线索（“纵向”），展开不同年龄阶段心理特征的教学内容；二是以心理发展的不同方面（“横向”），如语言、认知、情感等为线索。北京师范大学为第一种类型。课题组在详细分析了不同学校本课程的课程设计后，认为两种设计思路各有利弊，因此更加清晰地确定了我校发展心理学课程设计的思路：以第一种类型为教学的主思路，即按照年龄顺序为线索（“纵向”），展开不同年龄阶段心理特征的教学内容，在有限的教学时间内，从心理发展的不同方面（“横向”）对比和梳理知识，把“横向”和“纵向”的体系很好地结合起来，帮助学生建构发展心理学的知识结构。这个课程设计理念已经在我院发展心理学教学中实施。

2. 修订和完善了课程教学文件

如教学大纲、授课计划、讲义、课件等；收集了一部分教学案例，有的已经在教学中使用；补充收集了与教学内容相关的视频材料。

3. 收集和选择发展心理学教材

课题组对收集到的发展心理学教材进行了分析。确定了以林崇德教授编写的《发展心理学》（人民教育出版社，获奖教材）为主教材，以 David R. Shaffer 著、邹泓等译的《发展心理学——儿童与青少年》（中国轻工业出版社）为主要辅助教材。在发展心理学教学大纲中给学生列举了学习参考书，既有发展心理学学科教材，也有发展心理学某一具体内容的专业书籍，供同学们参考。同时，围绕教学内容配备了一些相应的教学参考片供同学们观看和学习之用，将内容视像化，增强学生对教学内容的理解，同时拓展了课堂学习。

4. 征求学生对该课程的意见和建议以及时改进教学

注重根据学生对课程的意见反馈，调整教学内容、方法，贴近学生的需求。如根据学生在第一学年产生对心理学和教育学在就业中的应用方面的疑问，结合发展心理学的课程教学内容，有意识地对他们进行案例分析，讲解发展心理学在生活和未来各种职业中的应用，以及在以发展心理学为基础的职业岗位等。这些内容的教学非常受同学们欢迎，也是对学生的专业教育，树立教育学专业学习的专业兴趣，巩固专业思想的一个提升。

5. 使用学校的网络教学平台，建立多种形式的教学互动渠道

本课程在 2008 年春季对 2007 级的“发展心理学”教学中采用网络互

动教学，网上发布作业，批改作业、答疑，并自己设计了网络问卷征求学生对本课程的建议，收到了很好的效果。因此在对2008级教育学专业的发展心理学教学仍计划采用网络互动教学。在教学初始也发布教学材料（大纲、课件等），布置作业、答疑等，任课教师还与学生商议开通了全班的QQ群，在群内发布消息，传递课件，有时也利用邮箱。总之，利用了各种可能利用的网络资源开展课堂教学和课外活动。

6. 补充上课时间

由于发展心理学是教育学专业的基础课，地位重要，内容多，培养方案中规定是54学时，教学时间偏紧，因此，在课程建设中，课题组将课程排成单双周，每周2次，单周上2次，双周讲授1次，另一次是课题组额外自己增加的讲授和放教学参考片。这样就增加了学时，有效地保证了教学质量。在2010版培养方案中我院将发展心理学课时调整为72学时。

二、发展心理学优秀课程建设取得的成果和成效

1. 明确了本项目的课程设计思路

发展心理学课程设计的思路：以第一种类型为教学的主思路，即按照年龄顺序为线索（“纵向”），展开不同年龄阶段心理特征的教学内容，在有限的教学时间内，从心理发展的不同方面（“横向”）对比和梳理知识，把“横向”和“纵向”的体系很好地结合起来，帮助学生建构发展心理学的知识结构。

2. 以多元文化背景为基础，建设有特色的发展心理学教学内容

目前国内发展心理学内容是普世性的，均没有介绍少数民族儿童心理发展的内容。本课题组认为，不同文化背景的儿童在心理发展方面既有共性也有个性。作为民族大学的发展心理学教学应当具有自己的特色。因此，我们在教学内容中介绍少数民族儿童心理研究的成果，教育学生要具有不同文化背景的儿童观，并引导学生分析不同的文化背景如何影响儿童心理发展的特殊性。

为此，本课程还设计了学生的课外实践环节，让学生在自己的家乡调查“不同代际游戏、玩具、歌谣、偶像崇拜之变迁的调查研究”，目的是让学生了解中国本土儿童心理发展的手段与途径；探讨社会变迁对儿童心理发展的影响；帮助学生树立心理学研究本土化的理念与意识。学生通过调查，整理出了的调查报告和PPT。

此外，本课程在教学时随时将儿童心理发展的最新信息与当前研究热

点传达给学生，并让学生讨论与思考。如“幼儿识字研究”、“婴儿助人行为研究”等。

3. 加强了实践教学

目的是让学生理论与实践相结合，在实践中加深对理论的理解，并掌握观察儿童、与儿童沟通、学会设计儿童活动等教育实践能力。如，课程设计了“儿童游戏体验”，“儿童观察”，影片观后感，设计儿童心理实验等教学形式。

4. 注重平时的学习，注重形成性评价

建立学生学习成长记录袋，改革成绩评定的方式方法，注重平时成绩考核，平时占30%，其中占10%，期末占60%；考试内容注重理论联系实际的考核。考试中有一道题考查学生综合运用发展心理学知识解决问题，如给学生一段材料，让学生综合运用发展心理学知识写一篇小短文。

5. 进行了多媒体资料的建设

对多媒体课件进行了修改完善，收集了相关教学辅助视频材料，视频资料库不断充实完善。

6. 多种教学方法相结合

本课程根据具体的教学内容分别采用了讲授、讨论、课外实践、案例教学等方法。在教学中注意启发学生思考。

7. 教学中注重学生职业生涯教育

本课程是本专业的基础课程，在大学一年级开设。学生对教育学专业不甚了解，不知道将来能做什么。因此，在教学中有意识地对学生进行专业教育，讲解分析发展心理学课程在就业市场的实际工作中的应用价值，及目前就业市场对本专业的需求状况，使学生认识到教育学看起来是长线专业和冷门专业，但实际市场需求是旺盛的。教育学生巩固专业思想，及早进行职业规划。同时把与本课程相关的教育类职业资格证书的信息告诉学生，如亲子师、育婴师、家庭教育师、蒙台梭利教师资格等，帮助他们确定自己的学习规划。

发展心理学是我院教育学专业本科生的基础必修课，该课程在课程体系中作用重要。它为后续的心理学和教育学学习打下基础，同时在激发学生专业学习的积极性方面具有重要作用。因为这门课是学生接触到的第二门心理学课程，因此，这门课教学影响到学生对后面的课程学习质量和兴趣。通过几年的课程建设，发展心理学课程在教学内容、教学方法、理论联系实际、本领域前沿研究等方面都做了积极的探索和改革，取得了突出的成绩，课程的教学得到了学生的认可和较高的评价。成长记录袋是学生自主学习过程与成果的记录，成为学生非常喜欢的学习方式之一。

三、对优秀课程建设标准的认识和感悟

建设好一门课程，就要对什么是课程，什么是优秀课程有自己的认识，只有这样，才能在建设中有清晰的建设思路。

对于什么是课程，教育学研究历来有不同的看法。其一，课程即教材：重点放在向学生传递课程知识上，而知识的传递是以教材为依据的。所以，课程内容被理所当然地认为是上课所用的教材。这是一种以学科为中心的教学。其二，课程即活动：由于传统的“课程最大流弊是与儿童生活不相沟通（杜威）”，因此这种取向的重点是放在学生做些什么上，而不是教材体现的学科体系上，是以活动为取向的课程，注意课程与社会生活的联系，强调学生在学习中的主动性，是一种探究性的教学。其三，课程即经验：强调学生是主动参与者，学生是学习活动的主体。教师的职责是创建适合学生能力与兴趣的各种情境，以便为每个学生提供有意义的经验。

因此，我们把发展心理学课程内涵定义为使学生掌握发展心理学的知识，通过发展心理学的学习，激发心理学学习兴趣，获得心理学知识迁移，促进学生全面发展的教育计划。

综合上述关于课程的内涵，课题组认为发展心理学优秀课程建设要设立几个标准，按照标准进行建设才能达到目标。

（1）课程的系统性标准：通过一门课程的教学，学生要知晓这一门学科的知识体系，建立知识系统的概念和基本原理的认知体系。它保证了一门课程内容的完整性，是课程建设的基本标准。

（2）课程的前沿性标准：教学要与时俱进，将最新学科研究成果引入教学，同时，也要把本学科的各种不同观点、争论体现在教学中，引导学生思考，培养学生研究意识。为此，本课程在教学时及时将儿童心理发展的最新信息与当前研究热点传达给学生，并让学生讨论与思考。如，“幼儿识字研究”，“婴儿助人行为研究”等。

（3）课程的教学法标准：教学要生动，具有启发性，能激发学生兴趣。本课程分别采用了讲授、讨论、课外实践、案例教学等多种方法，围绕各部分的教学内容配备了较多的相应的教学影像资料供同学们学习之用，将内容视像化，增强学生对教学内容的理解。“儿童游戏体验”是一种体验式学习，学生重温儿时的游戏活动，体会和分析游戏对儿童身心发

展的作用；设立“成长记录袋”，它记录了学生平时课程学习的体会，甚至他们自己的心理、教育观念的成长，加大了平时学习的过程性评价，引导学生自主学习。

（4）课程的实践性标准：教学实践活动是学生把所学知识内化的重要途径，也是学生深化理解知识的重要手段。本课程注意创设理论与实践相结合的环境，使学生在实践中加深对理论的理解，并掌握观察儿童，与儿童沟通，学会设计儿童活动等教育实践能力。如课程设计了“儿童游戏体验”、“儿童观察”、教学影片观后感、设计儿童心理实验等形式；引入与教学内容相关的职业教育，运用实际的案例，分析发展心理学在实际工作中的应用，帮助学生巩固专业思想，提高学习的自觉性和目的性。

（5）课程的独创性标准：本课程注意研究和挖掘我校建设发展心理学优秀课程的特色。在教学中注意介绍少数民族儿童心理研究的成果，教育学生要具有不同文化视角的儿童观，引导学生分析不同的文化背景如何形成儿童心理发展的特殊性。在上发展心理学课程之前的假期让学生回家乡调查家乡儿童传统游戏、歌谣等，既是一个学习的预热过程，激发了学生学习发展心理学的积极性，更重要的是引导学生了解民族文化与民族心理之间的相互关系，了解民族文化如何塑造独特的各族儿童心理特点；另外将跨文化心理学中的儿童心理学发展的成果引入教学内容，如关于青春期的跨文化研究成果，不同文化背景儿童的心智特征等问题。通过教学使学生树立新的儿童发展观：人的心理学发展不完全是由基因控制的，更是文化发展的结果。

通过课程建设，我们认识到，课程建设是一个学术研究的过程，是学术成果转化过程，也是教学相长的过程。高等院校就是通过一个个这样的学术成果的转化而达到人才培养的目标，从而也培育了高质量的师资队伍。

（作者单位：教育学院）

数据库课程建设的研究与实践[①]

于绍娜　孙文玲　舒　玉

一、引　言

数据库课程是本科计算机科学与技术专业等相关专业的核心课程，是一门理论性与实用性较强的综合性课程。通过对本课程的学习，学生能够理解数据库系统的基础知识和基本原理，了解数据库管理系统设计和实现的基本方法和技术，掌握数据库应用的基本技术，了解数据库前沿技术和发展动态。

本院数据库课程包括“数据库系统原理”和“数据库实训”两门课程。“数据库系统原理”课程的课堂环节主要注重数据库的基本理论；上机实验环节配合课堂教学，进一步强化对数据库原理的理解。36 课时的“数据库实训课”，要求学生自选具有一定应用背景的题目，能够应用软件工程的思想设计一个具有实用价值的数据库应用系统。理论与实践结合，使所学知识融会贯通。

本文从课程内容安排、教学方法、实践环节和考核方式四个方面对课程建设进行探讨。

二、教学内容和课程体系的建设

“数据库系统原理”课程理论教学环节中，选用王珊、萨师煊编著的

① 本文是 2011 年度中央民族大学校级优秀课程项目“数据库系统原理”的阶段性成果。

《数据库系统概论》（第四版）作为教材，讲授内容包括：数据库系统的基本概念；关系数据库；关系数据库标准语言SQL；数据库安全性；数据库的完整性；关系数据理论；数据库设计；数据库编程；关系查询处理和查询优化；数据库恢复技术；并发控制和数据库新技术等。

我们对教学内容安排进行了如下调整：在完成关系数据库标准语言SQL讲述之后，进入关系数据理论内容的学习，随后学习数据库设计部分。在学习上述内容的基础上，学习数据库的安全性等知识，并且同步进行数据库实训课。学习数据库设计部分时创建了教务管理系统数据库，并在讲述安全性时，根据现实情况，添加相应的教师用户和学生用户，授予适当的权限。随后，在此数据库的基础上，接着讲述完整性、数据库编程和恢复等内容，并同步完善数据库实训课程中相应的部分。通过对上述内容调整，将知识点贯穿融入案例中去，形成一个完整的知识体系，避免了相互独立的各章节给学生在认知的过程中带来知识点零散繁杂的感觉。

三、改进教学方法，建立主动学习环境

在课堂教学中，多选择一些学生认同的、感兴趣的问题，以此激发学生的求知欲。例如，从学校正在运行的教务管理系统中下载学生的成绩单，将其保存在excel文件中的数据导入到SQL SERVER 2005中。而后，大家共同探索如何用SQL语句计算学生的加权平均分数，并对结果进行排序，以得到每个学生的专业排名；或者求得某个学生已修多少学分，还差多少学分。通过实践此类较为熟悉的问题，有效地激发学生的学习兴趣。

在课堂教学中，采用启发性的问题驱动教学方法。针对要传授的知识，首先提出一个源自实际生活的问题，然后与学生交互并分析问题。同时，在该过程中讲授分析问题、解决问题所需要的理论和方法，引导学生逐步解决该问题。例如，在讲述关系数据理论时，向学生提出问题“将学生表、课程表和选课表三张表合并成一张表或者两张表是否可行？或者是否再分解成更多张表？” 然后，将合并后的一张表向学生展示，让学生自己观察，发现存在的异常，师生相互讨论找到解决问题的办法，从而逐步展开关系的规范化理论。

理论基础课采用“学生信息管理系统”案例教学法。在教学中激发学生的求知欲，提高他们对课程的兴趣，学会独立学习、探索真知，进而逐步形成解决问题的能力和创新能力。在讲解概念结构设计时，首先，围绕大家熟悉的课程部分，设计局部E－R图。然后，扩展设计教师、学生的

局部 E－R 图。最后，讨论在解决属性冲突、命名冲突和结构冲突后，合并三个局部 E－R 图，生成初步的教学管理 E－R 图。这种循序渐进、由浅入深的教学，便于学生对知识的理解与掌握。

通过上述教学方法，学生掌握了相关的知识和技能，加强了对知识的理解和认识，从而培养了主动学习、分析问题和解决问题的能力。

四、重视实践环节，培养应用创新能力

实践教学是数据库课程教学的一个重要环节，为了将理论教学与实践教学紧密融合，鼓励并引导学生将理论知识灵活运用，建立了课程实验、综合实训和校企合作实训为一体的多层次实践教学体系。

1. 课程实验

“数据库系统原理”课程包含 18 课时的实验课。实验课紧密结合理论教学的相关知识点，围绕数据库管理系统的搭建，完成表、索引、视图、存储过程和触发器的创建；数据的添加；数据的简单和复杂查询；完善数据库安全性和完整性；实践查询优化的作用；数据的备份和恢复；实践各类锁对数据库读写的影响。帮助学生理解、巩固并掌握理论教学的内容，提高数据库技术的基本技能。

2. 综合实训

在学习数据库设计部分的理论知识之后，进行综合实训设计，主要分下面三个步骤进行。

（1）选题。由各小组通过调查，选择一些自己感兴趣或有意义的数据库设计项目。例如，本学期选题包括宿舍来访管理系统、酒店管理系统、球队管理系统和志愿者管理系统等项目。

（2）项目实施。根据所选项目，各组同学分工协作，定期交流各自完成的情况。对于设计过程中遇到的问题，通过组间讨论或教师指导，以保证项目能够按时完成。模仿教师提供的实例，进行系统的结构设计和行为设计，在 SQL Server 2005 平台上，搭建数据库，并完成上层程序的开发。

（3）项目验收。在学期结束时，教师组织学生用 PPT 向全班作报告，展示设计成果，并进行设计的自评、互评和教师点评。每组以项目负责人为主，说明项目各模块功能及实现过程，并介绍本组在项目设计过程中遇到的问题以及解决的方法；其他组学生可以提问或提出改进意见，以项目负责人为主进行答疑。最后，由教师对各组的项目进行综合评价，阐明可学习借鉴的优点，以及待完善的地方。

通过上述过程，学生从中获得了成就感，协作研究和相互借鉴，取得了良好的教学效果。但在实际教学中也存在一些问题：部分学生在进行课程设计之初，高估自己的能力，需求提的过高，但到后期上层程序功能模块不完善，整个项目虎头蛇尾；还有部分学生忽视需求分析的重要性，急于进行数据库的实施，造成本末倒置，无法满足需求。

总体而言，学生可利用图书馆和网络资源，或者深入到各行业日常工作中，去搜集和整理信息，最终设计出一个具有实用价值的系统，这样，提高了学生解决问题的能力，增强了他们对于数据库系统设计的理解。

3. 校企合作实训

为了让学生在课程设计中体验到企业真实的项目需求，我院与人大金仓和神舟通用合作共建实训基地，模拟企业工作氛围，让学生在企业化项目的要求下，感受 IT 企业的工作环境和工作流程。同时，按照项目设计流程完成实践内容，规范文档和代码的编写，有效地培养了学生的职业素养。

五、灵活多样的考试方式和评价方法

在学习本门课程过程中，基本技能考试和综合技能考试相结合，采取了相对灵活多样的考试方式和评价方法，增加平时成绩在总成绩中的比重，避免了学生期末临时抱佛脚的境况。

数据库系统原理课程评价方法分为三个部分：平时 30%（出勤、课堂练习、课后作业和实验报告）+ 期中 30%（上机操作 + 笔试）+ 期末 40%（期末笔试成绩）。数据库实训课程采用论文和答辩方式，项目结束后，要求做汇报课件，运行所设计开发的数据库应用系统，展示设计文档。通过本环节，加强了各项目组之间的交流学习。

六、结　　语

通过对数据库系统课程教学内容、方法和教学技术的整合与优化研究，实现课程设置与人才培养目标紧密结合，构建科学的数据库课程体系，激发了学生对数据库课程的学习兴趣，使学生能将所学知识融会贯通，锻炼和培养了学生分析解决问题的能力、实际动手能力和创新能力，全面地提高了学生的综合素质，使其在走向社会时成为用人单位真正需要的人才，在工作岗位也能很快适应工作要求。

参考文献

[1] 王珊、萨师煊：《数据库系统概论》第四版，高等教育出版社2006年版。

[2] 毛嘉莉、李明东、赖晓风：《数据库原理及应用课程教学改革的研究与实践》，载《西华师范大学学报》（自然科学版）2011年第4期。

[3] 曹成志、宋长龙、浦文华：《数据库及程序设计省级精品课建设经验浅谈》，载《科技信息》2012年第3期。

（作者单位：信息工程学院）

社会统计学在宗教社会科学课程中的应用

——从社会统计学的甄别能力谈起①

张　咏　何其敏

中央民族大学在全国十余所民族高等院校中是唯一开设哲学与宗教学本科专业的院校，其中宗教学为省部级重点建设学科。在该校的宗教学专业的课程体系构建当中，宗教社会学等有关宗教的社会科学研究系列课程与国内其他高校一样（如北京大学）一直被设计为“宗教学理论”课程系列，显示了宗教学专业的基础理论课程与其他必修所涉及各大宗教的课程是有区别的。在宗教的社会科学研究领域，例如，宗教社会学除了在理论假设方面有别于普通的宗教哲学外，还有一点非常重要的区别是在于它的方法论层面。这一点也是宗教社会学等社会科学学科区别于其他人文学科的显著特点。

在社会科学研究的方法论中，定性与定量研究是两种基本的研究方式，两者分别源自于自然主义和科学主义的认识论。定量研究的特点是“侧重于、且较多地依赖于对事物的测量和计算。”② 其目标是“确定”变量之间的关系、相互影响和因果联系。从这一点上看，定量研究与定性研究最显著的区别在于擅长运用数字和度量的形式来描述社会事实，而不是尽量多地使用语言文字，从而使以检验理论假设为特点的研究方式成为可能。因此有学者认为：“只有当社会世界能够用数字语言来表示时，它的各个部分之间的确切关系才能得到证实。只有当资料可以通过可信的计量工具用数量来加以表示时，不同研究者的研究结果才能直接地加以比较。没有量化，社会学就只能停留在印象主义的臆想和未经证实的见解这样一种水平上。因而也就无法进行重复研究，确立因果关系和证实的通则。”③

---

① 本文为2011—2012年度中央民族大学优秀课程“宗教社会学”项目建设阶段成果之一。

② 风笑天著：《社会学研究方法》，中国人民大学出版社2001年版，第12页。

③ ［英］哈拉兰博斯：《社会学基础》，上海社会科学出版社1986年版，第60—61页。

而所谓的“测量和计算”用通俗的语言来讲就是如何使用统计计算的问题。按照社会统计学的问题意识，社会研究的统计应用——社会统计学，主要侧重于“社会调查资料收集、整理、分析和推论的统计方法”。[①] 正是在这个意义上，社会统计学这门学科也就成为定量研究各种社会事实的必修课程，也成为其他一些相关社会科学类学科，尤其是一些行为类学科，如人类学、政治学和心理学等学科的工具性课程之一。

定量研究要求对相关的假设和命题进行验证，即通过对社会现象与社会事实运用可检验性的研究方式来进行研究。恰恰在这一点上，社会统计学可以满足这种要求。而社会统计学能够满足这种要求的最基本的特质正是在于它的甄别能力：一种在纷繁复杂的数字公式背后的具有的对社会事实与现象的甄别能力。作为社会学的一门分支学科，宗教社会学所使用的“宗教事实”也应当是一种可以进行量化研究的事实，与社会学意义上的“社会事实”具有一致的特点，“可分为客观事实和主观态度”，“主观态度涉及个人的意见、看法”，“通过大量样本的统计调查，可以概括性地反映客观的社会舆论。”[②] 因而，对于“宗教事实”的定量研究来说，社会统计学的甄别能力一样有效。因为这门课程不仅告诉大家一些认识、了解社会的分析模型，关键是了解到统计学的理论和方法对于“宗教事实”具有的检验、识别的作用。即，主要在于其在检验我们已得到的那些所谓通过“调研”获得的“宗教事实”——对宗教事项研究的过程是否规范、结论的正确性如何等方面都具有很强的甄别能力。对这个问题我们可以从以下几方面来理解。

第一，从以往的社会问题研究范式上看，是否遵循了统计学的一般原理——将抽象概念转化为可操作性的概念，即变量的语言是甄别是否为定量研究的基本点。社会学的研究对象是社会，通过社会调查，对社会的资料进行收集、整理和分析，以便正确地理解和准确地预测社会现象的变化，帮助改进人们的社会生活。

社会研究包括抽象层面和经验层面。抽象层面要解决的是确定课题、假设、命题，经验层面是通过数据支持与证实抽象层面的问题。而在概念与数据收集之间，只有使抽象概念通过定义的操作化才得以测量和量化，使概念所抽象的社会现象和事实达到可进行经验观察的层面，即有状态、类别、规模等特征的区分，形成一系列明确而具体的问题和指标从而才有

① 卢淑华著：《社会统计学》，北京大学出版社 1998 年版，第 14 页。

② 袁方著：《社会调查原理与方法》，高等教育出版社 1991 年版，第 63 页。

可能进行资料收集。

而从现有社会科学研究的基础——方法论层面来看，如果一门学科的研究方式不能还原到数学——一门作为检验意义层面的基本工具的话，说明这门学科的概念和理论是不能经受可重复事实的验证，因而不能被认为是具有社会科学性质的学科。作为社会研究的一个基本理念，社会统计学就是建立在数学理论——以概率论为核心的数理统计学基础上的一门学问，运用科学的方法收集和分析社会事实，其前提就是所涉及的概念必须是可观察、可测量的操作化概念。据此，这一学科特点的重要性在于，它完成了将社会事实的研究从定性研究向定量研究的转化，构成了实证研究的核心内容。因此，它业已成为鉴别是否为实证研究的标准，甚至从某种意义上讲成为鉴别是否为科学研究的一个标准。

或许什么是"科学的研究"问题的讨论要超出对社会学研究范式的讨论，但是，从方法论角度看，以往社会科学研究某种理论的出台，或许是源于个人的社会经验和感受，或许是学术对话的结晶，如社会学理论；而一些学科的理论，也需要经过科学的验证，获得事实的支持，才有可能得到学界的认同。而迈向"科学的验证，事实的支持"的第一步，是走近社会事实，即首先要保证实现对抽象概念进行操作化定义。问题在于，真正实现由抽象概念转化为可操作的变量，一方面要取决于理论水平、思考深度，另一方面又要求对社会事实有相当的认知和解说，否则便无法完成由定性研究向定量研究的转化。而认知和解说的方式，按照科学定义，应当是一些可以得到重复检验性的方式，这些方式在社会统计学看来就是一些数据和图表。

第二，统计方法虽然在社会研究中得到广泛运用，但是是否经得起统计学的验证则是另外一回事。我们对在社会研究中获得的资料进行统计分析是要完成对调查问题从整体上的认知和把握，而整体的认知和把握取决于我们对问题的正确分析，而正确的分析则直接取决于我们收集资料的方法是否科学。如果数据的收集不符合统计分析的要求，那么，据此得出的统计分析的结论很可能就是虚假的。也就是说，信度不够。因此，通过考察社会调查资料收集方法是否符合统计分析的要求，便有可能推论结论的真伪。

从收集资料看，社会研究中的社会调查分全面调查和非全面调查。对所研究全部对象都进行观察与调查，从而掌握整个单位的全部资料的调查为全面调查。而非全面调查又俗称抽样调查，则是在全部研究对象中只调查其中一部分的调查方法。与上述两种调查方法相对应，社会统计学进行统计分析的全部工作主要分两部分：统计描述和统计推论。全面调查多通过统计描述，将所观察的数据、资料进行整理、归纳和分析，以期找到某种规律。统计推论则一般用于抽样调查（非全面调查），即根据抽样得到的资料推论研究总体的情况。

统计推论要完成的任务之一是假设检验。所谓假设检验，“就是先成立一个关于总体情况的假设，继而抽取一个随机样本，然后以样本的统计值来验证假设”。①

这种和抽样手段联系在一起，并且依靠抽样数据进行检验、验证的统计假设，其依据取决于抽样所得到的结果。这里牵涉两个问题：资料获取方法问题、资料的可靠性问题。对于资料获取方法，统计推论最强调的一点是资料必须是通过随机抽样获得的。社会研究中通常有两种抽样方法：随机抽样与非随机抽样、概率抽样与非概率抽样。在这两大类抽样方法中，由于非随机抽样法不受概率的限制，而随机抽样法则必须按照一定的概率来抽样。但由于统计推论是以概率论为基础的，所以只有随机抽样法可做统计推论。

以往的研究中，我们通常一直沿着通过简单地以“个体样本的情况推论总体的情况”的方式来进行研究。而以现在的研究方式看，这种传统研究方式的问题在于，由于社会现象的随机性和变动性，通过这种方式所得到的“必然”结论是否能经得起事实的检验？这也是一切社会研究中试图以局部推论总体的难点所在。因此，如果在选取样本时发生误差，那么根据所抽取样本所得的研究结果就不一定能符合总体的情况。而各种非概率抽样法，因为是根据主观见解或偶然相遇选取的个案，因此，我们不能知道每个个案被选取的概率，因而不能估计抽样的误差，因而不能进行统计推论。而随机抽样，因为满足了概率论的原理，保证了每个样本都获得了被抽中的机会，因此可以通过概率来估计抽样误差，从而可以用来推算出总体的情况。

一项好的社会研究成果不仅在于观点创新、灵感涌动，也在于研究方法、研究过程应该符合科学的要求。如果我们需要检验一项研究结论的“可信度”，只要通过考察这项研究所调查系统与调查方法的选择就大体上可以判断此项研究结论的信度问题。例如，如果该研究使用的是抽样调查，那么我们只要考察其抽样方法、样本规模，就可以甄别其结论的可信程度。

---

① 李沛良：《社会研究的统计应用》，社会科学文献出版社2001年版，第150页。

第三，统计分析本身是对所要解释的问题提供依据，而不是我们的研究结论本身。因此，资料本身的可靠性问题是保证统计数据是否能为研究结论提供信度的重要前提。尽管，对于资料本身的可靠性问题而言是数理统计本身所无能为力的，但是，数理统计分析可以帮助我们发现问题。

社会统计学含有“社会”的含义，多是政府部门、社会研究工作者用来描述社会指标，侧重在资料收集、判断、分析及对资料分析结果的说明。因此，社会统计学已经不仅仅是统计工具和方法。所谓“统计资料”，就是要分析的各种社会现象和事实，这种“统计”上来的社会现象和事实必然受一定的研究假设的驱使，是经人们认知后收集上来的某种社会现象本身（或正在发生的故事）的“统计”。因此，统计资料已经成为社会事实的一部分，而统计资料的背景则是社会生活。因此，对资料可靠性的把握有赖于对社会生活的深入理解与反复考察。

资料的可靠性之所以成为问题，有可能源自三个原因：第一，就研究者来讲，由于身内、身外因素的局限，能否准确地认知社会本身是个难题；第二，社会现象本身的随机性和不确定性决定了人们对其的认识永远是“或然”的。或者说，永远只是在接近“必然”；第三种情况应当属于“另类”，即出于某种原因，有意利用虚假的资料去证实某种假设。

作为一种科学研究方法的统计分析，其威力在于：其甄别能力不仅在于“支持”，而且在于“反击”对事实的“解读”，即：如果人们发现某项统计分析的统计结果与所要解释的问题背离太大，如可能由于结论轻率、由于根据不足或者与事实背反等，则提醒人们再次关注社会事实本身，探索统计数字背后的原因。在讲述这个问题时，我们给学生讲了一个典型的美国总统大选的个案。1936 年美国总统大选不少机构都进行了民意测验，其中《文摘》杂志社寄出 1000 万份询问投票倾向的明信片，然后依据回收的 200 万份结果自信地预言共和党候选人兰登将比民主党人候选人罗斯福多 15% 的选票。然而，选举结果却是罗斯福获胜，并且其得票率反而比兰登高 20%。是什么原因导致《文摘》杂志的预测失败了呢？究其原因，除了抽样方法上的非随机性以及邮寄方式上的原因外，最主要的是对抽样总体的样本和界定不清楚。因为当时抽样所依据的并不是美国全体已登记的选民名单，而是依据电话号码簿和汽车登记簿来编制的抽样框。这样一来，那些没有家庭电话和汽车的选民就被排除在抽样框之外。而当时由于经济大萧条，大量人口沦为下等阶层，而那时的劳动阶层选民被民主党人的主张所吸引，很多人出来给罗斯福投票，从而使《文摘》杂志的预测惨败，不久就关了门。我们讲这个案例的目的就是要求学生在研究中，如果结果与实际不符，就必须检查我们的统计前期和过程中的所有程序是否合乎随机抽样的统计原则。因为结果与实际不符本身就表明，我们使用的方法存在问题。

为了使资料可靠，切实发挥统计分析的优势，社会统计学规定了进行统计分析的一般原则，这就等于交给了人们一把规范和鉴别统计分析的尺子。在此，笔者想特别转述的一点就是要重视统计分析前提条件的考察。具体视角为：资料要有信度和效度；考察资料与所要研究问题的关系。资料是否与所要研究的问题相关，关键是看采用哪些社会事实作为变量的指标。选用不同的指标，可能会带来不同的研究结果。“一般来说，选择指标的标准必须符合变项的含义”①，即资料收集方法的科学性。因此，我们要关注，资料是否是按统计学的方法收集的（抽样方法、样本量、误差问题、主观因素等问题），即在收集资料前，是否根据考察资料的分布特征，选择不同的统计方法。而从样本出发的推论性统计在社会研究中被广泛使用的原因就是因为推论性统计的前提是建立在概率论基础上的样本获取的随机性。

区别于一般的统计学特点，社会统计学不仅是数据收集，它更强烈的意愿是：揭示、反映数据背后社会生活的鲜活本质。因此，在我们进行宗教社会学的定量研究之前，我们首先明确的思路应当是对可作为研究的“合适的宗教事实”的选择，然后再是对理论假设、数据资料、社会背景的确立，这样的思考与做法应当贯穿整个统计分析的全过程。只有这样，才有可能使得一项关于宗教事实的研究成为一项可以重复验证的定量研究，这也正是社会统计学对社会事实与现象进行“量化”研究所独具的甄别能力的体现。

参考文献

[1] 李沛良：《社会研究的统计应用》，社会科学文献出版社 2001 年版。
[2] 卢淑华：《社会统计学》，北京大学出版社 1998 年版。
[3] [美] 戴维-波普诺：《社会学》，李强等译，中国人民大学出版社 1999 年版。
[4] 风笑天著：《社会学研究方法》，中国人民大学出版社 2001 年版。
[5] 袁方著：《社会调查原理与方法》，高等教育出版社 1991 年版。

（作者单位：哲学与宗教学学院）

① 李沛良：《社会研究的统计应用》，社会科学文献出版社 2001 年 2 月版，第 16 页。

汉语文写作课教学改革与实践

阮宝娣

汉语文写作课是针对母语非汉语的少数民族大学生二、三年级的一门专业必修课，以培养学生综合应用所学的汉语词汇、语法、修辞等知识进行书面表达，提高他们汉语书面表达能力为目标，通过规范的、典型的汉语范文的分析讲解，使学生较为全面深入地掌握汉语各类文体的写作基础知识及一般性文体的语篇结构、句子的连接、语意的照应、语气的配合以及修辞技巧、写作的技巧等内容，同时兼顾汉语标点符号使用方法的学习和训练，让学生从“写得通顺”逐步跃升到“写得精彩”，提高学生的汉语写作能力和专业文化素养。课程具有实践性、应用性较强的特点。我校的多个语言文学系均开设了汉语文写作课程，虽然课程名称、课程重点与难点、授课时数等不尽相同，但课程目的与任务、教学内容、教学要求等有相当多的共性。

目前，汉语文写作课局限于教材中的知识体系介绍和写作知识讲授，内容与形式较为单调，写作实践环节因无法激发学生的表达欲望而流于形式，写作评价方式尚不能有效引导学生语言应用能力的改进与提高。这种现状不利于学生写作能力的培养和综合素质的全面提升，更无法满足社会发展对新型复合型人才的需求。因此，汉语文写作课教学亟待改革，应当在课堂教学中引入相关语言学前沿研究成果，同时充分利用多媒体、网络信息等教学资源丰富和活跃课堂教学，激发学生的写作欲望，充分体现课程的实践性特点，建立科学且操作性较强的写作评价方式等。

一、重新定位，调整教学目的与任务

汉语文写作课的性质决定了教学应围绕写作基础知识、理论、不同文体结构及组成篇章的词语、句子、语法等要素展开。传统的针对母语非汉语少数民族学生的汉语文写作课，往往立足于自上而下的“传道授业解惑”，重视写作基本知识、理论和技巧的讲授，倾向于纠正偏误、雕琢细节，在范文分析、表达训练环节中，注重汉字书写、遣词造句、语法运用、标点符号使用等，结果导致了理论与实践脱节、篇章认知不足、细节训练过度等问题，无法实现预期的教学目标。

因此，教学目的和任务的制定，不仅要考虑教学性质和内容，更重要的是语言认知规律、教学对象的语言水平和需求。以哈萨克语言文学系为例，2008 年至今，都有不少民考汉①的学生考入哈萨克语言文学专业，他们从小在汉语授课的学校学习，汉语水平与汉族学生没有明显差距。面对汉语水平较高学生的汉语文写作课教学，就必须考虑授课对象的特点，制定适合他们水平、有利于拓展其能力的教学目的和任务。

教学目的和任务的改革，包括以下几个方面的内容：

1. 改自上而下的“传道授业解惑”为上下互动的“自我完善”。也就是说，改变往日老师对学生进行填鸭式“满堂灌”的教学方式，确立老师宏观指导与学生自主学习相互配合的原则，引导学生根据个人知识结构的现状，通过自主学习加深基础知识和理论的理解，逐步提高语言表达能力。

2. 改纠正偏误、雕琢细节为语篇认知、结构层次整体把握。少数民族学生汉语学习需要长期的练习，太着意在纠正偏误，反而模糊了学习重点。将汉语语篇认知放在首位，通过大量典型的、代表性范文的阅读、讲解、分析，让学生在把握整体结构的基础上，逐渐改善汉字、词语、句子、语法及标点等存在的瑕疵。这样更有利于学生把注意力放在不同文体的基础知识和理论的学习上。

3. 加入开放性的教学任务，激发学习兴趣。教学任务以讲授书本知识为主线却不局限于书本知识，而是提纲挈领地粗线条讲解，给予设计好的问题，激发学生的学习兴趣，引导他们在实践中学习，在讨论中分析范文，逐步掌握基础知识和理论。

二、应用本学科的前沿研究成果，加快教材建设

母语为非汉语的少数民族大学生入学时的汉语水平逐年提高，社会需

① 参加汉语言统考并报汉语言招生院校及专业的维吾尔、哈萨克、蒙古、柯尔克孜、塔吉克、锡伯、乌孜别克、塔塔尔、达斡尔、藏、俄罗斯 11 个民族的考生。

求趋于创新性、实用性，大学汉语文写作课要想适应新变化，将教学重点从指导学生掌握基本写作知识、具备初级写作能力，转向写作能力的全面提升，因此，教材建设的改革和创新尤为重要。为此，我们编写了《篇章认知与实践：大学汉语写作教程》[①]（以下简称《教程》）。

《教程》针对母语为非汉语的少数民族学生，以社会工作、社会实践需求为目标，根据高校少数民族学生汉语水平的基本情况，将汉语常见文体作为重点进行深入细致的讲解、分析和实践训练，旨在引导学生认识汉语各种写作文体的篇章结构、句法特点、修辞手法、词语色彩等，提高他们运用汉语进行书面表达的能力和运用各类应用文体有效地进行交流的能力。

全书共分 16 个单元，书中涵盖了应用文写作中常见的十几种文体形式，每个单元由写作格式、例文分析、语篇知识、汉语修辞、标点符号、练习等内容组成。例文尽量选取有代表性、典型的作品和文章，篇目难易程度适中，针对性强，有助于学生认识篇章结构特点。练习设计体现了教学实践的实用性，既有理论模式的思考，又有体现二语习得特点的问题，还有激励学生自主学习的开放性题型，可为学生进一步提高语言能力奠定良好的基础。

三、构建自我完善式教学模式

写作能力是一个人多种能力的综合体现，其中既包括观察、阅读、积累、联想、想象、分析、综合及概括能力，也包括抽象、逻辑、表达、创新等能力。为培养学生的写作能力，我给 2010 级哈萨克语言文学专业开设汉语文写作课时，进行了教学模式改革创新，取得了较好的效果，特别是在激发学生自主学习方面效果显著。以议论文的教学为例：

（一）指导思想

将教学内容的安排中传统的“从抽象到形象，从一般到个别，从理论到实践”的教学模式进行换位，按照语言认知和写作规律，形成“从形象到抽象，从个别到一般，从实践到理论”的教学模式。体现在教学实践中就是：提纲挈领式粗线条讲解理论，提出引导性问题，学生进行范文阅读

---

① 该教材的编写和相关研究工作是中央民族大学“985 工程”三期语言学及应用语言学学科建设项目，计划于 2012 年 12 月完成。

并寻找老师所提问题的答案，通过讨论归纳总结范文与理论的关联；学生自主学习较为广泛和稍有难度的知识，分小组展示学习成果；学生互相评价，老师讲评，语篇认知与总结，模仿练习（结构、全文），以命题或自拟题目的形式进行写作练习，典型学生习作评讲等这样一个基本流程。

（二）教学实施步骤

1. 提纲挈领地讲解议论文的基本知识和理论。对概念、三要素、论证方法等进行讲解，结合启发式提问、举例展示并说明等使学生能够加深理解，尽量采用学生比较熟悉的作品，如在同一学期开设的“高级汉语课”中的课文，便于学生理解。

2. 提出引导性问题，请学生阅读范文并分析讨论。教师提出引导性问题时注意由表及里，由浅入深，从有利于学生逐步熟悉知识、不断思考、加深理解的角度出发，帮助学生体会“完善自我式”教学模式。第一步从基本概念的角度提问，如：文章的论点是什么？论据是什么？怎样论证的？采用了什么论证方法？第二步，从各要素之间的关联性进行提问，如：作者使用的论证方法证明观点恰当吗？选择这种论证方法的优点是什么？这里用其他论证法可以吗？第三步，引导学生进行口头模仿练习。一般可以提出这一类问题：你同意作者的观点吗？你打算用什么论证方法？作者的论证方法跟你的相比，各自的优势是什么？

经过这三个步骤，学生既能熟悉所讲授的内容，又能在实践中掌握基础知识和理论，跟随老师的问题逐渐进入模仿阶段，在思考、练习中渐渐完善了自己的议论文知识。

3. 学生总结归纳范文的框架结构特点，对比议论文基本知识和理论，找出其中的关联性。在学生阅读分析了两篇议论文《谈自信》、《勤学与会学》的基础上，启发他们总结出文章的框架结构，对比两篇文章，找出各自的特点和优势，并就论点、论据、论证、结论之间的关联性深入探讨，让学生就汉语议论文基本框架结构有较为全面的了解和认识。

4. 对不同类型和风格的范文进行分析和讨论。从议论文的应用角度，选择风格较为突出、应用范围广、实用性较强的范文，也可以从行文风格的角度，选择论证方法不同的范文。一般以 2—4 篇为宜，既可以单篇分析，又可以进行对比。针对每篇范文，先以小组讨论的方式进行，在小组充分熟悉和基本分析的基础上，在全班范围内进行辩论，各小组阐述自己的看法，在互动辩论中实现深入理解和领会的目的。最后，教师进行必要的总结。

5. 按小组确定自主学习题目，拓宽知识面，并做学习成果汇报演讲。各小组选择自己感兴趣的领域，如论证方法的分类及对比、演讲稿的撰写特点等，搜集相关资料，通过大量阅读、筛选合适材料、讨论与分析、制作学习成果演示文稿等，达到拓宽知识面、增强自主学习能力的目的。在课堂上进行5分钟左右的学习成绩汇报演讲，还可以锻炼学生口语表达的能力。

6. 给出较为宽泛的实践训练题目，各小组做学习成果汇报，老师进行课堂点评。在学生充分掌握所学内容的基础上进行写作训练。为了减少学生搜集写作素材的繁复工作，尽量选择贴近他们生活的训练题目，如在“我对大学生活的认识”范围内，按照各小组学生的实际情况，选择感受最强烈的部分作为最后的题目，写出一篇完整的议论文，并将使用的论证材料制作成 PPT。在课堂上，各小组选两个代表，一个演讲全文，一个展示 PPT，互相默契配合，提高参与度。教师进行点评，肯定成绩，指出缺点和不足，让学生看到自己的优点和进步。最后就整体情况做总结，指出整体优点和普遍性问题，使学生认识到自己今后努力的方向。具体步骤既可以采用先让学生分析，然后教师总结，也可以采用教师指导，学生自己分析、归纳、总结的方法。

7. 语篇认知与总结，教师提出与专业相关的研究题目，引导学生关注学术研究。结合学科特点，简单介绍汉语语篇认知方面的相关理论，指出学生可以进行深入研究的课题，引导他们阅读相关的学术论文。指导学生提出具体研究范围，通过搜集资料，进行分析、对比、研究，做出简单的研究框架。

四、建立灵活多样的评判体系

传统的写作课评判体系通常将注意力放在学生的知识掌握程度、习作水平、测验或期中、期末考试的成绩，或者还包括上课提问的成绩，但是这些都不足以反映出学生写作能力养成与逐步提高的全貌。因此，必须改变原来只看重实践结果的单一评判方式，建立涵盖全面、灵活多样的评判体系，让学生看到自己成长的过程，体会成就感，增强互动中与他人协作的兴趣。评判内容包括：

1. 自主学习表现：学生自由组合，组成固定的自主学习小组，选出小组长。组长除了负责组织讨论外，必须记录每次组员参与和承担的具体任务等，相应数据将作为评判的要素之一。

2. 课堂实践表现：范文的分析、讨论、阐述看法等，主要就学生参与的积极性、发现问题的能力、阐述的逻辑性等作为评判的要素，以激励学生积极参与、认真思考、踊跃发表观点和看法，锻炼表达能力。

3. 习作点评表现：从学生的习作中，挑选有代表性的作文公开进行分析评判，引导学生展开讨论，找到其优点和不足，并与自己的作文进行对照，找到自己文章的差距并修改。

另外，选择内容与学生生活、学习关系密切、学生非常感兴趣的相关习作，让学生从自己的所看所感中进行自评和互评，在互相切磋交流中取长补短，共同提高。

4. 文章发表表现：利用系科创办的刊物或班级创办一份内部刊物，由写作教师把关，将学生习作中的优秀作品遴选刊发出来，互相品评、共同鉴赏，收获勤奋的果实，体验成功的快乐，增强写作的兴趣。要求学生每学期至少发表一篇作品（个人撰写或小组集体撰写均可)，该学期的写作成绩才算过关。

5. 资料搜集表现：要求学生针对每种文体搜集两篇相关资料，内容必须与教材中本章节的范文有相关性，并做简单的功课，如挑出生词、注明使用搭配、总结概括每段主题、简述全文主要内容等。

6. 研究表现：鼓励学生就不同文体中的语篇认知方面的问题，结合学科特点，进行一些有针对性的研究工作。对于写出研究大纲、分析文章或小论文的同学给予一定平时成绩的加分鼓励，以此引导学生培养自学能力、分析研究能力，为撰写毕业论文打下基础。

五、小　　结

运用认知语言学、语篇理解、语篇分析、语篇的衔接与连贯等方面的研究成果对大学汉语文写作课进行改革，是教学改革中的一个富有创新意义的思路。多媒体技术、互联网信息共享、交叉学科互动等，为教学改革提供了丰富的写作素材、写作理论和写作研究成果，为教学改革的成功奠定了坚实的基础。虽然在教材建设、利用现代信息化的教学环境、评判体系等方面还存在一些不同程度的问题，但基础写作教学要实现合理、深刻、全面的改革，尝试新的方法和技术势在必行。

参考文献

［1］王寅：《认知语言学》，上海外语教育出版社 2007 年版。
［2］鲁忠义，彭聃龄：《语篇理解研究》，北京语言大学出版社 2003 年版。
［3］胡壮麟：《语篇的衔接与连贯》，上海外语教育出版社 2003 年版。
［4］黄国文：《语篇分析概要》，湖南教育出版社 2001 年版。

（作者单位：中国少数民族语言文学学院）

教学管理研究

我国少数民族预科教育与英国及我国香港预科教育模式的比较研究[①]

吕炳丽

一、英国和我国香港的预科教育模式

（一）英国的预科教育模式

英国是最早建立完备的现代公共教育制度的国家。大学预科教育是英联邦国家普遍设立的一个教学层次。大学预科或单独开设，或直接附设于中学或大学，成为其组成部分。

英国的公共教育制度分为初等教育、中等教育和继续教育三个相互衔接的阶段。中等教育分为文法中学、技术中学、现代中学、综合中学及中间中学5种类型。与英国社会分层结构相适应，英国中等教育具有双轨制的特征，即一类中学给学生施以职业教育，为将来就业做好准备；另一类中学则主要给学生施以学术教育，为进一步接受高等教育做好准备。预科则在后一类中学教育中体现。

预科教育是在文法中学的高级阶段中表现出来。“文法中学是英国最古老的一种中学，它为20%智力较高的儿童提供学术课程，为大学学习打下基础，在公立中学中地位最高”。[②] 文法中学分基础阶段和高级阶段，学生修完基础阶段课程后参加普通水平教育证书考试，合格者进入中学的高级阶段，一般学习二到三年。在这个阶段要进行学术分科，但不进行职业定向。通常分为文科和理科，并设选修课。结业时要参加高级水平的普通

---

① 本文系“中央民族大学2009—2010年度自主科研计划项目”（项目编号：0910KYZY42）研究成果。

② 吴文侃、杨汉清主编：《比较教育学》，人民教育出版社1996年版，第218页。

教育证书的考试，合格者可以申请进高等学校。这一阶段是中学到高等学校过渡的重要环节，目的是为了对学生讲授与未来专业有联系的普通学科的较深知识，发展学生的智力和脑力劳动的技能，为高等学校培养高质量的学生，实际上具有大学预科的性质。

英国当今大学预科课程有三种体系：一是两年制预科课程，即普通教育高级水平证书课程，简称 A Level（中学高级水平考试），是英国大学普遍接受的入学要求，也是入读英国著名大学的主要途径；二是大学先修课程（即通常的 Foundation Course），一般是一年，读完后可以升读大学的学位课程，再进入相应大学的对应专业；三是 GNVQ（国家通用职业资格教育），是一种兼顾文化教育与职业教育的预科课程，分为三个等级：初级，中级与高级，如果读完了高级，可以报读大学。此外，还有一种国际预科课程，叫做 IB 课程，通过这种课程的学生，原则上可以申请西方国家的任何一所大学①。

（二）我国香港的预科教育模式

受殖民政治的影响，香港预科教育制度的确立及沿革，基本上仿照英国的教育制度，预科教育在中等教育阶段体现。

1841 年英军占领香港后，港英当局致力于推行重英轻中的文教方针，使英文中学的数目超过中文中学，在学制建设上也属于英国化，规定英文中学的学制为“5·2 制”（中学 5 年，预科 2 年），使预科教育制度规范化、法令化。1960 年，香港教育委员会提出关于中文中学改制的讨论。次年 2 月，宣布改制计划：中文中学改制为“5·1”制，即中学 5 年，预科 1 年，中文中学的预科制度由此定位。

1963 年，香港中文大学成立。此后，香港中学制度定型，即：中学 5 年（初中 3 年，高中 2 年），预科 1 年或 2 年。具体而言，中学分为文法中学、工业中学、职业先修学校三类，均为 5 年制。文法中学约占中学总数的 90% 左右，在中学里地位最高，为学生升学而设，课程以学术科目为主，预科班设在文法中学。后两类中学为就业而设，主要为学生接受职业训练奠定基础。文法中学前 3 年为初中，四年级开始分流为文、理、商三科。学生完成中学 5 年课程后，均须参加全港中学会考。考试不通过者，发给“中学教育证书”离校；会考通过者，可依据本人志愿进入 1 年或 2

---

① 英国大学预科课程的三种不同体系，网址：http：//www. enchinese. com，2011_ 06_ 19。

年的预科班继续学习。一年制预科以中文为教学语言，学生读完1年后参加“高等程度会考”，成绩符合要求可申请进入香港中文大学；二年制预科以英文为教学语言，学生读完两年后参加“高级程度会考”，合格者具备就读香港大学、香港科技大学、香港理工学院、香港城市理工学院及香港浸会学院的资格，同时具备进入中文大学的优先权。所以，香港中学5年基础阶段后的教育强烈地表现为预科教育性质。

1977年，港英当局曾建议将预科统一为两年。1979年，强令浸会学院和岭南学院改制，以利两年制预科的推行。1981年，香港政府邀请知名教育家组成顾问团，对香港教育进行全面检查和评估，要求“重新设计预科制度”。1988年，专设“中央教育工作小组”，负责制定统一预科制度的实施方案。1992年，香港预科教育制度统一为两年制，解决了学制不一，接轨不便的矛盾。教学内容既补习中学知识又涉及大学的基础内容，教学任务较重。核心课程有英语文、中国语文及文化、社会及人文学科共3科。

2000年，香港政府开始部署教育改革，经过多年努力终于在2009年新学年起正式实施三三四学制。

二、我国民族预科教育模式

我国少数民族预科教育（简称民族预科教育）是利用普通高校在教学、师资、设备等方面较为先进的条件，依据国家政策由高等院校对当年参加普通高等学校全国统一招生考试，适当降分，择优录取的少数民族高中毕业生或具有同等学力的少数民族学生，实施包括基础教育高级阶段和高校本、专科基础课程阶段的部分教学内容为主进行教学的一种办学形式。民族预科教育是从少数民族地区特点和少数民族学生特点出发，为培养和造就少数民族人才而采取的一项特殊措施，是高等院校应尽的责任。

从生源上区别，我国民族预科教育有从全国各地招收的民考汉学生（民考汉，指的是少数民族学生在参加全国普通高等学校统一招生考试时，使用汉文答卷。民考汉的少数民族学生，主要是报考运用汉语言文字授课的普通高等学校或专业）；有从新疆招生的民考民学生（民考民，指的是少数民族学生在参加全国普通高等学校统一招生考试时，使用本民族文字答卷。民考民的少数民族学生，主要是报考运用本民族语言文字授课的普通高等学校或专业），但主要是民考汉学生。如，中央民族大学2010年新生中民考汉学生376人，新疆籍民考民学生73人。2011年新生中民考汉学生361人，民考民学生67人。

从学制分，有一年制预科班和两年制预科班，但除特殊规定外，一般学校的预科是一年制的。一年制预科班大都是从全国各地招收的民考汉学生，中央民族大学等部分高校称之为全国班。这一层次的学生基本上与普通高中应届毕业生相同，不存在语言障碍的问题，在预科侧重补习文化课。两年制预科班基本上是从新疆招收的民考民学生，中央民族大学等部分高校称之为新疆班。新疆班学生在两年的学习时间里，既要补习文化课，又要强化汉语学习，为将来更好地学习专业文化知识打下牢固基础。对维吾尔、哈萨克、柯尔克孜等少数民族学生进行的汉语教学，属于第二语言教学范畴，这一教学形式历来是民族预科的重要教学任务之一。

从招生类别分，有文史类、理工类、体育类、艺术类等。

从培养类型看，大体有三种：一是为本校培养（预科阶段和本科学习阶段都在本校）和既为本校培养也为其他兄弟院校承担预科生培养任务（预科阶段在委培学校学习，预科阶段学习结束，考试合格转入录取学校学习）的民族预科教育学院。例如，中央民族大学预科教育学院 2010 年共结业 429 人，其中本校预科生 167 人，为中山大学、北京外国语大学、中国传媒大学等 11 所学校委培民族预科生 262 人。2011 年结业 435 人，其中本校预科生 172 人，为中山大学、中南财经政法大学、中央戏剧学院等 12 所学校委培民族预科生 263 人。二是专为本校承担民族预科生培养任务的高校，如新疆和内蒙古地区的高校，基本上都属此类。三是主要为省（区）内高校承担预科生培养任务的高校，如广西民族大学预科教育学院、贵州民族学院预科教育学院、吉林省教育学院、黑龙江职业民族学院、吉首大学民族预科教育学院等。

民族预科学生入学后，不像本科教育按专业分班，也不像基础教育混合编班，而是按照高考时的考生类别来分班，即文史类考生编入文科班，理工类考生编入理科班。学生在预科学习一年或两年，学习期满，经考核合格者，不再参加全国高考，直接升入录取学校本科有关专业学习。文科班学生升本时可以选报文史类相关专业，理科班学生选报理工类专业和文理兼招的有关专业。为满足学生个性发展的需要，适应不同起点、兴趣爱好各异的学生不同的学习要求和专业分流的需求，文、理班开设的课程有所不同，教学内容也有所差别。也有的学校按学生的文化程度分班，如高班、中班、低班等。有的按招生地区和学生语言类别分班，如新疆班、西藏班等。

民族预科教育不论在教学方面还是在学生管理方面，都与高中或本科教育有较大区别，不同学校的预科教育也有不同的情况和特点。民族预科生基本上来自边远农、牧区或是少数民族聚居及与其他民族杂居地区，学生的文化层次、风俗习惯、心理素质，乃至宗教信仰都各不相同；学制有一年制的民考汉，也有两年制的民考民学生；有为本校培养的本校预科生，也有为外校培养的委培生；既有高考分数超过重点本科录取分数线的学生，也有分数远低于本科线的学生，实际情况相当复杂和具体。如何在一至二年的时间内针对不同学生的特点和不同需求层次有的放矢地提高学生的综合素质，培养他们的创新意识和能力，为升入本科打下坚实的基础，责任重大，任重道远。

三、我国民族预科教育与国外及我国香港预科教育的相同之处

从预科教育的基本功能上看，各国的预科教育有很多相同之处，我国民族预科教育与国外及我国香港预科教育都涵盖以下功能。

（一）具有相同的本质和内涵

我们可以在归纳所有关于“大学预科教育”解释的基础上，给“大学预科教育”下一个不成熟的定义，即“大学预科教育是指国内外高等学校，特别是英联邦国家的高等学校普遍设立的一个教学层次，是专指中学与大学之间的一种特定的教育阶段。大学预科一般直接附设于大学或中学，也有单独开设的。大学预科教育在加强基础教育的同时引入大学本科教育的机制和管理模式，从而为高等学校培养出高素质的新生。它既是中等教育的一种延伸，又是进入大学本科前的一种过渡期教育”。① 无论是我国的民族预科教育还是国外及我国香港的预科教育，都具有这种相同的本质和内涵。

（二）都具有选拔的功能

我国的民族预科教育或国外及我国香港的预科教育，都是为学生升学做准备的教育机构，基本上是介于中学和大学之间的一个教学层次，一般都规定“考试及格的可升入大学”，说明升学有一定限制，选拔的功能已然建立。例如教育部《普通高等学校少数民族预科班、民族班管理办法》（教民〔2005〕5 号）对民族预科学生结业既有课业学习的规定，也有思

---

① 夏征农、陈至立主编：《辞海》，上海辞书出版社 2009 年版，第 113 页。

想品德的要求，应该说选拔的功能十分明显。即使是预科教育制度十分完善的香港，预科长达 1—2 年，也是主要用来准备地方大学的入学选拔考试，这对于解决香港大学学额不足，保证大学新生的质量，发挥了较好的选拔功能，也有利于社会人力资源的分流。

（三）适应能力培养

“学生在进入预科学习之前，所养成的学习、生活等各方面的习惯可能不太适应将来要进入的目标学校的要求，预科教育作为中学和大学的衔接阶段，在能力训练方面为学生提供了一个过渡平台。”① 预科阶段着重培养学生独立生活的能力、自学自治能力、待人处世的能力、沟通协调能力和语言表达能力等。一方面使学生有一个语言的适应期，更重要的是，让他们对大学的教育体制、管理模式、教材体系和教学方法等有一个观念转变的适应期，保证了他们将来能顺利地进入目标学校，更好地适应那里的学习和生活。

（四）素质教育功能

预科阶段是学生形成正确的世界观和人生观的关键时期，也是对学生进行素质教育的最佳阶段，因此各国的预科教育“无论在教学内容上还是教学方法上，都非常注意突出过渡时期的特点。教学中，既不像中学那样严管严教，手把手辅导；又不像大学那样，自我中心，自学为主。在学术管理上，有收有敛；在教学上，有紧有松”；② 坚持“以人为本”，突出“素质教育”。

（五）语言强化功能

民族预科教育和国外预科教育基本上都具备语言强化功能。我国很多少数民族学生在小学阶段、初中阶段、高中阶段接受的是民族语言学习的过程，当地的汉语言环境相对比较差，整个汉语教学水平也存在着一些问题，很多学生到内地的高等学校来读书，首先可能存在的就是语言障碍。所以预科首先要强化这些学生的汉语听说读写能力，先过语言关。对于部

① 林锋、席晓靖：《当代预科教育综述》，载《北京邮电大学学报》（社会科学版）2007 年第 4 期，第 57 页。

② 何修文：《大学预科教育的几个理论问题》，载《暨南学报》（哲学社会科学版）2005 年第 2 期，第 123 页。

分来自新疆等地的预科生来讲，熟练掌握汉语是进入高等院校学习的前提。

四、我国民族预科教育与国外及我国香港预科教育的不同之处

（一）预科属性不同

英国、中国香港等国家和地区，大都把预科教育归属于中等教育，预科教育由中学承担。我国内地则是在高等学校附设预科，它既不同于基础教育，又与普通高校专、本科教育有区别。这种介于基础教育之后，具有一定高等教育特殊性的民族预科教育，是对民族基础教育的有益补充，属于高等教育的范畴，是高等教育的一个特殊层次。把预科教育作为高等教育的一种特殊形式，可以发挥高校办预科的很多优越性：一是高校师资力量强，设备条件好，能保证教育质量；二是环境条件好，学生见世面广，有助于学生的学习。

（二）教学内容存在很大差异

我国民族预科教育虽然从属性上讲属于高等教育的一部分，但是具有明显的基础补习性质。以中央民族大学为例，教学的侧重点在于怎样与大学的教育接轨，语言和基础课的讲授是教学的重点。1978 年以前，预科主要讲授高中必修课程，使用国内人教版高中教材，基础补习占据了绝大部分教学内容；1978 年以后，虽然进行了大规模的教材建设，出版了大学预科系列教材，但就这几套教材的具体内容看，仍然把重点放在了基础文化的补习上。

香港的预科教育目前属精英教育，主要由中学提供，但由于预科教育也是大学教育的预备课程，香港不少大学都开办有预科课程，它对于保证大学新生的质量，发挥了很好的选拔功能，有利于社会人力资源的分流。具体而言，想考入高等院校的学生必须完成 13 年的正规学校教育，再读 1—2 年预科来准备高等院校的入学考试，如高等程度会考（HL）和高级程度会考（HKAL）等。预科实际上由高中和大学各拿出一年合并而成，纯为备考而设，其大学预科教育基本上是一种应试教育，因此预科既要补习中学的教学内容又要涉及大学的基础内容。

（三）招生对象不同

国外和香港的预科教育是进入大学的必修阶段，面向全体学生招生，没有特定对象。根据西方大多数国家的教育体系，海外高中生如欲进入大学读本科，必须先通过该大学1年的预科课程，即大学前准备课程，才能获得入学资格，而不需要参加大学统考。预科课程设计由国外大学提供，除了过语言关，预科生还必须学习所读大学专业的预科课程，各科成绩毕业考试合格、获得预科文凭后，才能就读国外的大学。

内地只有部分高校开设民族预科教育，且不对全民招生，招生对象仅限于少数民族学生。少数民族预科的招生为国家下达的指令性计划，因此，并不是所有的学校都有预科招生计划。考生可以根据省级招生办公室公布的招生计划来查阅预科招生计划的情况。报考预科的考生必须要符合预科招生的条件，比如，报考少数民族预科的考生必须是少数民族，而且学校必须要在考生所在省（区、市）有招生计划才行。学生要参加当年高考，择优录取，学生学习结束获得结业资格后，直接升入大学。如中央民族大学预科教育学院只招收少数民族考生（考生能否报考还要参看所在省、区、市招办有没有其他地域、民族等方面的要求）。预科计划分省划分，考生填报志愿的方式和普通专业相同，并同样按照分数从高分到低分择优录取。录取时可适当降分，降分不低于考生所在省（区、市）同科类本科最低录取线下80分（不含民族照顾分）。

招生制度的特殊性，使得我国民族预科教育民族特色鲜明。这种特色体现在两个方面：

一是以少数民族学生为教育对象。民族成分结构的不同是民族预科教育最具特色的方面。虽然普通高等学校的本科专业也招收一定数量的少数民族考生，也对少数民族考生给予政策性照顾，但是民族预科学生的民族构成还是与本科生有很大不同。民族预科是将招收少数民族考生作为一项必须条件，学生全部是少数民族。从全国范围来讲，以单一的少数民族学生为教育对象只存在于一部分初等教育或极少数中等教育层次中。在高等教育领域，只有民族预科以少数民族学生为教育对象，学生的个性有着鲜明的边疆民族特色，尤其是省区高校举办的民族预科，学生更是带有明显的民族性特征。如内蒙古自治区所设民族预科的生源主要是蒙古、鄂温克、鄂伦春、达斡尔等内蒙古地区的少数民族；青海、西藏所设民族预科的生源主要是藏族；甘肃、宁夏所设民族预科的生源主要是回族；新疆所设民族预科的生源主要是维吾尔、哈萨克、柯尔克孜等新疆维吾尔自治区内少数民族；广西所设民族预科的生源主要是壮族；延边大学少数民族预科生主要是朝鲜族等。这些民族预科虽然没有以民族冠名，但在学生构成、教育内容、教学形式上都有明显的民族特征。

二是党的民族政策在高等教育中的重要体现。民族预科的工作不仅是高等教育工作，也是民族工作的组成部分。民族预科的办学方针、根本任务非常明确，为少数民族学生和民族地区服务的特点十分鲜明。民族预科教育正是在党的民族政策指引下得到不断提高、不断发展和完善的。

主要参考文献

[1] 林锋、席晓靖：《当代预科教育综述》，载《北京邮电大学学报》（社会科学版）2007 年第 4 期。
[2] 何红卫、何修文：《香港与内地大学预科教育之比较》，载《暨南学报》（哲学社会科学版）2005 年第 2 期。
[3] 吴文侃、杨汉清主编：《比较教育学》，人民教育出版社 1996 年版。
[4] 操太圣、木戈：《香港预科教育制度述评》，载《教育研究与实验》1997 年第 1 期。

（作者单位：预科教育学院）

会计学专业本科毕业论文设计中存在的问题与对策研究[①]

刘璐琳 赵晓千

一、引 言

创新精神与实践能力是指大学生在学习、工作中表现出来的创造、发明素养，完成实践教学环节学习任务，参加社会实践、社会活动和运用所学知识解决生活、生产、技术等方面实际问题的能力。国家中长期教育改革和发展规划纲要（2010—2020）认为，“坚持以人为本、推进素质教育是教育改革发展的战略主题，是贯彻党的教育方针的时代要求，核心是解决好培养什么人、怎样培养人的重大问题，重点是面向全体学生、促进学生全面发展，着力提高学生服务国家人民的社会责任感、勇于探索的创新精神和善于解决问题的实践能力”，明确要求教育部门（机构），尤其是高等教育部门（机构）应充分重视并致力于培养学生的创新精神与实践能力，并把其作为推进素质教育的重要举措之一。

毕业论文是大学生综合应用大学阶段所学的专业知识，围绕某一课题，在教师指导下独立思考，进行创造性思维活动的一项重要的实践教学环节。因此，毕业论文是加强学生创新精神与实践能力培养的有效途径之一，但就目前情况来看，我校本科生毕业论文的质量总体还不乐观，需要我们予以关注和解决。

我们管理学院工商管理的一级学科点已经获批，包括会计学、旅游管理在内的 7 个二级学科硕士点也陆续建立。可以预见，管理学科将成为中

① 本文是 2011 年度中央民族大学校级教学改革项目“会计学专业本科生毕业论文指导方法研究”的阶段性研究成果。

央民族大学未来发展的重点学科之一。如何提高管理类专业学生的创新精神与实践能力势必成为学校教学管理，乃至人才培养整个大局工作的重要任务之一。但目前关于借助毕业论文培养学生创新精神与实践能力的研究文献多数以工科专业为主，对于文科，尤其是管理学科的相关研究较为薄弱。因此，以会计学专业为突破口，结合我校学生、教师与教学科研等方面实际情况开展旨在提高创新精神与实践能力的管理类专业本科生毕业论文指导方法研究对提高我校人才培养质量，实现我校创建“特色鲜明、国际知名的高水平、研究型世界一流民族大学”的宏伟目标以及对全面贯彻落实国家中长期教育改革和发展规划均具有重要的理论与实践意义。

二、会计学专业本科生毕业论文设计指导中存在的主要问题

作为培养学生创新精神与实践能力的重要载体，毕业论文的质量备受关注，对毕业论文的指导便显得尤为重要，然而目前在毕业论文的指导上存在一系列问题，影响着毕业论文的质量，需要我们去思考和改善。

（一）本科生创新精神和学术素养的培育还处于初级发展阶段

我国的大学生都是经过高考进入大学的，中学时代的应试教育在写作方面对大学生们造成了很大的影响，不仅造成了学生们思维的僵化，也没有使学生们养成查阅资料的能力和习惯。大学本科阶段应逐渐引导学生实现由接受知识向探索世界转变，加强大学生实践能力和创新精神的培养。目前，许多院校的会计学教学对锻炼学生论文写作能力的重视尚有不足，学生们在大四以前很少有机会写论文，这使得他们没有得到相关的系统训练。此外，由于缺乏有效的指导和监督，学生们在平时也缺乏查阅资料、阅读文献的习惯和经验，故而往往迷失在大量的文献之中，难以找到对自己有用的信息。这种平时教育的欠缺，使得很多学生在写毕业论文之时存在临时抱佛脚的现象，对毕业论文质量的提高产生一定的影响。

目前，管理学院非常注重学生创新精神和实践能力的培养，并依托北京市、学校项目鼓励学生参加各种大量的学术活动，比如“挑战杯”、“暑（寒）假社会实践”、“企业家计划”等等，为后期毕业论文的写作奠定了一定的基础。但是，从会计学角度来看，存在的主要问题是与会计学专业结合少，会计学专业学生参与少。不过，在老师的指引下，我院会计学专业学生近一两年来参与各种学术竞赛的比例有所增加，在潜移默化中为以后高质量的毕业论文写作打下较扎实的基础。

（二）论文撰写时间设置需要改变

高等院校的本科毕业论文撰写与学生就业和考研在时间上存在着严重的冲突。根据一般院校的毕业论文计划，毕业论文撰写时间一般安排在大四，但这同时也是考研同学最紧张的复习时刻和找工作的同学最为活跃的时间。而对这些即将毕业的同学来讲，就业和考研都是关系到前途命运的大事，这段时间也是学生考研、找工作比较集中的时间，学生也疲于应付，有的学生甚至连人都找不到，导师与同学仅靠邮件交流，沟通效果大打折扣。而会计学专业论文通常会涉及很多较为深奥的专业性问题，很多学生若是失去了导师指导，根本无法独立完成。这种时间问题的存在使得高质量毕业论文较难得到保障。

（三）学生实践经验不足

杨叔子院士指出“创新之根在实践”。目前大学生实践经验的普遍缺乏已成为影响其毕业论文质量的重要因素，尤其对于会计这种操作性强，而又与实践联系较紧密的专业而言。当前许多院校虽说在计划中有很多社会实践（实习、见习、社会调查、企业参观，等等），也往往因为经费不足或者时间不够等各种原因难以付诸实施，有的实践活动即使实施了，也往往流于形式。

在这方面，我们会计学教研室已经有所尝试，已经与国内知名的会计师事务所建立长期合作关系，创建实习基地，每年大四上学期输送学生去实习基地实习，在一定程度上增强了学生对会计理论的感性认识。

此外，现在一般大学都在大四上学期阶段安排或者要求学生实习，这种制度设计的初衷无疑是好的。但从毕业论文写作的角度进行分析，实习与论文写作之间并没有太大的关系，难以为论文提供有效的指导。这种理论与实践经验的缺乏，甚至脱节导致很多本科生的论文大都过于理论化，难以发现创新点，甚至观点过于理想主义或者对实际问题没有起到一定的启发和指导作用，失去了论文写作的意义，这也是导致毕业论文质量难以提高的重要原因。

三、提高会计学专业毕业论文设计质量的对策与建议

毕业论文在指导上的种种不足，极大地影响了毕业论文的质量，限制了其作用的发挥，难以实现高等院校培养学生创新精神与实践能力的目

标。那么我们应该如何改善这种情况呢？笔者有以下建议。

（一）充分发挥青年教师在论文指导中的作用

教师是实施创新教育的主体。“创新型人才的培养工作做好，首要任务在于需要不断解放思想，更新人才培养的观念。”① 要通过毕业论文的设计提高学生的创新精神，首先要求教师要有前瞻意识。在师资队伍建设方面，学校一方面应当针对学生队伍的不断壮大，适度扩大师资力量，使得师生比例维持在一个合理的范围之内；另一方面，要特别加强对青年教师的关注和重视。相对于老教师来讲，青年教师更容易接受新理念、新知识、新方法，青年教师也普遍愿意与学生交往并付诸实际。因而学校可以着重培养青年教师的授课能力和科研能力，鼓励他们肩负责任。这种做法不仅有利于保证学生的毕业论文能够得到充分的指导，还可帮助他们打破陈规、更好地接受新的理念和观点，促使学生提高毕业设计的质量。

（二）以研究性教学为主，实施双导师制，加强论文写作过程中的理论与实践的结合

“研究性教学是充满探索的教学方式，最基本的特征是师生共同参与，在教学过程中发挥教师教学的主导作用，形成学生学习和主体意识。”② 毕业论文设计是大学生进行创造性思维活动的重要实践教学环节，也是对前面课程学习的总结。因此，我们会计学教研室在学生前期的课程体系学习中始终坚持以研究性教学为主，注重学生创新精神和实践能力的培养。

“在学生基础、智力、兴趣、志向等有很大差异的大众化教育时期，那种沿袭计划经济时期的单一模式和统一要求，显然是不现实也是不合理的”③。目前，本科毕业论文的设计主要是通过指导老师的方式对学生论文进行指导。如果能建立本科生论文导师与实践导师双导师制度，将导师制引入本科阶段，学生和导师双向选择，激励和引导优秀的本科生参与到导师的课题中来，则更有利于促进师生交流，通过导师的“传、帮、带”尽

---

① 王小力、李宏荣、徐忠锋、张孝林：《提高教学质量，创新拔尖人才培养》，载《中国大学教学》2011 年第 12 期，第 14 页。

② 黄立宏、龚理专、李勇军：《拔尖创新人才培养的探索》，载《中国大学教学》2009 年第 6 期，第 24 页。

③ 马知恩：《深化教学改革加强师资队伍建设培养高素质创新型人才》，载《中国大学教学》2011 年第 3 期，第 13 页。

早培养学生严谨的学术素养，加强理论与实践的联系，提高本科生毕业论文质量，切实达到通过毕业论文写作提高本科生创新精神和实践能力的目的。

（三）实行论文导师坐班半天制度，加强师生互动

在毕业论文指导中，师生之间的沟通情况会直接影响论文指导的效果。因此，笔者建议实行论文导师每周坐班半天制度，即学生答疑时间固定化。具体时间由论文导师自己确定，并统一汇报给学校，学校可将时间公布在网上，供学生查阅。若论文导师在该时间临时有事，要及时通知学生，并另择时间补上，以此保证师生能够进行充分的面对面的交流，改善沟通效果，提高毕业论文的质量。

（四）加大导师指导论文的工作量，从导师主动性视角确保本科生论文质量提高

对导师而言，指导毕业论文较其他工作如完成教学任务，做科研项目等，任务更烦琐、耗费时间更长，获得的回报却不多。目前，我校指导本科生毕业论文的工作量为5个学分，与其他同类高校相比偏低。尽管如此，我们还是认真按照进度对学生的毕业论文进行指导。下图是笔者随机调查的10所大学里教师指导毕业论文的工作量与该学校的毕业论文获省级优秀论文奖比率的对比图，由图中我们可以看出，两个变量基本呈正相关关系。由此可见，学校如果适当增加教师指导毕业论文的工作量，尤其增加对指导获奖、获优论文教师的工作量对提高本科生毕业论文的质量具有较大促进作用。此外，学校还可以将各位导师指导论文获奖评优和发表情况在全校公布通告，增强导师的荣誉感；或设立奖励基金，专门对优秀导师进行物质奖励，增强导师积极性，使学生得到更加充分的指导，促进毕业论文质量的提高。

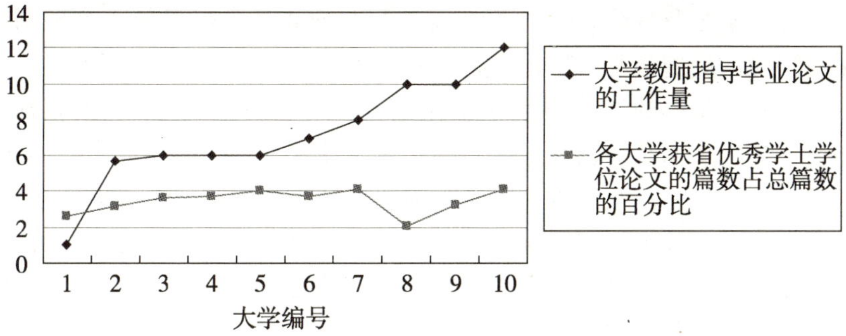

大学教师指导毕业论文的工作量与毕业论文获奖率的关系图

数据来源：作者根据相关数据绘制

（五）完善会计学专业教学计划，确保毕业论文写作时间

1. 大一、大二学年，注重培养学生严谨的学术素养和创新精神

学校应从大一、大二年级就开始培养学生独立思考，查阅文献或者实地调查的能力。比如，学校可以在课程建设方面要求各专业增设论文撰写课，对学生们进行专业化的指导，使得学生们能够对诸如论文如何选题、如何查阅文献尤其是英文文献等写作的方法以及论文格式有系统性的了解和掌握，并帮助他们进一步打开思维，形成创新意识。此外，在平时的授课中，学校可以鼓励老师们选择通过撰写论文的方式进行期中或期末的考察。“撰写课程论文能扩大本科生知识面，增强他们自主查阅科研文献的习惯，培养其书面表达能力，有利于提高学生的学术素质”①。尤其会计教学中往往会遇到一些较为烦琐或理解性强的知识点，老师在平时的教学中应突出培养学生的动手能力，会思考、多写作，加强实践教学，以促进学生们加强对这些知识点的理解。另外，老师可根据课程安排，在课堂上对论文进行点评，尤其对于一些新奇的想法和观点可以拿出来与大家分享，鼓励学生不断创新。目前，我们在课堂教学中也是贯穿上述思想对学生的学术素养、创新精神进行积极引导和培养，比如，会有意识增加对各种论文的点评，对高年级学生毕业论文设计的工作进程予以告知。我们也设计了问卷对学生的意愿进行调查，研究表明，学生在低年级的时期，通常都想写好毕业论文，写一篇高质量毕业论文的意愿普遍较强。

---

① 余一娇：《严格本科生课程论文写作训练的实践与建议》，载《教学研究》2010 年第 2 期，第 7 页。

另外，学校及各院系应当着意安排与专业相关的各种社会实践活动，并采取相应的措施鼓励学生在实践中发现问题、解决问题、进行创新。目前，我院每年举办的“大学生学术作品大赛”，由于作品形式的多样化，对激发学生的学术兴趣，引导他们将实践与理论相结合，培养学生的创新精神有很大的作用。笔者以为若能明确评价标准，提高实践和创新在评价标准中的比重，并加大奖励额度，更有利于促进学生对这方面的研究。此外，由于会计学专业具有较强的可操作性，学校还可以举办“会计实务大赛”等，给同学们更多的锻炼机会。试想若学生真能将在实践中得到的经验和发现的问题应用到毕业论文的写作中，毕业论文定会更加新颖、更具现实意义，整体质量必会更上一层楼。

2. 大三学年，在学习专业课的同时，确定导师，开始毕业论文设计

如前文所述，毕业论文的撰写时间与考研就业普遍存在冲突，因而笔者建议可将时间错开并适当延长毕业论文的撰写时间，由大四一学年延长为大三、大四两年。

首先，在大三上学期，通过学生与导师的双向选择，确定导师和研究方向。其次，学生和导师确定关系之后，鼓励优秀学生参与到导师课题中来，加强科研与教学的结合，逐渐培养学生的学术热情，为毕业论文写作打下扎实的基础。最后，经过近一年的文献积累和实践训练之后，和导师商榷，确定论文的选题，在大三下学期和暑假期间试着完成毕业论文设计和初稿的写作。

3. 大四学年，完成实习与终稿

大四上学期很多学生会关注于就业和考研的问题，下学期大部分学生主要处于实习阶段。根据学生的这种情况，我们在实践中利用各种机会指导学生尽可能结合毕业论文开展实习，带着问题去实践，带着问题去工作，通过实习帮助收集毕业论文写作所需的数据，通过实习增强感性认识，通过实习对毕业论文做出相应的修改和完善。有了实践和理论的交相辉映，更有利于加深学生们对毕业论文的理解，而且通过实践，学生们可以更容易找到其他类似的论文中没有注意到的创新点。在实习过后，学生们可以将修改后的毕业论文交予论文导师，并完成终稿。

以上对大三学年和大四学年的安排不仅有利于学生在理论和实践方面得到更充分的指导，而且可以避免时间上的冲突，从而让学生能够专心将撰写毕业论文和考研就业这两件关系他们未来发展的大事分别高质量地完成。

四、会计学教研室本科生毕业论文设计指导的成效

自项目立项以来，会计学教研室更加关注学生创新精神和实践能力的培养，注重在平时就培养起学生良好严谨的学术素养，严把论文质量关。据不完全统计，2009 级会计学班的同学参与各种学术竞赛并获取较好成绩的比例较 2008 级有较大提高。从 2008 年会计学本科毕业论文最终成绩来看，优秀 6 人，占 14.28%；良 35 人，占 83.33%；中 1 人，占 2.33%。同学们基本都能够运用会计学的知识，对会计学的研究热点问题进行分析和讨论，方法较为得当、思路较为清晰，论文质量较上年又有所提高。有不少同学表现出浓厚的科研兴趣和热情，表示通过毕业论文的设计有所收获。另外，还有部分学生在国外学术会议和国内学术期刊上发表论文。这充分表明，我们通过毕业论文设计提高学生创新精神和实践能力的初衷已经初见成效。

参考文献

[1] 余一娇：《严格本科生课程论文写作训练的实践与建议》，载《教学研究》2010 年第 2 期。

[2] 池国华：《会计本科毕业论文指导的实践、经验及建议》，载《第四届会计与财务问题国际研讨会——会计教育改革与发展》，2004 年 10 月。

[3] 严启英：《“知—研—行”教学方式探索与实践》，载《高教论坛》2010 年第 1 期。

[4] 马知恩：《深化教学改革加强师资队伍建设培养高素质创新型人才》，载《中国大学教学》2011 年第 3 期。

[5] 陈婷：《高校本科毕业论文存在的问题与对策——以广西财经学院为例》，载《高教论坛》2010 年第 2 期。

[6] 王小力、李宏荣、徐忠锋、张孝林：《提高教学质量，创新拔尖人才培养》，载《中国大学教学》2011 年第 12 期。

[7] 黄立宏、龚理专、李勇军：《拔尖创新人才培养的探索》，载《中国大学教学》2009 年第 6 期。

（作者单位：管理学院）

浅议强化教学管理在提高本科教学质量中的作用①

周宜君　孙洪波　郭志永　张琳霞

人才培养、科技创新、文化传承和社会服务是现今高等学校应该承担的四大职能。其中，人才培养是高等学校的根本任务，也是首先应完成的任务。而在现今高等学校的人才培养中，通过本科教学实现人才培养是高等学校的主要形式，也是高校的中心工作。作为高等学校管理工作的重要组成部分——教学管理，要依据高等教育发展的客观规律，在学校教学运行过程中，调节教学系统内外各基本要素及其相互关系的组织、协调、服务和监控，以实现优化教学资源，有效达到既定教育目标的活动过程，因此高效、有序、科学规范的教学管理是深化教学改革和培养创新人才的前提和保障。对于高等学校来说，要实现培养符合时代和社会发展需要的、具有现代创新精神和实践能力的高素质创新人才的目标，必须强化教学管理，树立现代教育教学管理理念，建立有效的教学管理体制和教学运行机制。

一些从事高等教育教学管理的工作者撰文讨论了现今高等学校教学管理方面存在的问题，如管理人员意识淡薄、管理机制僵化、管理手段和管理效率落后等，同时也提出了解决问题的思路[1,2]。民族高等学校是我国高等教育体系中独具特色的组成部分，体现在教育对象的多层次性和教学内容的多元文化性等方面[3]，这种特殊性也要求民族院校的教学管理要建立适合依据教育对象和教学内容特点的教学管理体系。

生命与环境科学学院自建院以来，招收了 8 个本科专业（生物科学、生物技术、化学、制药工程、环境科学、生态学、预防医学和藏医学），分属于生物科学、化学、环境科学、制药工程、医学、中医学 6 个一级学

---

① 本文为国家民委教学改革与质量建设研究项目“民族高校创新人才培养平台的建立与探索”（11005），“北京市基础性学科专业人才培养模式改革项目”（2011），“遗传学精品课程建设项目”（2011）的阶段性研究成果。

科。每年以220—230人的规模招生，在校生的总人数维持在860—890人。由于8个本科专业皆为实验性学科，所以进行本科教学不仅需要正常的理论课教学条件，而且需要实验室和实习基地等必需的平台条件。长期的教学管理工作实践使我们深深感到，要使本科教学工作正常运行，不断提高本科教学质量，必须依赖于教师、学生、管理三方面的共同努力。对于一个学院来说，科学规范的教学管理不单是扮演着服务于教学的角色、维系教学正常运行的保障，更是提高教学质量的关键所在。为使教学管理行之有效，根据学院自身专业设置的特点，在学院院长的统一领导下，建立了主管教学副院长负责，教学办公室、系、实验中心具体执行，重大事件由教授（学）委员会讨论决定的一体化教学管理体制。建立健全教学管理制度，力求使教学管理科学化、制度化、人性化和全程化。通过总结教学管理工作体会，借以检查自己工作中的不足，以明确未来工作的努力方向。

一、提高认识，树立现代教学管理理念

一个学院的本科教学是学校教学工作的实体组织，是具体的实践者，其教学管理工作涉及教学组织、运行、监督等各个层面。学院的教学管理工作看似简单，实则烦琐；看似轻松，实则繁重；看似风光，实则委屈，看似可有可无，实则是学院发展的灵魂所在。

从管理学角度出发，高校的教学管理不仅仅是一般的行政管理，而是兼有学术管理和行政管理双重职能的一门科学，包含组织管理、任务管理以及对自身的管理，需要长期学习和实践才能掌握。因此，作为教学管理工作者，必须通过学习，熟悉教学运行的各个环节和一般规律，了解专业设置的特点和专业发展方向，了解教师特点，了解学生需求，通过综合协调，进而实现教学目标。教学管理不仅是一门科学，同时也是一门艺术。学院的教学管理工作的进行必须协调好与部门和人的关系：与学校教务处协调，完成教务处下达的各项任务，并咨询相关制度或政策；与教师的协调，根据教学计划安排教学任务，组织教学运行，监督教学执行；与学生的协调，组织学生完成相关学习任务，通过各种实践活动的组织，使学生能够实现学习知识、培养能力和提高素质的本科教学目标。由于学院教学管理工作要对学校负责，对教师负责，对学生负责，所以，有效的教学管理工作需要以制度维系，既要科学化、规范化，又要人性化；既是教师和学生的服务者，又是管理者。

此外，顺应时代对高校人才培养的要求，教学管理也要根据自身发展

的需要，不断进行改革创新。教学管理工作者需要以人才培养为中心，立足于充分发挥教师的主导作用和学生的主体作用，树立以人为本的管理思想，确立教学管理的科学化、制度化、人性化和全程化的现代教学管理理念：建立健全管理体制，分工负责，责任到人，实施科学化管理；根据学院的自身特点，逐步建立和完善操作性强的符合学院实际需求的教学管理制度，实施制度化管理；教学管理为教师服务、为学生服务，体现教学管理的人性化；对教学过程全程管理，发挥教学质量管理的监督、调控、引导、激励等功能，通过全程化教学管理，保障教学质量的不断提高。

二、履行自身职责，教学管理工作落实到实处

对工作性质的认识是进行工作的前提，但更重要的是要履行职责，将工作落实到实处。由于学院的本科专业类型较多，而且尽管都属于实验学科，又有所差异，所以学院的教学管理工作涉及面广而繁杂。为保障教学工作有序进行，各教学环节实现有机联系，实现教学目标，学院建立了一体化教学管理体制，具体分工，明确责任。教学主管院长负责全面工作，协调指导教学办公室、三个系和三个实验中心开展工作，同时与学校主管部门协调工作内容；教学办公室根据教学计划和学校、学院的相关要求下达相关任务、发布通知，管理学院教学文件、就具体工作与教务处相关部门协调工作内容和要求等；各系主任负责各专业教学任务的具体安排并予以执行；实验中心负责安排各专业实验教学任务、实验中心的日常管理、及本科学生科研训练等。每项工作的运行都有相关的工作制度与工作程序，并随时下发通知提示教师和学生，教学管理工作真正落实到实处，实现教学管理的科学化、制度化和人性化，保证了工作的正常运行，提高了工作效率。例如每年的常规教学任务的安排，学院总体工作原则是，根据教学计划下达教学任务（包括课程安排、专业实习、毕业论文等），各系主任安排教学任务要考虑教师的专业特点、教学能力和教学效果，教学办公室具体安排各项教学任务时，要综合考虑教师本人的特殊情况，教学的基本要求和教室、实验室、实习基地等条件，每项工作的进行学院都有相关制度。由于长期坚持这种制度化和人性化的管理，教学任务的安排和执行在教师心目中已经形成了常态化，工作得以顺利开展。对于特殊的教学任务的完成，学院也制定了相关工作程序。如组织化学实验竞赛，学院成立了工作指导小组，确定了工作方案，由化学实验中心具体负责，提前发布相关通知，鼓励学生依托于本科生研究训练项目参加竞赛。学院首先举

办化学竞赛，分别通过初赛（项目文本比赛）和复赛（现场答辩）综合考核和评选各类奖项。在此基础上，选拔综合表现优秀的项目组代表学校参加北京市高校化学竞赛，并委派具有较强责任心的老师作为指导老师具体负责每一项目组的专业指导，工作指导小组组织学生进行预答辩，并对实验项目书、创新点等相关文本的语言表述、实验录像、答辩的表述方式以及学生的着装等进行详尽的指导。由于思路明确、工作到位，2011 年在 24 所高校 78 个项目的同台竞争的北京市化学竞赛中，评选了 14 个项目为一等奖，我们学院有 3 个项目获此殊荣，占获奖总数的 21.43%，列为参赛高校的第一名，为学校增添了荣誉。为表彰指导教师的辛苦付出和倡导为学院奉献的精神，每年的学院年终教学工作总结会上，学院向各位指导教师颁发优秀指导教师的荣誉证书予以奖励。

三、加强学习研究，提高教学管理水平

教学管理工作是一个知识性的管理工作，管理工作者不仅要熟悉教学管理运行的各个环节，掌握一般的运行规律，同时为符合现代教育教学要求，实现教学管理创新，还要进行教学管理研究，提高教学管理工作水平。对教学管理的学习和研究必须是围绕解决教学中所面临的实际问题来展开，特别是本科教学中所面临的实际问题。这就是基于实效的管理理念的重塑。这种重塑的最终目的主要是针对于本科阶段的学生培养。在实践中我们提出以人为根本、以结果为导向而且不过分强调竞争的知识管理理念。关于不过分强调竞争是基于知识者的独立工作特点和为保持整体和谐的工作环境而提出的一个构想。这个理念的最终指向是实效。学院围绕这一思路开展实践，鼓励老师们就此探索并在本科教学中宽展延伸提出自己的看法，以此促使学院创新管理思想的深入发展，以期实现管理与本科教学的最优结合。

除了自身经验总结以外，学院还积极开展与本科教学管理相关的对外交流，在横向比较中激发老师们的创新积极性，拓展老师们的创新思路。学院先后邀请了北京大学、北京师范大学等国内著名高校相关院系的主要管理负责人来学院研讨交流。组织老师参观与我院实际情况最接近的其他学校的院系的工作。支持老师参加国内外教学方面的相关学术会议。认真学习学院的各项相关规章管理制度。通过定期会议、座谈等方式了解了相关人员对现有管理工作的评价和建议。[4]

通过以上活动我们认识到新型管理并不是单个行为，而是需要学院全

体人员和全体单位共同协调努力并且有效组织各个方面的支持来共同完成的工作。它通常被表述为资源整合及效率提高，而我们的工作还着意强调了对人的因素的认识。

本科教学的发展必然要求相应管理活动的进步。新的需求造就新的管理。所以学院管理层始终推动所有管理者与一线本科教学保持密切的联系。问题总是来自于现实，从实践中学习才是管理进步有效的真正法则。例如，学院化学实验中心对实验教学与实验室管理关系的研究就是如此。在化学实验中心建设和发展过程中，始终表现出的是以管理助教学，以教学促管理的互动形态。目前化学实验中心正逐步摆脱传统教学结构模式下的教学辅助机构定位的束缚，开始转变成为一个实验室管理与实验教学相统一的教学机构。它为理论教学与实践教学并重的化学本科教学提供了新的动力。这一转变就是学院管理以教学为导向、以实效为目的的一个实例，也是从本科教学实践中学习研究的结果。[5]

多年来，学院不仅注重在具体管理工作中培训教学管理人员，同时积极倡导参与教学管理工作的人员注重日常工作积累，不断总结学习与探讨。几年来，参与教学管理工作的成员根据自己承担的工作进行总结，在《实验技术与管理》、《本科教学研究》等重要学术期刊上发表了教学管理工作论文16篇，涉及专业建设管理、实验室建设与管理等多个方面，其中《化学实验教学示范中心建设实践与体会》、《民族高校本科实验教学评价体系建设与实践》、《依托实验中心平台培养学生实践和创新能力》3篇论文获得了北京高校实验室工作研究会优秀论文二等奖。

四、有效教学管理，营造良好的教学环境

学院教学管理是学院正常运行的核心工作，有序和人性化的教学管理促进了教学工作的进行，营造了良好的教学和学习氛围。

（一）教师重视教学

教师是教学的主导，是实现人才培养目标的具体执行者，教师所具有的职业道德、专业素质、教学能力是教学工作质量保障的关键所在。为此学院在教学正常运行管理的同时，加强教师的管理和培养，一方面倡导在大学任教的教师认识到教学和科研都是必须承担的任务，而且教学是首先应该完成的任务；另一方面重视教师教学能力的培养，倡导在教学实践中学习、研究、总结和提高。学院教师的培养采取了相关措施，如老教师在

教学一线承担教学任务（包括理论课和实验课），新教师到学院任教有老教师带教，形成了“传、帮、带”的习惯；利用教学比赛培训青年教师；鼓励教师参加课程培训、教学研讨会等，提高自己的教学能力和教学研究水平。学院积极组织教师通过参与教学研究项目带动教师参与教学研究。近十年来，学院教师承担的教学项目共计58余项，其中国家级1项，省部级8项，涉及专业建设、教学团队建设、实验和实践平台建设、课程建设等多个层面。一些教师将教学改革寓于日常教学中，如进行实验教学内容的整合，采用模块式实验教学，开展综合设计性实验，为节约资源进行微型化有机化学实验改革，进行“自拟方案实验”的期末考试等，都收到了较好的教学效果。学院教师在参与教学实践和研究的同时撰写教学研究论文，据不完全统计，近5年来，学院教师撰写的教学研究论文70余篇，分别发表在《化学世界》、《微生物学通报》、《民族教育研究》和《本科教学研究》等重要学术期刊上，涉及课程体系、课程研究、实验教学、实践教学等。学院为此编辑了《生命与环境科学学院本科教学研究论文集》两辑。学院的青年教师在学校、北京市的教师教学比赛中获奖，激发了教师参与教学的热情，重塑自己对教学的理解和认识，为此获奖教师以“论年轻博士从实验室到讲台角色转变——浅谈青年教师教学能力的培养”为题撰文谈自己对教学工作的感受。[6]

（二）学生主动学习

学生是教学的主体，是教学目标具体实现的体现者。科学化、制度化和人性化的教学管理营造了良好的学习环境，激发了学生的学习热情，主动学习使学生的学习能力和实践能力得到了普遍的培养与提高。如在老师的指导下，通过完成综合设计性实验，学生在实验技能、思维能力、论文撰写、语言表达、团队合作等多个方面都有提高，为此学生以“从学生视角感言一门实验课的收获”为题撰文畅谈自己的感受，发表在学校的本科教学研究上。[7]学院鼓励学生在完成常规学习任务的同时，自主申报本科生研究训练项目，并提供相应的平台条件。2007—2012年获批220项，650多人参与项目的研究工作，学院的实验中心在提供实验条件的同时，加强项目管理，制定了相关管理制度，使实验教学和学生的项目研究都能顺利进行。学生在老师指导下完成了项目研究，而且依托于项目在《生态学杂志》、《功能材料》等学术期刊上发表了相关科研论文20多篇，并依托项目参加学科竞赛获得了优异的成绩。

五、教学质量提高，成果丰硕

学院实施一体化的教学管理体制，实施科学化、制度化和人性化的教学管理，取得了丰硕的教学成果，涉及管理、教师和学生等多个层面。学院教师先后获得国家级教学成果二等奖（2005 年）、北京市教学成果一等奖（2004 年）和二等奖（2008 年）。2006 年，学院荣获北京市教育创新集体。生物实验中心和化学实验中心分别于 2007 年和 2008 年被评为北京市高校实验教学示范中心，小龙门国家森林公园专业实习基地被评为首都大学生社会实践示范基地（2006 年）和北京市校外人才培养基地（2010 年）。学院获得学校教师教学比赛团体一等奖（2010 年），青年教师荣获北京市教学比赛二等奖（2011 年）。学院中有 3 位教师获得学校十佳教师荣誉，获省部级荣誉的教师多人。2011 年，2008 级的 26 位学生获得免试推荐研究生资格，全部被国内一流高校和科研院所所录取，其中有 13 位同学进入北京大学。在参加的 3 届北京市化学竞赛中，共计派出 10 个项目组，其中有 4 个项目荣获一等奖、4 个项目荣获二等奖。2011 年，学院的学生荣获第六届“挑战杯”首都大学生课外学术科技作品竞赛二等奖。丰硕的教学成果的获得体现了教学管理创新与提高教学质量的有效对接。

参考文献

[1] 王麟娜：《当前高校教学管理存在的问题及其对策》，载《教育探索》2011 年第 3 期，第 91—92 页。

[2] 孙小丽：《高校教学管理现状与改进思考》，载《现代商贸工业》2012 年第 1 期，第 193—194 页。

[3] 高学：《民族院校教学管理探讨》，载《黑龙江民族丛刊》2009 年第 4 期，第 185—187 页。

[4] 孙洪波、周宜君、刘颖、王文蜀、李文瑞：《化学实验教学示范中心的建设与思考》，载《实验技术与管理》2011 年第 3 期，第 307—310 页。

[5] 孙洪波、周宜君、刘颖、王文蜀、周珊珊，惠岑怿：《关于化学实验中心管理实效性的思考》，载《加强教学建设，提高人才培养质量——中央民族大学本科教学研究》第九辑，中央民族大学出版社 2011 年版，第 265—273 页。

[6] 任华堂：《论年轻博士从实验室到讲台角色转变——浅谈青年教师教学能力的培养》，载《加强教学建设，提高人才培养质量——中央民族大学本科教学研究》第十一辑，中央民族大学出版社 2012 年版。

[7] 文艺：《从学生视角感言一门实验课的收获》，载《加强教学建设，提高人才培养质量——中央民族大学本科教学研究》第十辑，中央民族大学出版社 2012 年版，第 159—164 页。

（作者单位：生命与环境科学学院）

浅议实验室管理软件在实验室教学与管理中的应用

——以公共计算机实验室为例

范　俊　马明胜　王晓琰

我校公共计算机实验室建于2003年，由教务处进行管理，主要用于公共计算机必修课的教学使用与开放。近几年，随着学校的发展以及招生规模的不断扩大，学校软硬件条件逐年改善，现在，公共计算机实验室已拥有10间机房，750台计算机，由具有计算机专业背景的专职教师对实验室进行管理与维护。为实现实验室的现代化高效管理，除了需要有技术过硬的实验室管理队伍之外，还需要配备有完善的实验室管理软件。为此，公共计算机实验室在近两年安装了多媒体教学网软件和保护卡软件。两个实验室管理软件的使用，极大地提高了教师的教学效果和学生的学习效率，同时也减轻了实验室管理人员的工作强度，保证了实验室的正常运作。

一、多媒体教学网软件在实验室教学中的应用

公共计算机实验室的主要功能就是教师的课堂教学和学生的上机操作。在安装教学网软件之前，教师采用投影大屏幕给学生讲解知识、演示实验，但由于实验室房间高度受限，投影幕不能做得太大，后几排的学生基本看不清投影幕的内容，使得教学效果大打折扣。为此，实验室购置了多媒体教学网软件。该软件的投入使用，使得教师在教学过程中更加便捷，学生的学习效率也更高，同时该软件的部分功能也方便了实验室管理人员对实验室的日常管理维护。下面详细介绍多媒体教学网软件在实验室教学中的应用。

多媒体教学网软件是针对计算机教学网络而开发，可以在局域网内进行计算机的网络教学。软件中包含了大量有助于实验室教学的功能模块，如屏幕广播、发布文件、收取文件、点名签到、屏幕监视、黑屏肃静、电

子画板等（见图1）。

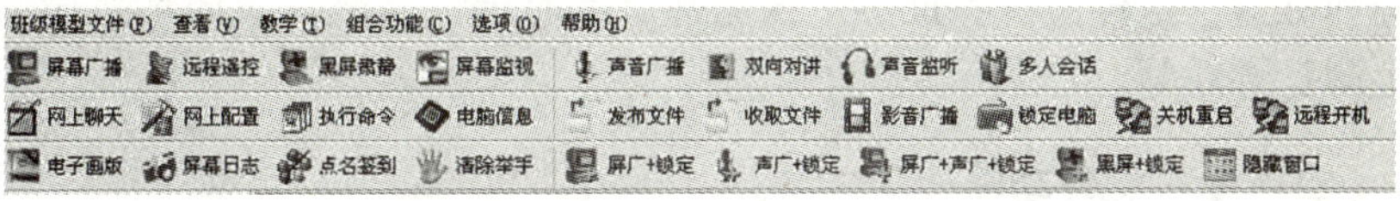

图1　多媒体教学网软件的工具栏

（一）屏幕广播功能

屏幕广播可以实时地将教师机或某个学生机的屏幕画面传送到其他学生的电脑屏幕上，直接点击工具栏中的“屏幕广播”按钮即可出现“屏幕广播选项”对话框（见图2），选择广播方为教师或在下拉列表中选择某个学生机后点击“确定”，即可将教师或某个学生的屏幕操作同步显示在其他学生机屏幕上。

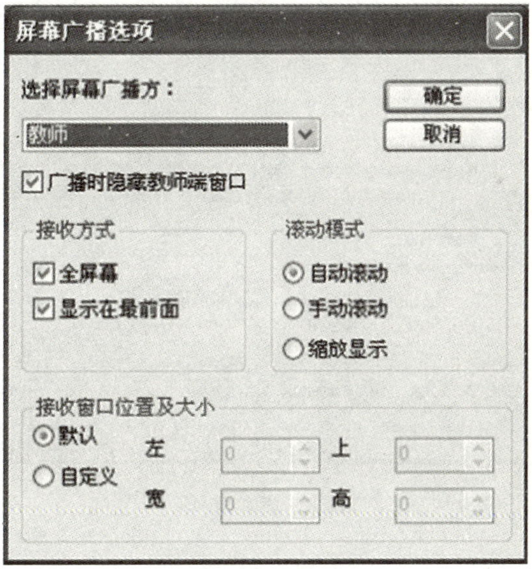

图2　屏幕广播选项

该功能在实验室教学中最常使用，教师可以将讲解的PPT内容或实验操作过程同步到各个学生机屏幕上，再配合实验室内的话筒和功放进行讲解，能达到一对一授课的效果，也可以将某个同学的操作同步示范给其他同学。此外，为了防止学生使用键盘上的组合键强制退出屏幕广播，该软件设置了“屏广 + 锁定”组合功能，可以在屏幕广播的同时锁定学生机的鼠标和键盘，这样可以保证学生在老师讲课时能认真听课，而不是用计算机上网打游戏等。

(二) 发布文件功能

教师在实验室教学时，随时需要向学生共享一些学习资料或实验题等，多媒体教学网软件中的“发布文件”可以在瞬间将文件发送到每台学生机的指定目录下。单击工具栏中的“发布文件”按钮，出现“文件传输”对话框（见图 3)，通过浏览添加或直接将要发布的文件或文件夹拖放到列表框中，指定好接收文件夹（例如：D：\ 表示将文件传输到每个学生机的 D 盘根目录下），然后点击“开始”按钮即可开始传输。经测试，几兆的文件在瞬间就可以传输完毕。

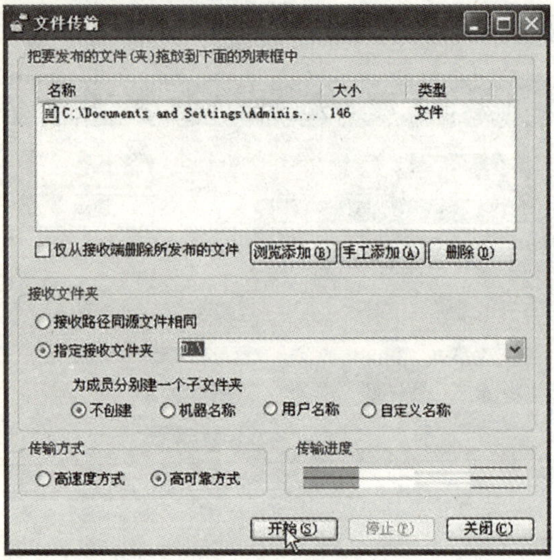

图 3　发布文件

(三) 收取文件功能

收取文件功能可以使教师轻松将学生完成的作业统一收取到教师机的指定文件夹中。前提是需要学生将完成的作业放在本机统一的目录下，在教师机上单击工具栏中的“收取文件”按钮，在弹出的“收取文件（夹）”对话框中，设置好收取文件路径和教师机上的接受文件夹位置后单击“开始”即可开始接收。

（四）屏幕监视功能

在考试或学生自行做实验时，教师可以通过屏幕监视功能查看学生是否作弊或玩游戏等。发现违纪的学生后可以发布短消息警告或使该学生机黑屏（方法为：右键单击该学生机图标后，选择“黑屏肃静”），也可以根据该学生机图标下方显示的座位号找到该生进行批评教育（见图4）。

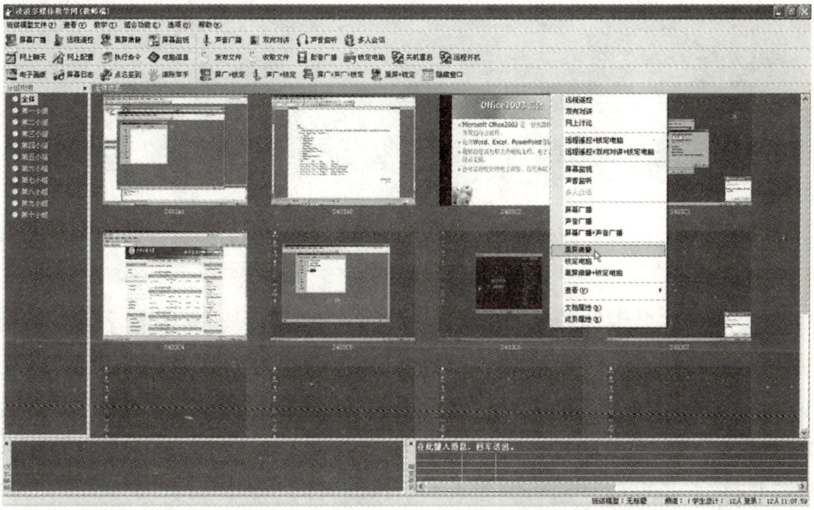

图4 多媒体教学网软件的屏幕监视功能

（五）其他功能

多媒体教学网软件除了用于教学外，部分功能也可用于日常实验室的管理与维护，增加了实验室管理效率，减轻了管理人员的工作强度。

“关机重启”和“远程开机”功能可以批量打开或关闭实验室内的计算机，“电脑信息”功能可以查看每台计算机的配置信息，“执行命令”功能可以对所有计算机执行某一个计算机命令（例如：可以发送命令打开所有计算机的 IE 浏览器，查看计算机是否能正常上网，也可以发送一条“rundll32. exe shell32. dll，Control_ RunDLL sysdm. cpl”命令让所有计算机显示系统属性窗口，用于查看计算机内存是否有缺少等）（见图5）。

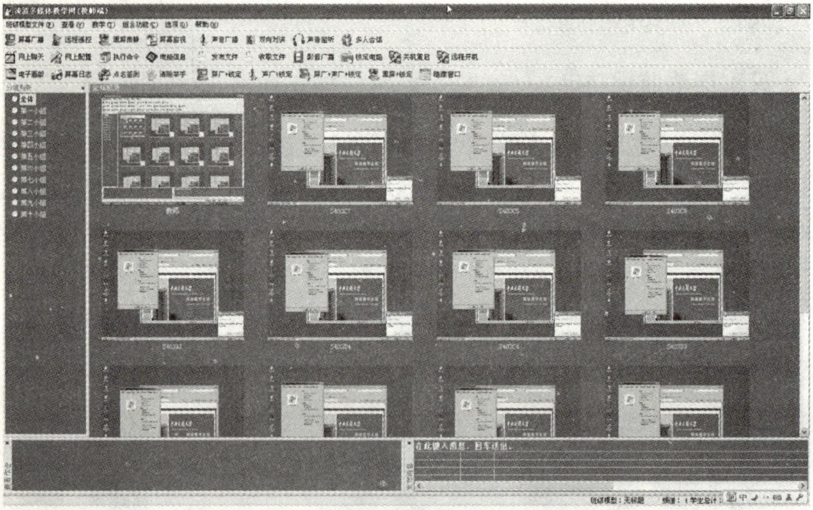

图5　通过“执行命令”功能打开 IE 浏览器和系统属性窗口

以上介绍了多媒体教学网的部分功能在实验室教学中的应用，其他功能模块，如远程遥控、点名签到、电子画板等也在教学中应用很广泛，这里不一一介绍。总之，该软件的使用，使得公共计算机实验室的教学效果大幅度提高，除了日常教学外，在机房进行各种培训以及考试中，该软件同样提供了很多便利。随着教师在使用该软件过程中的更深入研究，将各个功能模块熟练使用，相信能使教师的教学效果有更大的提高。

二、保护卡软件在机房维护中的应用

公共计算机实验室每天都安排有大量的计算机课，课余时间需要对外开放，每个学期还承担了一些上机考试。因此，实验室的日常维护就显得尤为重要。如果采用纯人工维护，700 多台计算机设备的日常维护，工作量是非常大的，而且维护效果也不会好。保护卡软件在机房中的应用，使得实验室的维护工作就变得轻松而且高效。

目前公共计算机实验室安装的保护卡软件采用了最新的硬盘保护技术，将硬盘的数据保护、硬盘分区管理以及局域网计算机部署三大功能集成一体，并将所有的功能的操作界面都移植到 windows 操作系统上，使得该软件更加易于操作。

该软件的主要功能包括：

（一）磁盘数据的保护

磁盘数据保护功能可以防止操作系统以及应用程序被病毒或人为破坏。通过该功能，可以将计算机硬盘中的系统分区（C 盘）设置为每次还原（即每次计算机重启，系统会恢复到上次进入的进度），这样就可以防止一些用户随意安装、卸载计算机上的软件，也可以防止计算机病毒感染系统。数据分区（D 盘、E 盘等）可以设置为每天清除（每天第一次开机时，会将数据分区中存放的文件格式化掉），可以有效避免普通用户在公共计算机实验室的计算机中存放个人资料（见图 6）。

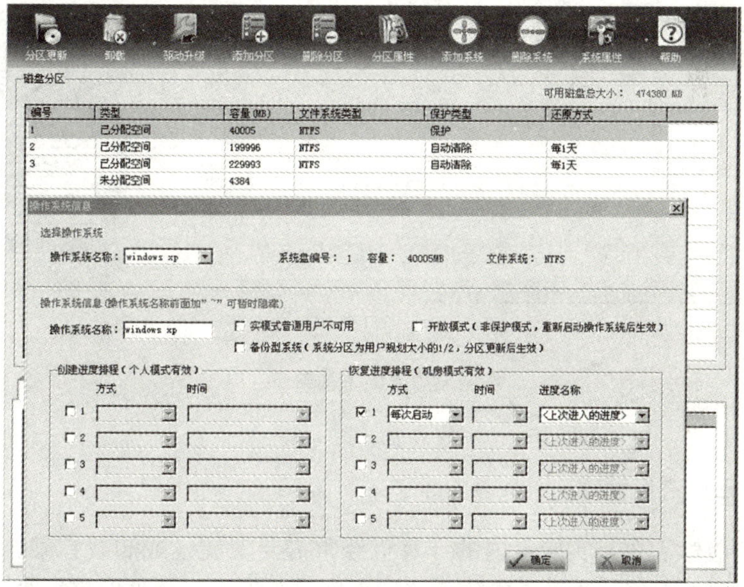

图 6　磁盘数据保护功能

（二）网络部署

网络部署功能可以通过实验室内的一台母机，对其他计算机的 IP 地址和计算机名进行分配，也可以进行 CMOS 克隆、驱动和参数更新、网络克隆以及进度同步。当实验室内需要更换操作系统时（有的考试需要不同的操作系统），可以先做好一台计算机的系统作为母机，将母机联入局域网，并远程唤醒局域网内的其他计算机，当其他计算机连上母机后，依次选择 CMOS 克隆→驱动和参数更新→网络克隆→进度同步，就可以将母机上的系统、配置参数等所有信息全部克隆到其他计算机中。如果实验室的计算机只需安装若干软件或只是更新病毒库，则只要在母机上安装或更新完成后，创建一个新的进度（关于创建进度的方法会在之后介绍），然后通过母机对其他计算机执行进度同步即可。

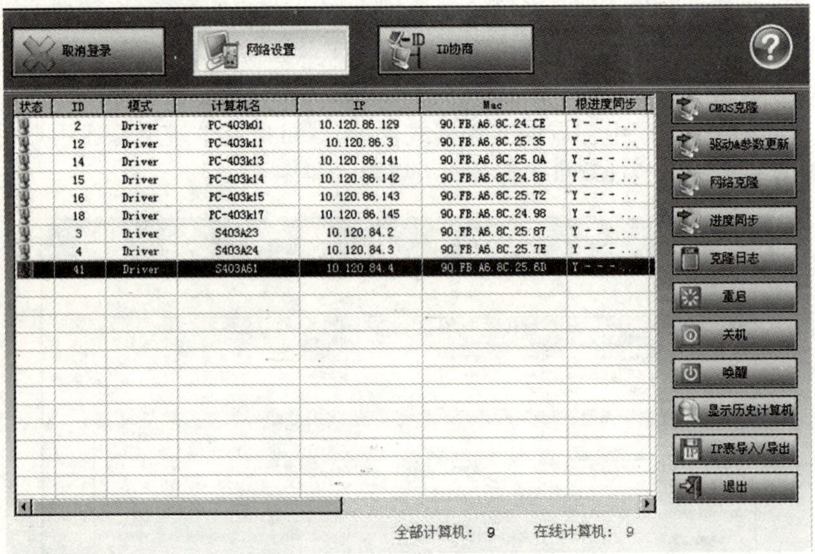

图7　网络部署

（三）进度管理

因教学需要，实验室内的计算机经常需要安装（或卸载）某个软件、对软件进行升级、更新杀毒软件的病毒库等。保护卡软件的进度管理功能可以在每次系统或软件更新之后，使用“创建进度”操作将进度保存起来，以后计算机开机时，系统进入的就是当前保存的进度。如果当前系统出错，需要将系统恢复到之前的某个进度，可以使用“恢复进度”操作使系统恢复到以前的进度（见图8、图9）。

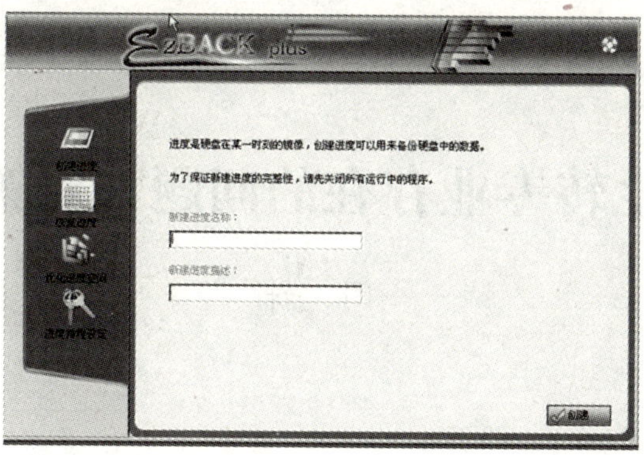

图 8　创建进度

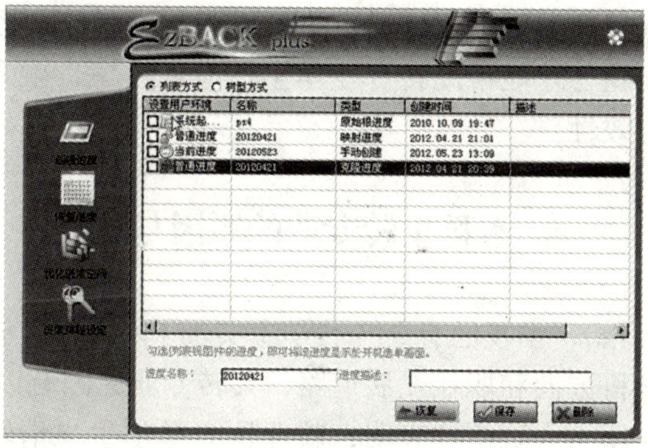

图 9　恢复进度

保护卡软件在公共计算机实验室的使用，不但保护了计算机系统不被病毒侵入，也给实验室的日常维护提供了极大的便利。该软件在公共计算机实验室的使用，减轻了实验室管理人员的负担，保证了实验室的正常运作。此外，软件的一些其他功能（如多操作系统管理等），在实验室今后发展中会逐步应用。

多媒体教学网软件在公共计算机实验室的应用，提高了教师的教学效果与学生的学习效率，同时也为今后的实验课教学改革提供了软硬件保障。保护卡软件在公共计算机实验室的应用，降低了实验室的维护成本，实验室管理人员也能够有足够的时间多学习业务知识，深入研究更加现代化的实验室管理办法，为实验室的教学工作提供更加有力的保障。

（作者单位：教务处）

本科生转专业存在的问题与对策研究

闫 妍

根据《中央民族大学本科学生转专业实施办法》，我校本科生在大一下学期初通过考试可以转一次专业。这项措施调动了学生的学习积极性，满足了学生的兴趣与愿望，但同时也给教学与管理带来一系列新问题。只有解决好这些问题，才能帮助转专业学生适应新环境，融入新专业，提高转专业工作的有效性。

一、本科生转专业的原因与特点

从2005年开始，学校已有348名学生实现了转专业。这些学生通过转专业选择新的学科方向和职业发展道路，其转专业原因有以下几个方面：

第一，就业压力大。统计表明，就业压力是学生申请转专业的最大动因，占比为67%。① 近年来，大学生就业问题日趋严峻，大学生不再是天之骄子，而是与农民工、下岗职工一起挤占劳动力市场。全国就业工作座谈会公布的数据显示，2012年高校毕业生人数为680万人，“十二五”时期应届毕业生年平均规模将达到近700万人。面对严峻的就业形势，很多学生从冷门专业转入就业前景好的专业，通过转专业寻求更多的就业机会。

第二，高考志愿不理想。很多学生高考时填报的专业并非自己的主观意愿，而是听取家长和老师的意见。这些学生进入大学以后意识到高考志愿不是自己的兴趣所在，转专业为他们自主选择志愿提供了机会。还有的学生高考分数不高，没能考入理想的专业，转专业这一措施为他们选择感兴趣的专业提供了契机。

① 贺建刚、李峰：《高校转专业的制度安排效率：一项基于问卷调查的实证分析》，载《南京财经大学学报》2010年第5期，第90页。

第三，专业设置不满意。有的课程内容、课程结构、教学方法、教学条件等与学生的期望值有差距，个别学生缺乏专业认同感，学习态度消极，由此产生转专业的要求。

第四，专业兴趣发生变化。进入大学以后，学生的人生观和世界观逐步形成，有的学生专业兴趣也随之变化，转专业有助于学生实现理想和价值。

随着本科生转专业工作的推进，学生转专业出现以下三个特点：

第一，转专业人数呈上升趋势。2005 年我校有 33 名学生转专业，近年来转专业人数分别为 2010 年 59 人、2011 年 66 人、2012 年 78 人，人数逐年增加。

第二，大部分学生转入热门专业。学生转专业主要转入经济学院、管理学院、法学院、文学与新闻传播学院、外国语学院这五个热门专业集中的学院，很少有学生转入冷门专业。以经济学院为例，目前经济学院有经济学、金融学、财政学、国际经济与贸易四个专业，其中金融学最为热门。从转专业政策实施以来，绝大部分学生转入金融学专业。2009 年转入 19 名学生全部选择金融学专业；2010 年转入 22 名学生中 19 人转入金融学专业，占转入学生的 86%；2011 年转入 32 名学生中 23 人转入金融学专业，占转入学生的 72%。

第三，文、理科之间互转专业。学生转专业不受原来文、理科背景的限制，只要通过专业考试，就可以转入新专业。

二、本科生转专业产生的教学与管理问题

本科生通过转专业实现了“再择业”，同时也给教学与管理带来一系列后续问题。一段时间内学生在新专业内找不到定位，接受学生的院系也在教学与管理方面面临挑战。

（一）转专业学生：面临“四难”

第一，跟上学习难。一方面，课业量大。根据学校规定，学生转专业后必须按照转入专业培养方案的要求补修全部必修课和专业选修课。转专业学生不仅要与新专业同学按照课程表一起上课，还要把上学期未参加学习的专业课补上。另一方面，课程难度大。由于大一上学期“缺课”，学生在缺少基础的情况下直接步入新学期课程，学习起来很吃力。譬如，转入经济学院的文科学生没学过高等数学，转入新专业后直接学习必修微积

分（下），这些学生不得不一边硬着头皮听课，一边自学微积分（上）。

第二，评奖学金难。根据学校规定，学生评上奖学金学习成绩至少在80分以上，还要参考综合测评得分。转专业学生大一下学期课业负担重，学习压力大，第一学年学习成绩大多不如班级原有学生。譬如，2009级金融专业转专业8名学生第一学年的平均成绩为73.72分，低于班级平均分(80.30分)。综合测评方面，由于刚进入班级，文体活动、品行测定等得分也比不上原班学生。学习成绩和综合测评两方面均处于劣势，评上奖学金很难。与之相关的保研、评优等受到影响，出国计算GPA（平均绩点）也难得高分。即使高考成绩优异或大一上学期专业成绩很好的学生，转专业后第一学年评奖学金也常常失去优势。

第三，融入班集体难。大学生基本的生活单位是宿舍，本科生转专业并不换宿舍，转专业学生失去了联系班级的最基本渠道。加上缺乏一学期的交往基础，他们很难在短时间内融入新班级。转专业学生进入新专业时，该专业班级已经大致经历了孤立探索期、横向分化期和纵向分化期，进入小群体形成期和群体统合期。转专业学生要想融合进新集体，必须超越或迅速完成探索期、横向分化期和纵向分化期的个人行为，实现与新专业同学的双向选择。而实际上，班级组织的发展水平是一个客观的渐变事物，任何一个阶段都是不可逾越的。并且，人际交往是一个互动的过程，而因住宿分离导致联系不便等客观原因，更加限制了这种互动。因此，转专业学生很难融入新专业班级的非正式群体。如果错过了融入集体的最佳时期，随着年级的递增，转专业学生会越来越处于边缘地带，不仅信息闭塞，而且会产生孤独感和失落感，不利于专业课的学习。

第四，加入党组织难。入党的关键环节是群众评议，班级民主测评直接关系到学生能否加入党组织。转专业学生融入班集体需要一段时间，在班级测评的票数上往往处于劣势，也很难通过考察。对于党支部来说，转专业学生属于“半路插入式”，党支部无法掌握其以前的表现，这为党支部的考察和发展工作带来一定障碍。有的班级先后转入10多个学生，这些学生直到毕业没有一个人能够加入党组织。如何考察和发展转专业学生成为党员发展的新课题。

（二）接收学生的院系：面临新问题

1. 教学进度难把握。大一下学期任课教师面对不同基础的学生，课堂教学难度大。既要按照教学进度推进课程，又要考虑转专业学生缺少一学期的专业基础。热门专业一个班级有10多个新转入的学生，教师通常只能照顾大多数，对转专业学生只能个别指导。

2. 教学管理工作量加大。教学秘书组织转专业考试只是这一工作的开始，还要进行安排课程、选课辅导、换算学分等一系列后续工作，更要关注转专业学生修学分的情况。如果中间有一个环节疏忽，就会影响他们的学习进度，甚至关系到能否正常毕业。教学运行上，热门专业转入学生过多，而教室容纳量有限，有时没有座位的学生只能站着听课，教师对此也很有意见。

3. 学生管理难度增大。一方面，辅导员工作难度加大。辅导员不仅要在短时间内了解转专业学生，还要进行宿舍走访。仅就走访而言，由于转专业学生宿舍分散在不同院系，辅导员走访一次学生宿舍要在不同宿舍楼间穿梭，不仅费时，而且工作量大。另一方面，学生档案容易丢失。转专业学生要把学生卡片、学籍卡、党团资料等档案交给新院系，由于档案交接过程中经手人过多，经常出现档案材料丢失的情况。

三、进一步完善本科生转专业工作的对策建议

本科生转专业不仅是学习场所的位移和课程的变换，而且是一个学习体系的转换，需要教学、管理等一系列工作的支撑。只有做好这些后续工作，才能激发学生的专业兴趣，引导学生顺利度过调适期，成功实现“再择业”。

（一）完善教学管理相关规定

学校现有规定只解决学生怎么“转”的问题，没有更多关注学生怎么“入”的问题。建议细化相关规定，健全转专业制度。一是选课方面增加弹性。一旦学生补修上学期必修课与当年课程冲突，应当允许学生自由选择，可以通过灵活的考核方式算学分。二是细化大一上学期成绩认定。目前的做法是将学生转专业以前的成绩都按照公选课成绩计算，会出现学生公选课与专业课所修学分失衡的情况。如果学生转专业以前的专业课程与新专业内容接近，可以考虑将这部分课程的成绩认定为专业选修课。三是提高准入门槛，严格考核学生专业素质。不仅要考查转专业考试成绩，还要参考高考成绩与大一上学期学习成绩。如安徽农业大学将高考入学成绩作为是否具备转专业资格的依据，只允许高考成绩高出一般本科线50分以上的学生申请转专业。安徽工业大学将转专业前的学习成绩作为转专业资格的依据，规定第一学期平均成绩（不含体育课和公共任选课）名列所在

专业前 10% 的学生可以申请转专业。通过提高转入门槛避免学生盲目追求热门专业，严把专业素质关。

（二）发挥辅导员和班导师的积极作用

辅导员是大学生健康成长的指导者和引路人，要发挥对转专业学生的引导作用，帮助他们顺利度过转专业的调适期。一是加强深度辅导。一般而言，大一下学期是转专业学生适应新环境的黄金时期，辅导员要在这个阶段多花时间，经常与转专业学生谈心，了解他们的学习和生活，帮助学生解决遇到的问题，从思想上关心他们，从行动上帮助他们。二是调动转专业学生的主动性。发挥学生的主观能动性，引导学生积极参加运动会、春游、团日活动等班级活动，尽快融入班集体。还可以安排转专业学生担任班委，通过为班级服务促进他们与其他同学的交流。三是建立联谊宿舍。为每个专业学生建立班级联谊宿舍，使他们成为联谊宿舍的编外成员，保持信息畅通，不被班级活动遗忘。

班导师要从学习上对转专业学生进行指导，帮助他们进入专业角色。一是介绍专业的学科体系，让转专业学生了解专业情况。二是联系任课老师，帮助转专业学生赶上学习进度。三是组织学习好的学生与转专业学生一对一结对，帮助他们查找学习资料，提供课堂笔记，辅导课程内容，帮助转专业同学迎头赶上。四是开展科研、创新试验、知识竞赛等专业实践活动，使学生加深专业认识，增强专业信心。

（三）加强转专业指导

转专业为学生兴趣选择提供了一次新的机会，学生可以利用这个宝贵的机会选择真正感兴趣的专业，为职业生涯规划提升一个新台阶。同时要避免盲目跟风，不能只追求热门专业，不考虑自己的兴趣点。学校可以通过以下途径进行指导：一是开展专业观教育和职业生涯规划。新生入校以后处于心理断乳期，通过专业介绍、专题讲座等教育使学生掌握专业情况，认识专业特点，进行职业生涯规划。二是召开转专业咨询会，使学生明确自己的专业兴趣，树立正确的转专业动机。三是加强思想教育，使转专业学生提前做好思想准备，学习上发愤图强，主动融入班集体，真正成为新专业的一员。

（四）探索多种培养模式

为了从根本上满足学生对专业的选择，适应社会经济发展对高校学科和人才培养的客观要求，学校应积极探索多种培养模式，实行辅修专业制、第二专业制等，即学生在进入大二年级时，可以申请选择跨院系的某一专业作为辅修专业学习，学生毕业时如按学校规定修满相应学分，学校根据学生完成的学分数分别颁发不同层次的辅修专业证书、双专业证书、双学位证书等。这种培养模式很大程度上满足了学生学习其他专业的愿望，最大限度地挖掘学生的兴趣及专业的潜能，鼓励学生的学习热情和积极性。这不仅能有效地促进学生知识结构的平衡和拓展，打造出多专多能的人才，使得学生在将来竞争激烈的就业市场更有优势，还会使得高等教育更富有挑战性和充实性。①

（五）建立转出机制

统计资料表明，有23.1%的学生认为如果可以重新选择，将不会选择转专业。② 有的学生对新专业的兴趣判断有误，有的学生跟不上新专业的课程，有的学生找不到归属感，种种原因导致部分转专业学生后悔当初的选择。建议建立转出机制，使这部分学生回到原来的专业学习，避免一错再错。一是主动退出机制。通过大一下学期的学习，允许不适应新专业的学生回到原来院系，继续最初的专业学习。二是淘汰制。对大一下学期成绩多门不及格的学生来说，他们跟不上新专业的课程，不满足专业素质要求，可以把这样的学生调回原来专业。退出机制既有利于学生自身发展，也能形成正确的转专业导向。

参考文献

[1] 唐红妹：《试论大学生转专业的教学管理》，载《山西财经大学学报》2009年第4期。

[2] 崔岳：《高校转专业本科生学习生活的现状与问题》，载《大学〈研究与评价〉》2009年第7期。

[3] 张崟、刘达玉、王卫：《对本科生转专业现象的思考》，载《教育与教学研究》2011年第2期。

[4] 徐诗举：《高校学生转专业制度亟待规范》，载《教育教学论坛》2011年第7期。

---

① 唐红妹：《试论大学生转专业的教学管理》，载《山西财经大学学报》2009年第4期，第266页。

② 崔岳：《高校转专业本科生学习生活的现状与问题》，载《大学〈研究与评价〉》2009年第7期，第76页。

[5] 党远鸿、钱静、秦虎、徐琳、孟慧：《大学新生总体适应状况及转专业对其的影响》，载《心理研究》2011 年第 12 期。
[6] 贺建刚、李峰：《高校转专业的制度安排效率：一项基于问卷调查的实证分析》，载《南京财经大学学报》2010 年第 5 期。
[7] 李爱国：《大学生转专业的现状分析与思考》，载《中国成人教育》2009 年第 12 期。
[8] 王永：《大学生转专业的动因及其发展研究》，载《高教论坛》2008 年第 2 期。

（作者单位：经济学院）

标准科学量化，程序公开透明

——对完善中央民族大学人事考核工作的一点思考

朱 涛 东 瑛

《国家中长期教育改革和发展规划纲要》在高校考核评价工作进程中可谓是一个里程碑式的文件。文件多次提到考核工作："改革学校考核办法"，"把教学作为教师考核的首要内容，把教授为低年级学生授课作为重要制度"，"确立科学的考核评价和激励机制"，"将师德表现作为教师考核、聘任（聘用）和评价的首要内容"等，为各高校因校制宜制定人事考核工作指明了正确的方向，奠定了良好的基础。

我校以《国家中长期教育改革和发展规划纲要》文件的出台为契机，一直认真扎实地开展人事考核工作，并取得了一定的成效，但是还有一定的不足。现结合学校人事考核工作实践，谈谈对完善学校人事考核工作的一点思考和体会。

一、人事考核的含义及功能界定

考核是指一个组织运用特定指标，采取科学方法，对被考核对象的工作成绩、素质、能力等做出价值判断，并给予相应奖惩的过程。考核制度旨在真实反映被考核对象的工作成绩、能力素质，把考核尽可能变为可操作、可衡量、可检验的具体行动，对所有被考核对象产生一种引导的力量和方向性的指引。

制度推行以来，一般以职能职务等级制度为基础，通过对被考核对象的能力、成绩和德行的正确评价，进而积极地利用调动、调配、晋升、特殊报酬以及教育培训等手段，提高每个职工的能力、素质和水平，纠正人事关系上的偏差。通过考核制度的规范化管埋和切实有效地执行，有利于提高被考核对象的工作积极性，解决了"干多干少一个样"及分配不公等问题，有利于维护学校正常的教学和工作秩序，创造良好的育人环境，建立一支求实创新、高效精干的教职工队伍，优化和提升师资队伍的整体素质和水平。

二、对中央民族大学人事考核工作现状分析

目前，我校的人事考核工作是教职工队伍提升工作积极性和增加业务能力的有效手段之一。但在具体实施过程中，考核成果却并不十分理想。这主要是因为在考核过程中，仍存在一些操作上的误区。主要表现在以下几个方面：

（一）考核机制欠缺一定的科学性

考核内容一般强调对教师德、勤、绩、能、廉五方面的考核。我校的人事考核内容偏重在勤。每个月强调各单位对所属教职工的考勤进行查核、上报。对于教职工的品性德行、业务成绩、能力素质、是否廉洁高效都缺乏考核依据。年终实行民主测评的考核方式，虽说客观，但略显简单。甘做老好人，不愿得罪人，有缺点没人说，有错误没人提。你好、我好、大家好，为年末评先选优做准备，为民主测评、拉选票打前战。久而久之，只会让很多教职工误认为考核就是在“浪费时间”，只要人情到位、关系到位、酒喝到位，就能考核大吉。长此以往，考核只会被当作例行工作来敷衍应付，只能流于形式，不了了之，无法增强教职工的工作积极性。

目前，虽然我校教务处采取了一系列措施来对教师增强评价考核，比如督导制度的建立、课堂教学评价体系的建立以及同行评价等，但是这些制度终究没有和教师的岗位业绩津贴等有太多的直接关系，因此对促使教师认真备课、提高课堂教学水平的激励性动力略显不足。

对待干部的考核重视纵向考评，轻视横向考评。重视教授评价，轻视普通教师员工的评价。很多干部考核活动的考核评价人都是校领导、处级干部或副高以上的教师。考核评价缺乏普通的管理人员和年轻教师的评价。如果考核不能让青年教职工参与其中，不仅会扼杀青年教师的表达权和参与权，更会抹杀青年教师全身心投入学校工作的积极性和创造性。

（二）考核奖惩机制欠缺一定的公正性

考核制度由于内容较为单一刻板，因此导致考核结果本身就饱受质疑，欠缺公正性和权威性，加之，对考核的最终结果也缺乏对应的奖惩机

制与之挂钩，更使得考核在教职工心中不过是一片“浮云”。

有人质疑，为什么该奖的人不奖？该罚的人不罚？该重罚的人轻罚？该重奖的人轻奖？既然任劳任怨不能获得考核的肯定，工作的辛苦也无法与工资津贴兑现，那么谁都不敢勇挑重担，多担责任。多干多出错、少干少出错、不干不出错的错误导向容易给教职工提示一个负面信息：只要搞好关系，不干活也可以实现考核优秀。这样的错误思想不仅容易形成教职工在工作上相互推诿，而且会破坏整个学校和谐的人文氛围。

（三）考核程序有待更加透明

俗话说，“阳光是最好的防腐剂”。应该让关于考核的办法、标准、方案、程序、对考核的奖惩办法等都暴露在阳光下。但就我校目前情况来看，由于考核办法、考核标准和考核程序的不完备，因此考核程序欠缺公开透明。

由于没有公开考核办法、程序及方案，考核结果只公布了优秀、称职和合格，容易引发教职工对考核结果的“围观”和质疑。程序透明、阳光操作，才能确保暗箱操作，消除公众疑虑。只有公开严格考核程序，才能提升考核的权威；只有程序透明，才有权利制约权力，才能避免权力失控，才能让腐败弄权者无机可乘；只有程序公开，才能提升教职工士气，才能增强人事管理的权威性和有效性。

（四）考核缺乏时效性

我校除了对考勤的考核一般是一个月上报一次，其他考核一般都是一年一考，没有实行动态考核。问题在上半年就已经出现，而直到年末集中考核时，方才发现，无法起到事前预防的作用。考核方案公布不及时，往往在第一季度或第二季度才予以公布，而此时，一些工作早已运行，容易出现工作指导盲点，考核过程流于形式。

三、对完善中央民族大学人事考核工作的建议

（一）建立科学的考核机制

首先，考核的指标要科学、合理。考核指标，必须可查、可找，可取证。应遵循明确、具体、可衡量的原则。一是考核指标要具体、明确、全面，不至于受个人好恶及主观情绪影响。二是在细化基础上，要尽量量化

或指标化，确实无法量化的，必须予以行为化，行为化的指标具有清晰的方向性，可以明确告诉教职工应该做什么、不应该做什么。而且，考核时所要参照的数据和指标，必须是可以统计、可以获得的。三是指标制定要科学，制定的考核目标必须是教职工通过自身努力就能达到。短期目标要有挑战性，长期目标要有可完成性，短期目标要为长期目标服务。多制定短期目标，促进长期目标的完成。

其次，把重点放在对成绩的考核上，而不是单纯地放在对错误的指责上。由“处罚型”变为“激励型”，防止“做得越多，错得越多”现象出现。制定考评标准时，应综合考虑到工作量和工作难度，测算不同部门、不同科室的工作总量，考核得分以实际得分，乘以工作量系数，使工作量大的部门得到必要的肯定，受到相应的激励。多干多得，少干少得，不干不得。

再次，考核的标准要分出等级。设定三级标准，即最低工作标准、基本工作标准和突破工作标准。最低标准是必须完成的，如无法完成，必须处罚；基本标准是应该完成的，对完成基本工作标准的，有加分，没完成的，要有处罚。突破标准是可以完成也可以不完成的。对完成突破标准的，要予以重奖，从而激励教职工逐渐变“要我工作”为“我要工作”。

最后，考核方案要清楚明晰。考核的方案要具有可操作性。在确定考核方案时，不能停留在一些笼统的概念上，避免模棱两可的字样出现。考核方案应在前一年年末，开始筹备制定，确定公布。在考核前，应建立考核前培训辅导制度，在考核方案公布前，要对考核细则进行详细讲解或解读，使被考核对象清楚了解考核中的注意事项。

（二）公开透明考核程序

考核过程要公开、透明。比如，选拔考核小组成员的标准应该确定公布，考核的时间、考核的标准和方案应及早确定公布。

首先应在每年的年末公布下一年的考核办法、考核标准，选举考核小组成员。通过公开选举，选出具有广泛性和代表性的考核小组成员。确定下一年的考核时间，日常考核要以量化考核为主，年终考核、单项考核对内。考核结束以后，应将考核结果向被考核对象公布，存在异议的，可向考核小组提出。对外，应将各被考核单位的具体考核内容和指标数据予以公开，防止出现暗箱操作。及时在校园显著位置公示选拔通知、报名办法、选拔标准和遴选程序，做到信息公开和程序透明，接受各方监督。

（三）对考核实行动态管理

多制定日常考核指标，实现月度或季度考核，尽量通过联网的共享数据（如校园信息门户网）开展考核，及时发现问题，及时考核分析，及时通报解决。既避免干扰基层工作，减轻基层负担，又可实现考核的即时性。

要通过考核，帮助基层分析问题出现的原因，通过绩效面谈和考核反馈，使被考核者清楚错在哪里，为什么错，应如何改正，便于其克服缺点，改进工作，提高绩效。通过反馈，一方面，可以让被考核对象清楚了解自己的工作状态。另一方面，通过反馈和解释、争辩，也可以了解被考核对象对目前的绩效考核方法、体系、程序，还有什么意见和建议，以便及时对考核方案作出修正。在考核后，应根据考核结果，建立教职工个人业绩档案，作为日后考核、奖惩、评优、任职的重要依据，以此鼓励先进、鞭策后进，形成一个良好的竞争激励环境。

（作者单位：组织部人事处）

大学毕业生“成功就业”因素分析

——以中央民族大学管理学院为例

江　波

2011年全国普通高校毕业生为660万人，比2010年增加约30万人，高校毕业生的就业形势依然十分严峻。本文在基于对管理学院2009—2011届908位毕业生实际调研的基础上，对其中的“成功就业”因素进行了统计与分析。并在此基础上结合学院特点，剖析其原因，为进一步提高学院的教学科研水平、有效进行大学生就业指导工作，提供翔实的资料以及对策依据。

一、调查基本情况

管理学院2009—2011年应届毕业人数952人，其中本科生733人，硕士研究生171人，博士研究生48人，在此三年间专业培养类别有行政管理、政治学、工商管理、财务管理、会计、市场营销、人力资源管理、科学社会主义、民族地区行政管理、企业管理、民族政治学以及民族区域公共管理等十二个专业。

2009年管理学院就业率为80.77%；2010年就业率为93.06%，2011年毕业生就业率为97.80%。三年来，全院就业率逐年上升，位居全校前三甲（如图1）。

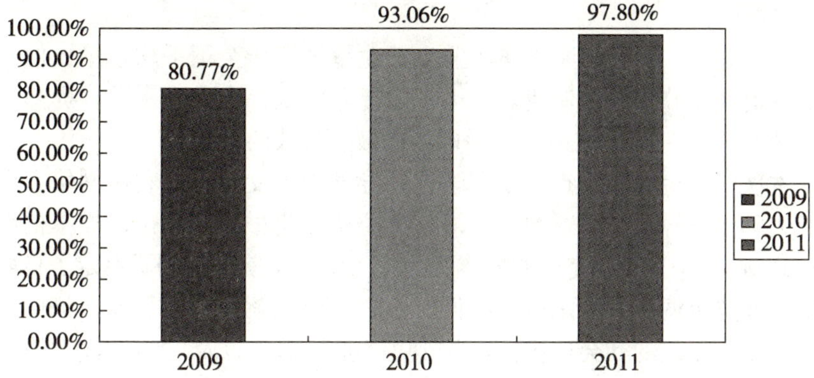

图 1

数据来源：问卷星 www. sojump. com

调查显示，在近三年的毕业生中，有 28. 16 %的人选择读研或读博，21. 52 %的人就业于私营或民营企业，有 19. 62 %的人从业于行政事业单位，有 8. 86 %的人在三资企业就职，另有一小部分人选择了自主创业或出国深造等其他方向，还有 0. 63 %的人至今没有落实就业单位。其具体就业流向如图 2 所示：

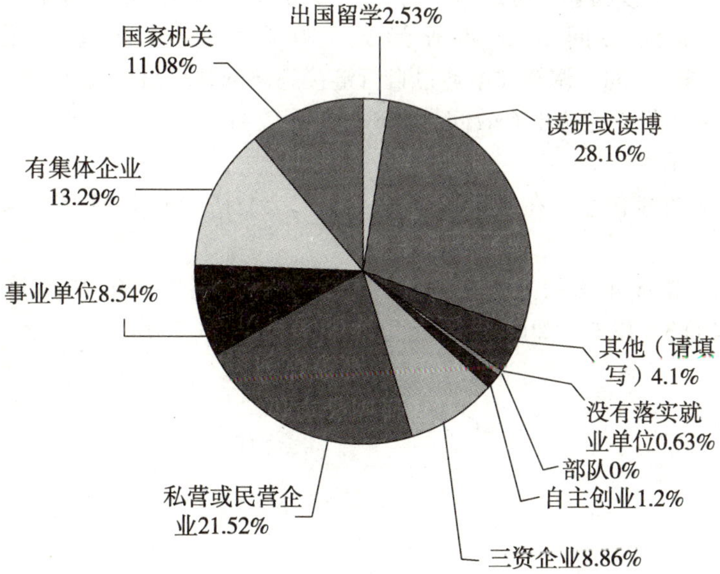

图 2

数据来源：问卷星 www. sojump. com

由上看来，管理学院三届毕业生就业率虽高于全国平均水平，但分期就业率周期长等问题也使我们在进一步提升学院综合教学水平，提高毕业生“成功就业”率等方面应该采取更积极、有效的对策。

本次毕业生就业调查工作在学院领导的大力支持下，利用网络、电话以及人际传播等媒介联系到了三届952位毕业生中的918位，样本框覆盖率达到96.5％，接近完全的样本覆盖率为管理学院这次调研奠定了良好的信度。在选定调查样本之后，我们对这些毕业生就业人数、就业流向、分期就业率、专业的社会适应性、“成功就业”因素以及对学员教学质量的满意程度等就业信息进行了统计和分析。

通过调查不仅可以监测近几年管理学院毕业生的就业状况，完善毕业生就业工作，提高教学质量，而且对于更新教学理念，激发大学生的就业潜力有十分重要的现实意义。此外，可在近几年对管理学院毕业生“成功就业”因素统计分析的基础上，对今后的就业情况做出一定的预测，从而做到未雨绸缪。

1. 问卷法

我们在确定了调查总体和抽样框之后，在2011年9月到11月之间向918位学生发放问卷。考虑调查样本地域分散性和调查的信度和效度，我们采用了网络问卷的调查形式，将设计好的问卷发至网站：www.sojump.com，调查样本通过自行链接到该网站进行问卷填写。最终收回问卷914份，筛选出有效问卷908份，有效回收率为99.3％。以下为调查对象的基本信息：

（1）性别信息。在908份有效问卷中，男性占到31.54％，女性占到68.46％。

（2）毕业年份信息。在调查样本中，2009届毕业生占到38.61％，2010届为35.12％，2011届占到26.27％，如图3所示：

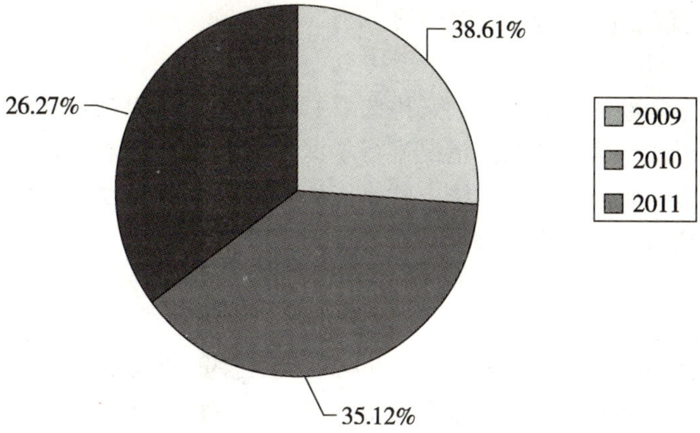

图 3

数据来源：问卷星 www. sojump. com

（3）从事职业信息。在调查样本中，从事党政机关公务员和事业单位职员人数最多，其他职业从事者依据其所占比例高低依次为私营企业员工、国有企业职工、外资企业员工、金融单位人员、个体或私营企业主、专业技术人员、教学科研人员等。具体情况如图 4 所示：

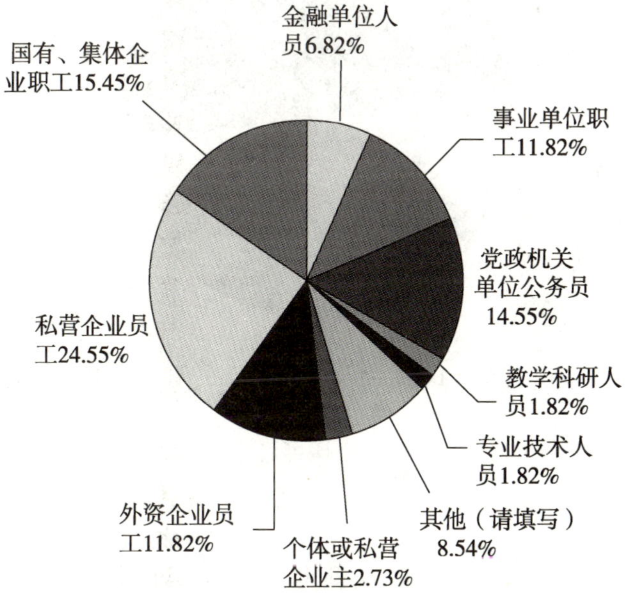

图 4

（4）就业地区信息。如图 5 所示：

2. 访谈法

在发放问卷的同时，我们又挑选了 12 位具有代表性的毕业生，采用电话访谈的形式对他们的就业情况进行了深入的调查。访谈内容主要涉及就业时间、对现阶段工作的看法、就业成功因素以及对管理学院教学质量的评价等。通过个案分析，整理访谈笔记，进一步深化了“成功就业”因素的认识。

3. 问卷统计方法

本次调研使用的问卷共有题目 39 道，题目内容涉及四个方面，大多数题目采取结构式与开放式相结合的提问手段，因此统计难度较大。在收回问卷之后，经过对有效问卷的识别与编码之后，我们使用 SPSS17. 0 专业统计软件进行模版制作，然后录入数据，最后对数据进行了描述性分析，即对其进行频数统计、分开变量进行交叉表统计运算。对于某些可以用数字量化的题目我们也进行了相关性分析。

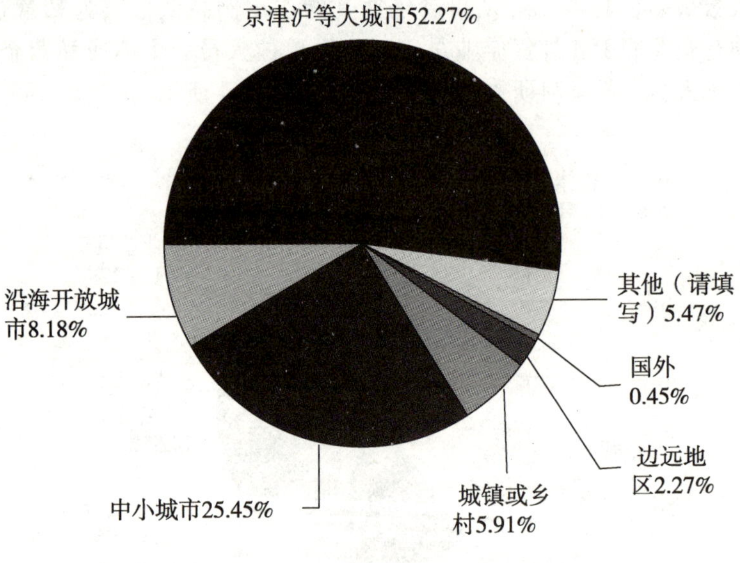

图 5

二、“成功就业”因素分析

我们在考察毕业生就业率的同时不能忽略就业者本人对所从事工作的

评价，人的本质是其具有社会性，只有从事自己满意的工作才能最大限度地发挥自身潜力，以提高工作效率，促进社会整体的进步。因此，在本次调研中我们将“成功就业”的因素定位在两个层次：第一个是关于就业者对于工作报酬、工作环境等较低需求层面的满意度；第二个是就业者对于晋升、专业的社会适应性以及自我价值的发挥等较高需求层面的满意度。

以 2009 届的毕业生为例，有 93. 27 %的人对目前从事的工作较为认同，另有 5. 45 %不满意当前从事的工作，还有 2. 27 %的人对当前的工作很不满意。满意程度的具体分布情况如图 6 所示。

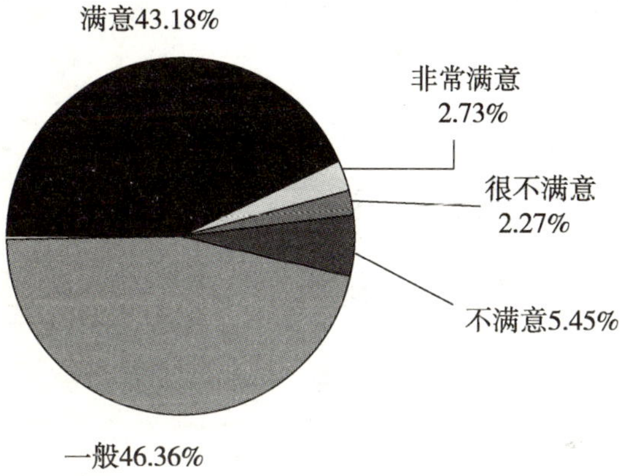

图 6

数据来源：问卷星 www. sojump. com

从哪些方面可以反映出毕业生的就业是成功的？即“成功”的特征体现在哪些因素中，下面将对“成功就业”所具有的特征做一分析。

1. 生理、安全方面的因素

一份工作是否可以满足人生理、安全方面的需要是求职者衡量是否“成功就业”的最基本的因素。调查显示，大部分毕业生将工作的薪酬、工作单位的地理位置以及工作条件作为衡量其是否“成功就业”的重要指标。从调查样本中我们发现管理学院 2009—2011 届毕业生对于工作的满意度集中在“满意”和“一般”这两个评价维度上，但是，人们对工作满意度的评价并不因报酬的升高而升高，反之，对工作的不满意程度也并非随着工资的升高而降低，也就是说工资的高低与人们对自己工作的满意度的评价并非成正比，如图 7 示：

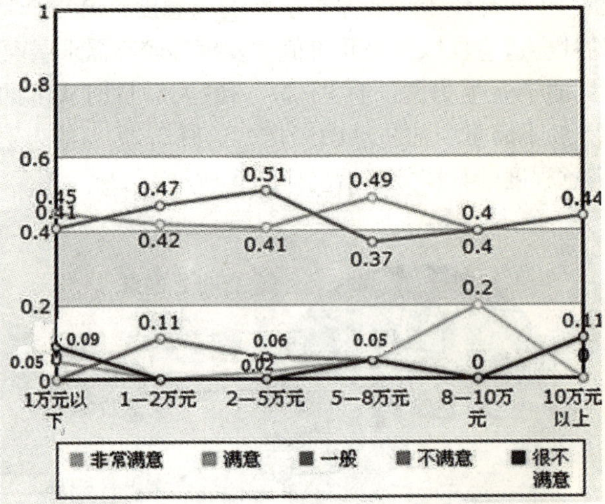

图 7

数据来源：问卷星 www. sojump. com

因此，工资报酬在所有衡量“成功就业”的因素体系中，虽有一定的影响，但其所处的地位并不重要。再从工作单位的地理位置来看，调查样本对于工作单位所处地理位置的满意程度主要集中在“满意”和“一般”这两个评价维度上。数据显示，工作单位在国外的毕业生对于此项指标评价最高，其满意度为 100%，接着满意度从高到低依次为工作单位居于中小城市、京津沪等一线大城市、城镇或乡村、沿海开放城市，而满意度最低的是边远山区，如图 8 所示：

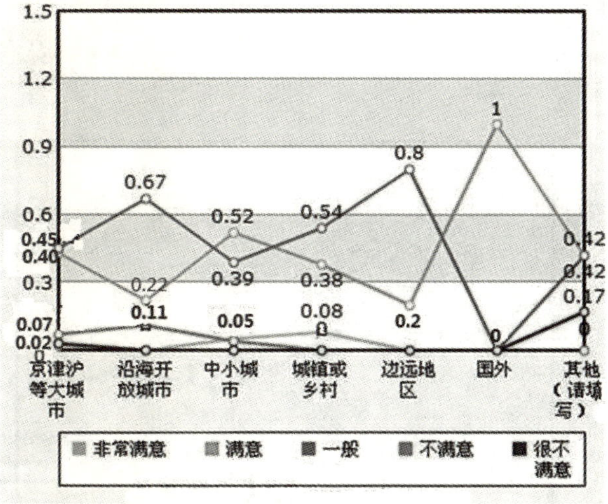

图 8

数据来源：问卷星 www. sojump. com

由此看来，调查对象对于工作的满意度并没有因为单位所处地域的优越性而相应的发生变化。因此，在界定毕业生是否为“成功就业”，工作单位的地理位置的优越性也不是处于一个非常重要的地位，但是，就调查数据来看，它在调查对象评估对自己工作的满意度时所占的比重要比工资薪酬要高。

2. 情感方面的因素

情感因素对于就职者自我衡量“成功就业”与否起着至关重要的作用。调查中，我们将毕业生因情感因素而对“成功就业”与否的评价指标主要集中在其对于工作单位晋升机制的满意度、专业的社会适应性、同事间人际关系处理方式、自我价值的提升以及家庭社会的影响等方面。

调查显示，样本对象对于工作的满意度随着晋升时间的缩短而整体上呈上升趋势，与此相吻合，样本对象对工作的满意度随着晋升时间的延长而整体上呈下降趋势，如图 9 所示：

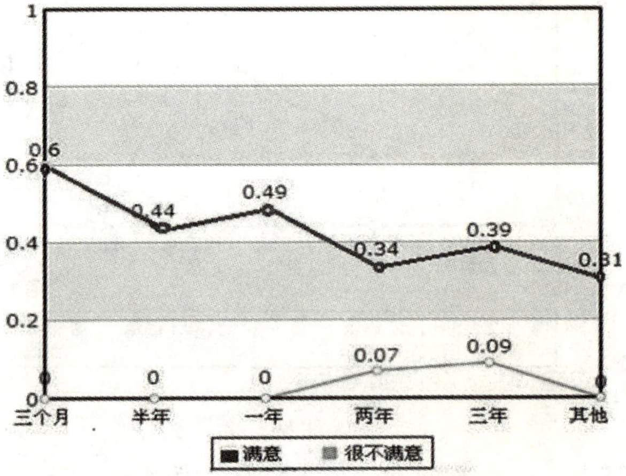

图 9

数据来源：问卷星 www. sojump. com

由此看来，是否可以得到充足的晋升机会是毕业生衡量自己的就业是否成功的一个重要指标。

另一方面，如果工作单位能提供给就职者更多的发挥自身才能，提升自我价值的机会，并且创造一种和谐的人际关系氛围，则就职者自我实现的可能性就大，因而他对工作本身的评价也就更高，从而确定自己的就业是成功的。调查显示，如果调查对象要更换工作，最可能的原因是“获得更高的福利和利润”，其次为“争取晋升机会”，而“增加自身的工作阅历”、“满足自己的兴趣和爱好”等因素也占了相当大的比重（具体情况如图 10 所示）。

选项	比例
争取更多的晋升机会	52.91%
为了满足自己的兴趣和爱好	33.64%
为了发挥自己的特长	25.45%
为了获得更高的收入和福利	68.64%
原单位的人际关系难处	1.82%
对原单位的工作难以适应	4.09%
工作单位地理上的方便程度	18.18%
为增加工作体验和阅历	35.00%
个人和家庭方面的原因	29.09%
其他（请填写）：	3.18%

图 10

综上，对于“成功就业”的界定，我们应从生理、安全较低层次的因素和情感方面的较高层次的因素这两方面去权衡。通过以上分析我们发现，从调查主体自身来看就业成功与否主要决定于情感因素，即就职人员若拥有更多的晋升机会，受到了广泛尊重，潜在的能力得到了发掘，自我价值得以充分的实现，则表明其就业是成功的。当然，工资福利，工作条件等基本因素作为衡量是否为“成功就业”的指标也是不可或缺的。因为这些生理、安全上的需求是感情需求得以实现的基础，少了这些因素做后盾，其他高层次的因素犹如空中楼阁，对就职者的激励效果也将大打折扣。因此，我们可以将决定“成功就业”的因素构建在一个三维系统中，如图 11 所示：

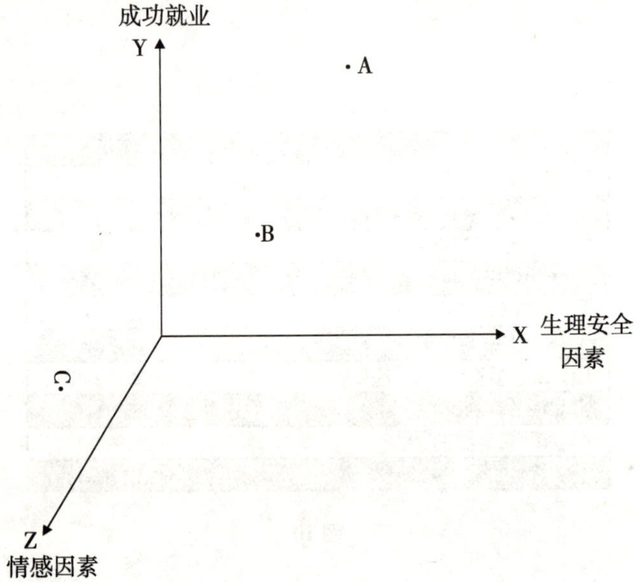

图 11

如上图所示，X 轴代表生理安全因素，Y 轴代表“成功就业”度，Z 轴代表情感因素，图中 A 点的就业成功度大于 B 点大于 C 点，换言之，“成功就业”度是由情感因素和生理安全因素共同决定的，但是它们在构建“成功就业”度的系统中，所起的作用并不一样。

既然较高的工资福利，适宜的工作环境，较大的晋升机会，融洽的人际关系是“成功就业”的标志，那么要满足这些成功因素，毕业生本人又该具备哪些特征呢？下面就将促成“成功就业”背后机制做一探讨。

3.“成功就业”因素

此次调研，我们将促成“成功就业”的因素分为三大类：一是专业技能素质。即通过考察样本对象的学历高低、在校成绩、专业分类、获得资格或技能证书的情况等与其专业技能素质相关的指标。二是非专业技能素质。包括求职者的实践经验、应对能力、社交能力、性格以及个人魅力等因素。三是社会因素。包括毕业院校的社会声誉、毕业生的家庭背景等因素。调查显示，非专业技能素质在促成“成功就业”的因素中居于主导地位，专业技能素质次之，最后为社会因素。

（1）专业技能因素。在调查对象中，个人专业技能因素在促成本人“成功就业”的因素构建中所起到的作用如图 12 所示：

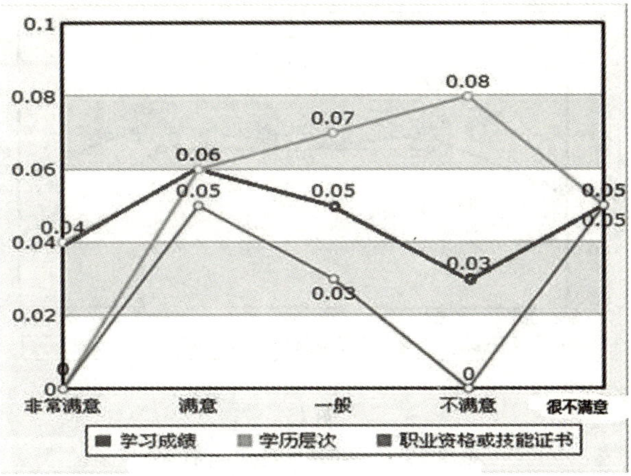

图 12

数据来源：问卷星 www. sojump. com

从上图中我们可以发现以下特点：第一，这些专业技能素质在整个“成功就业”因素构建中所占的比例很小，其中学历层次在整个“成功就业”因素构建中所占份额最大，为 8 %，而且这个最大份额是在调查对象“成功就业”度不高的维度下产生的。第二，就整体而言，“成功就业”度高的个体，其专业技能素质所包含的子因素份额分布对较为集中且这些因素的行百分比较大（如图 9 在调查样本对工作满意的维度下，学历层次、学习成绩、资格证书在“成功就业”的因素构建中所占份额集中在 0. 5 ~ 0. 6 之间，且这个水平高出专业技能因素的平均份额）。第三，在构成专业技能素质的子因素中，学历层次对促成“成功就业”的贡献最大，学习成绩次之，职业或技能资格证书起到的作用最小。

（2）非专业技能因素。非专业技能因素在整个影响“成功就业”的因素系统中所起的作用如图 13 所示：

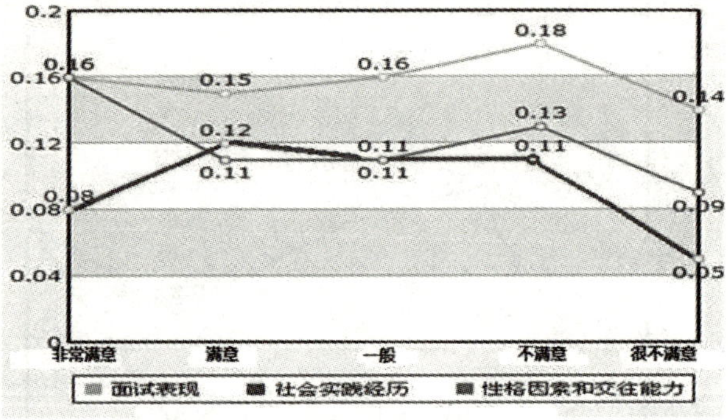

图 13

数据来源：问卷星 www. sojump. com

通过对上图的分析，我们可以得出以下结论：第一，非专业技能因素在整个“成功就业”因素系统中较专业技能因素所占的份额要高出很多。第二，在非专业技能因素的子因素中，对于促成“成功就业”所做的贡献从大到小依次为临场应变能力（面试表现）、个人气质和交际能力、社会实践经历。从本质上来说，个人气质和交际能力是贯穿于求职者的面试表现中的，所以临场应变能力也应纳入个人气质和交际能力中。第三，无论是“成功就业”者还是对自己工作不满意的样本对象，他们对这三个因素的评价是相似的。如上图，在“非常满意”的维度下，调查对象认为这三个因素在“成功就业”因素系统中所占份额从高到低依次为临场应对能力、个人气质和交际能力、社会实践经历；而处在“不满意”维度下的样本对象对这三个因素的排列从高到低依次为临场应对能力、个人气质和交际能力、社会实践经历。这种排列规律从正反两方面印证了这三种因素对“成功就业”的影响。

（3）社会因素。社会因素在整个“成功就业”的因素构建中所处的地位如图 14 所示：

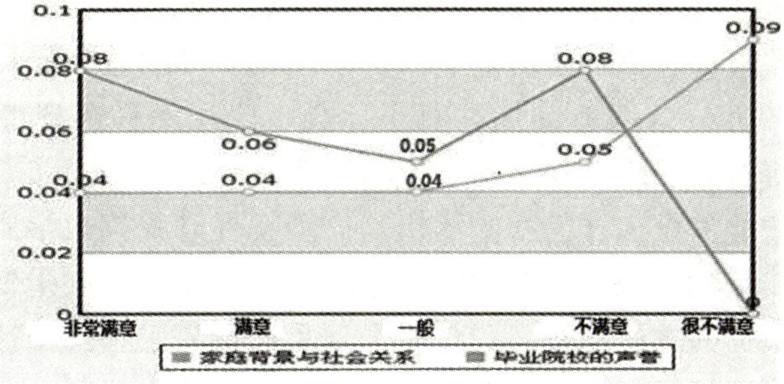

图 14

数据来源：问卷星 www. sojump. com

从上图中，我们发现社会因素对于“成功就业”的影响有以下特征：首先，社会因素在整个成功因素构建系统中所占的份额要高于专业技能因素，同时低于非专业技能因素。其次，在社会因素的子因素系统中，毕业院校的社会声誉对促成“成功就业”的贡献明显要大于家庭背景或社会关系。

综上，在促成“成功就业”的因素系统构建中，非专业技能所占的份额要大于社会因素，而社会因素所占份额又要大于专业技能。再将这三大类因素所包含的子因素进行排列，即可得到以下就业结论：临场应变能力>个人气质>社会经验>学历层次>毕业院校声誉>家庭背景和社会关系>学习成绩>资格技能证书。

三、相关对策及建议

通过以上分析，我们欣喜地看到近年来管理学院在就业工作以及学科建设方面取得的成就，但是，值得注意的是管理学院在师资配备、教学理念、教学体制等方面尚存在众多不足之处。因此，我们要扬长避短，多管齐下，打造具有管理学院特色的学科教育教学体制，从而大幅提升管理学院的“成功就业”率。

笔者认为要提升就业率就应从施教主体和学习主体两方面入手，并着实做好以下几方面的工作：

第一，巩固优势学科地位，努力提升我校综合实力。建设综合研究型大学是当今高校的发展趋势，我校现已形成了以人文学科为主体，民族类学科为特色、多学科协调发展的教学格局。但是各学科发展较不平衡，尤其是应用型理工类学科缺乏竞争优势一直是影响我校提升综合实力的瓶颈。因此，我校要在进一步巩固文、史、哲等学科的竞争优势基础上，从软件资源和硬件设备两方面加强对于社会型应用学科和理工类学科的投入，以全面提升我校综合知名度。

第二，建立健全人才需求监测机制，动态提升我校教学质量。随着我国经济转型步伐的加快，社会对于人才的需求也在日益发生变化。作为培养民族地区优秀人才的摇篮，我校要把满足社会需求、推动社会发展作为人才培养的基本原则，从而建立有效的人才需求监测机制。要建立健全人才需求机制就应做到以下几点：

其一，要重视应届毕业生就业调查工作。各院要成立专门的应届毕业生就业调查工作小组，全面负责应届毕业生就业率、就业流向以及“成功就业”因素的统计和分析工作，并且广泛倾听广大毕业生的对母校的意见和和建议，以寻求提高我校教学质量，提升“成功就业”率的最佳对策。

其二，加大师资的引进与更新力度。科学技术的不断进步使得人们的观察视角和知识结构发生了一定的变化，因此我们要为我校的师资团队不断注入新的元素，从而让我们的师资团队与社会发展保持同步，利用新的教学理念、新的教学手段、新的知识体系培养出真正满足社会需求的人才。

其三，重视实践教学环节，寻求实践教学和理论教学的最佳契合点。实践是理论的归宿，理论是实践的升华，实践是检验理论的唯一标准，而理论又可指导于实践。因此，我校要在提升理论教学质量的同时，加大实践教学环节的投入，广泛联系各种社会组织，给学生提供更多的实习机会。此外，鼓励学生多开展各种调研活动，进行模拟创业大赛等实践活动也是让学生深入社会，提高其社会适应性的良好途径。

其四，及时捕捉社会需求信息，适时修改完善专业培养方案。专业培养方案的设置是建立在满足社会需求的基础上的，因此专业培养方案也应该因社会需求的变化而做出适当的调整。首先，加强培养方案设置的连贯性和系统性，即要让学生通过学习建立明晰的专业知识框架。其次，注重培养方案的广度和深度。在设置培养方案时，不仅要使学生多涉猎一些学科门类以满足社会对于复合型专业人才的需求，更要注意主干专业课的培养深度，不仅要做到“广”更要“精”。再次，要注意培养方案的特色性，即要在专业培养方案设置中融入具有我校特色的教学理念和教育元素，以增加我校学生对就业单位的吸引力。

第三，改革教学绩效考核制度，完善就业指标激励措施。绩效考核对于教师来说是评定职称、职位升迁、获取奖金的关键；对于学生来说是各项评优的重要依据。因此，建立公正完善的绩效考核制度是实现有效激励，充分发掘师生潜力的重要途径。

综上所述，一方面，从施教主体而言，努力完善学科建设体系，不断深化专业培养方案，并在建立健全人才需求监测机制的同时，要进一步加强就业指标的激励力度。另一方面，学生作为受教主体，也应树立正确的就业观，努力提高自身的综合素质，以实现“成功就业”。具体而言，学生要想实现“成功就业”，就应从以下几方面着手：一要端正学习态度，奠定扎实的专业素养；二要加强实践能力，全面提高自身综合素质；三要及早、合理地规划大学生活；四要全面、客观地估量自身能力，树立正确的就业观。

四、总结与反思

通过对管理学院三届毕业生“成功就业”因素的调查与分析，我们欣喜地看到我校在提升就业率，完善教学硬件设施和软件资源方面所取得的成就。但是面对毕业生对于我校教学质量水平的评价，我们必须清醒地看到我校在教学方面存在的不足。因此，我们在学科体系建设，专业培养方案深化，教学理念更新，科研创新，理论与实践教学环节等方面还有很长的路要走。而作为新时代的大学生，也更应该端正学习态度，努力提高专业素养，加强实践，客观地了解自身能力，树立正确的就业观，只有这样才能在竞争激烈的人才市场中赢得商机。

参考文献

[1] 游敏惠：《青年大学生就业观探析》，载《重庆邮电学院学报》2000 年第 4 期。
[2] 付永昌：《影响大学生就业的因素分析及对策研究》，载《黑龙江高教研究》2005 年第 8 期。
[3] 陈岩松：《大学生就业影响因素调查与分析》，载《南京理工大学学报》2004 年第 4 期。

［4］吕珍珍：《影响大学生就业的因素分析》，载《中国教育研究论丛》2007 年第 1 期。
［5］赵亦芳：《实现大学生充分就业若干问题的思考》，载《经济师》2005 年第 10 期。

（作者单位：组织部人事处）

履行教育和信息服务职能，做好育人工作

——对我校图书馆人力资源管理工作的几点思考

宗玉梅

“高等学校图书馆的工作是学校教学和科学研究工作的重要组成部分。高等学校图书馆的建设和发展应与学校的建设和发展相适应，其水平是学校总体水平的重要标志。”① 图书馆是学生的第二课堂，履行着教育和信息服务的职能，担负着育人的工作。图书馆能否担此重任，图书馆事业能否实现可持续发展，关键在于人力资源以及人力资源的管理。人力资源管理的状况将成为识别图书馆实力和水准的重要指标。良好的人力资源及管理状况，将为图书馆的建设和发展提供动力，为图书馆利用各种知识资源打造核心竞争力创造条件。

一、我校图书馆人力资源及管理工作现状

图书馆人力资源管理，实质上就是为从事图书馆工作的图书馆人施展才华和发挥才干搭建高效展示的平台，发挥他们的主观能动性，使人和物都充分发挥出最佳效应。为学校的教学和科学研究提供切实有效的文献信息保障。

2000 年学校实行人事制度改革，图书馆基本实现了工作人员的全员聘用制。实行双向选择、优胜劣汰，实现了能上能下，能进能出的人事管理体制，大大激发了图书馆员工的工作积极性。2009 年学校又实行岗位设置，实现了从人员管理到岗位管理的转变。图书馆隶属学校其他专业技术系列。但是在现实中，从总体看由于制度体制及各种条件的限制，我校图书馆更注重对文献信息资源的管理和利用，而人力资源及人力资源管理工

① 教育部：《普通高校图书馆规程》（修订），教育［2002］3 号。

作现状不容乐观。

（一）图书馆员综合素质不高，知识结构不合理

《普通高校图书馆规程》明确指出："高等学校图书馆必须贯彻国家的教育方针，履行教育职能和信息服务职能，为培养德、智、体、美等方面全面发展的人才，发展教育科学文化事业，建设社会主义物质文明和精神文明服务。"

高校图书馆服务的主要对象是具有较高科学文化素养、从事各种教学或科研活动的教师和学生。它的任务是在文献资源与师生之间架起桥梁，以多种服务方式将文献、信息提供给教师与学生。高校图书馆为教学科研服务的质量和水平，在很大程度上反映着一所高校教学科研发展的水平。这样，高校图书馆的发展水平，不仅取决于经费投入的大小，同时也取决于图书馆工作人员综合素质的高低。中央民族大学要向国际知名的高水平研究型世界一流民族大学目标迈进，就需要图书馆跟上学校的发展步伐，具备一支基础知识扎实广博、学术敏感性强、具有独立科研能力、热爱图书馆事业的文献信息管理队伍。

但是，我校图书馆人员结构复杂，专业队伍文化水平偏低，高层次、复合型人才紧缺。截至 2011 年 9 月，图书馆职工 62 人，本科毕业 29 人，硕士 12 人，博士 3 人，专科 16 人。尽管从统计数字看，大专以上学历的人数比例很高，占人员总数的 97%，但相当一部分为"五大毕业生"，全日制正规院校毕业的少，许多是通过自考、成教、函授、夜大等途径拿的文凭，水平参差不齐。大部分馆员对计算机网络数据库技术不懂或者知之甚少，不能在网络环境下进行信息收集、筛选、组织和综合利用；有的外语水平低，对网上信息收集特别是系统软件运用不能得心应手。硕士以上学历占 24%，比例相对较低。这一现状与我校的发展及对图书馆的要求存在一定的距离。

（二）选人用人机制不够合理

近几年，图书馆在引进专业人才方面要求具有研究生以上学历。但是我校图书馆和国内其他大学图书馆的人事管理体制大体相同，人员都是由学校组织人事部门负责引进和调配，图书馆只是被动地接收。图书馆在任用、解聘、招聘各类专业人员方面没有更多的自主权。图书馆人力资源配置方面缺乏长期规划和前瞻性的制度化安排，导致人员引进的随意性和盲目性。有些人认为图书馆工作什么人都可以干，以前在图书馆安排学校内

部教职工子女和一些老弱病残人员，现在是安排引进人员的配偶。低学历、低水平乃至无学历者也不乏其人。他们中大多数不具备深层次文献资源的开发能力、信息导航能力和为教学科研人员创新服务的能力。这种人事管理机制，造成想要的人进不来，不需要的人退不掉，能进不能出的局面。这样，一个大学图书馆却成了“收容所”、“疗养院”，图书馆却无能为力。这种只对内、不对外的进人模式必然影响图书馆的服务质量，影响工作效率，极大地限制了图书馆的正常发展，也严重影响了图书馆的整体形象。在用人方面，有些选聘来的专业人才得不到有效合理地利用，造成了人才闲置和浪费。

（三）性别比例不合理，男女比例严重失调

由于传统图书馆工作性质比较单一、工作时间比较固定、工作环境相对稳定、工作压力不大等特点，吸引了不少女性成为图书馆员，女性馆员在图书馆工作人员数量中占绝大多数。截至2012年4月，我校图书馆现有职工61人，其中女性47人，占总人数的77%。女性馆员已经成为图书馆事业的主体和骨干。女性图书馆员也因其严谨踏实的工作作风、和蔼亲切的工作态度、认真细致的工作方法，为图书馆的发展做出了平凡而伟大的贡献。但是女性馆员优势主要集中在非智力因素方面，而在智力因素方面较弱，表现在业务素质偏低，科研水平低，再加上部分女馆员对自己的事业没有多大的追求，放松学习，安于现状。不能满足现代图书馆不断发展的需要。近年来，图书馆女性人数还在不断地增多。若女性馆员超出一定的比例，男女比例不合理而导致整体智能结构不合理，自然使图书馆缺乏自身发展的动力，会在一定程度上影响图书馆的发展。总之，女性馆员存在许多不足，这是不争的事实，女性过于集中的地方，琐事多、纠纷多，影响了女性馆员以及图书馆的整体形象。

（四）人才流失严重

在很多人的观念中，高校的人才通常是指一线的教师，在人才的培养、选拔、任用及职称的评定，甚至项目的申请等方面，教师都处于优先位置。长期以来图书馆属于教辅岗位，岗位津贴比教师低一档。2011年1月学校岗位津贴标准差额提高后，这种差距又拉大了。随着时代的发展、科技的进步，图书馆已经集科研、咨询、服务于一身，又是学生的第二课堂。图书馆实行坐班制，有严格的考勤制度，图书馆员既要天天坐班，又要完成科研任务，他们兢兢业业、埋头苦干，为学校的发展做出了自己的贡献，却在岗位津贴方面低人一等。在巨大反差面前，图书馆员心理自然产生强烈的落差，心理上也感觉低人一等，挫伤了图书馆职工的工作积极性和工作热情，削弱了他们开拓进取、积极主动和奋发向上的勇气和信心，导致了大量业务骨干特别是青年人才严重流失。再加上图书馆职工素质良莠不齐，人际关系也不够和谐，各部门各自为政，缺乏互补协作，不利于人才的成长，导致图书馆不能吸引和留住人才。据统计2006年至今图书馆员校内调动调离6人，2人调离我校（均为博士）。另外2007年以来，学校改革人员招聘办法，在部分教辅岗位招聘合同工，图书资料岗位先后招聘了13名合同制人员。这些职工基本上是本科以上学历，综合素质也比较高，但由于他们工资待遇低，且不解决户口、不接收档案，不能评职称，以后又无望转为学校正式编制，这样他们只要找到高待遇单位就辞职调离，流动性大，目前已有7人相继离开，一定程度上影响了图书馆的业务工作。

（五）人员培训重视不够

人力资源具有能动性、再生性和增值性的特征，因此图书馆应该把人作为一种资源来投资和建设，促使人力资源的再生与增值。人员培训就是途径之一。通过培训使员工更新知识、拓展视野，提高综合素质，使其潜能得到充分的挖掘。但在图书馆管理过程中，馆员的培训没有得到应有的重视。图书馆员在学习、深造方面机会非常少，有些员工在图书馆工作十几年甚至几十年，从未参加过任何性质的培训、进修学习、学术交流。最近几年我校划拨专项职工培训经费用于全校职工的学历教育，如对口专业专升本报销学费50%。但由于各种原因，图书馆职工积极性并不高。2001年至2011年只有3人参加了夜大及函授学习，拿到本科文凭。图书馆人力资源大多处于一种一成不变的原生状态，员工的潜能既得不到充分的挖掘，积极性也不能有效激发。

二、对我校图书馆人力资源管理工作的几点建议

如何发挥自身优势，使图书馆人力资源管理尽快走出危机，怎样完善图书馆人力资源的机制建设并实现图书馆人力资源的柔性组合，确实值得我们图书馆人进行深入思考和认真实践。

（一）以公平、公开的竞争为手段，完善选人用人机制

图书馆由于岗位不同，需要的人员层次、性别比例也不一样。因此，就需要图书馆领导对图书馆的人力资源配置有长远的规划，根据事业发展的目标、任务、组织设计来确定对各类人员的需求，制定开发人力资源的各项政策、制度和计划，避免人员引进的随意性和盲目性。坚决拒绝“想要的要不来，想来的不想要”的进人现象，以及把图书馆作为“收容所”、“疗养院”的短视做法。在学历结构、知识结构、年龄结构、民族结构、性别比例等方面对人员进行合理、最佳的配置，并优化比例。

在职工的选聘上，建立公平、公正、公开、竞争、择优的选拔机制。即在媒体及网站上公布人员需求的岗位、人数及条件，面向社会公开招聘，择优录用。尤其要积极引进紧缺人才，复合型人才。为了解决部分家属的就业问题，部分岗位可以在同等条件下对家属优先录用。

在用人方面，调整人员结构，优化人员配置。图书馆的服务是分层次的，为使岗位设置更加科学合理，把岗位要求和人才特点结合起来，尽量做到知识互补、能力互补、性格互补、年龄互补、关系互补。同时还要求每个图书馆员做到部分服从全局，个人服从集体，力求最大限度地发挥人的效用。既充分调动人的积极性，开发人的潜能，发挥人的创造精神，又做到人尽其才，才尽其用，用其所长，避其所短。

（二）实行以人为本的管理理念

美国心理学家马斯洛的需要层次论认为，人的需要从低到高分为生理需要、安全需要、归属需要、自尊需要和自我实现需要五个层次。当人的低层次需要基本满足后，就会向高一层次的需要发展。自我实现的本质是人的潜力和创造力的发挥。西方管理理论认为，影响生产率的最重要因素是对职工的关注。随着社会的发展，人们不仅需要物质刺激也要求工作本身能给其提供精神慰藉，需要在工作中找到意义，实现人生价值。这就需要实行以人为本的管理。

以人为本的管理，要求图书馆管理者真正亲和于员工，这不仅是表面要和员工拉近距离，更重要的是真正关心员工的前途和未来，也包括员工的学习机会、得到认可的机会和得到发展的机会。为满足其自我实现的需要，让其担负更多的责任，使他们发挥潜力，达到个人目标与组织目标的一体化。

以人为本的管理，要求各级领导要尽可能了解职工的需求，分析职工

的需求，给每个职工以应有的重视，注重发挥和调动职工的主动性和创造性。

以人为本的管理，要求管理者给职工创造适宜的工作环境和氛围，如创造各种条件调节、组织人际关系，使职工与管理者、职工与职工之间建立起良好的、和谐的关系，让工作收到事半功倍的效果。

（三）健全合理有效的激励机制

激励的目的在于调动员工的积极性，提高工作效率。这种激励可以分为外在报酬的激励和内在需求的激励。

外在报酬是指员工工作之后获得的工资、奖金、福利、休假和娱乐等酬劳。对于把工资收入作为生活来源的图书馆员工来说，提高工资收入可以激发其极大的工作热情。由于图书馆工作人员的待遇偏低，基本没有其他福利待遇，极少娱乐活动，岗位津贴与学校教学科研岗位差距较大，使得一些馆员心理不平衡，缺少成就感和自豪感，影响了工作积极性的发挥，也导致不少员工纷纷跳槽，高层次专业人才严重流失。2012 年初，学校在工资制度改革中，把图书馆等其他专业技术岗位与教学科研岗位职工的岗位津贴标准拉平，极大地调动了员工的积极性。但图书馆的职工还需要在出国学习、项目申请等方面获得同等的机会与权利。另外，对实施合同制管理的人员，应该提高工资待遇，对于每年考核优秀的人员给予物质奖励。

内在需求激励指职务内的满足，是人们从工作中直接获得的满足。管理者要了解职工的动机心理，有针对性地采取不同的激励方法，激发全体员工的工作热情和积极性。当员工工作表现和业绩突出时，应该及时地奖励。在对个别员工奖励的同时，对表现突出的部门也应该及时奖励。如果只奖励部门主任或主要人员，这个部门就会失去团队精神。奖励整个团队的做法，可以减少内部矛盾和不合作的情况，提高团队合作的精神，密切同部门员工之间的人际关系，增强凝聚力和集体荣誉感。修订合同制聘用人员管理办法，对本科学历以上人员经过实际工作的检验，若聘期内连续两年综合考评优秀，可转为正式编制，连续两年考核不合格者淘汰。

（四）注重馆员的在职培训和综合素质的培养

馆员培训的意义在于提高受训员工的工作技能、服务技巧，使之跟上知识更新的步伐。图书馆应该按层次、分阶段，根据工作性质，有系统、有组织地制订培训计划，使每个职工都有参加培训的机会。对新入职的非图书馆专业的馆员针对他们的具体岗位，进行基本的图书馆专业知识培训和服务技巧培训；对计算机能力差的老职工，进行基本的计算机操作和培训；对于学历高、知识层次相对高的一些骨干人员，进行新知识新技能的培训；对于一些专业性强的岗位如古籍部、技术部、采编部等部门，可选派相关人员进行专门的进修学习、参加学术交流；对于学历低的老职工鼓励学历深造，把学历文凭纳入岗位调换、薪酬调整的范围内，促使他们技术的更新和技能的提高。

参考文献

[1] 教育部:《普通高校图书馆规程（修订)》，教高〔2002〕3 号。
[2] 张杉杉、罗震雷、徐晓峰:《人力资源管理心理学》，首都经济贸易大学出版社 2009 年版。
[3] 王晓华、王喜春:《民族地区人力资源可持续发展论》，民族出版社 2007 年版。
[4] 索娅、阿拉坦仓:《高校图书馆人事制度改革的探索与实践》，载《大学图书馆学报》2011 年第 2 期。
[5] 金明姬:《论民族地区图书馆人力资源的管理与创新》，载《中国图书馆学会专业图书馆分会 2009 年学术年会论文集》。

（作者单位：图书馆）

民族高校学生活动的有效性指导

——以中央民族大学外国语学院为例[①]

何晓磊　谢思宁

学生活动作为校园文化不可分割的一部分，组织的好坏对学生和学校都具有十分重大的意义。一方面，广大学生可以通过形式多样的学生活动提高自己的各方面能力、锻炼才能、扩大交友、愉悦身心，使校园生活变得丰富多彩且富有意义；另一方面，对学校而言，学生活动也是校园文化氛围的具体体现。学生活动的质量、特色和内涵，无不体现着一所学校的文化、特色和内涵。而对于我国民族高校而言，丰富的学生活动更是不可或缺，因其可富含多民族的风俗文化、风土人情，具有独特的文化特色，是民族高校文化底蕴的重要组成部分。

然而，纵观当今高校的学生活动，内容繁杂混乱、名目花样繁多，可以用“多而杂”来形容，学生盲目选择参加活动，参与积极性和参与质量明显下降。就民族高校而言，学生活动也没有完全体现出其自身应有的民族特色，具有民族特色的品牌学生活动还较少。其重要原因之一就是高校对于学生活动的本身缺乏统一的管理和有效的指导。如何改善这种“多而杂”的状况，提高学生活动指导的有效性，成为摆在广大教师面前的重要课题。目前，学术界对这一问题的研究还处于起步阶段，国内大部分均是对于学生课堂活动如何有效开展而撰写的论文，关于高校学生课外活动应该如何开展，如何有针对性地指导高校大学生活动的文献屈指可数。已有文献也大多阐述较为粗浅笼统，未能将对大学生活动有效性指导融入具体的实践当中，没有提出一个明确具体的、行之有效的解决办法和途径。

针对这种现象，我们专门组建了民族高校学生活动有效性课题研究小

---

① 本文是2010—2011年度中央民族大学校级思政课题“民族高校学生活动的有效性指导——以中央民族大学为例”的成果。

组，以中央民族大学的学生活动为研究对象，以中央民族大学外国语学院的学生活动为实验对象，经过大量的实践，对“民族高校学生活动的有效性指导”这一课题进行了较为深入、系统的研究。通过对学生活动现状进行细致的观察，总结学生活动存在的问题，分析校园学生活动繁多且无精品的原因，并结合我校具有55个少数民族的文化特色这一独特点，提出合理的、科学的学生活动管理模式。通过优化对学生活动监管和指导，强化学生活动特色，增加学生活动内涵，打造学生活动的品牌。我校广大学子可以充分利用学校所提供的平台，通过组织和参与形式多样、少而精且具有实践意义的学生活动来提高自身的综合素质，培养自身的组织能力、管理能力、交际能力、适应社会等多方面的能力，并使自身的潜质得到充分的发掘。在此，我研究小组将研究成果汇总成报告，以与广大相关领域的同行分享，并为以后进一步的研究提供支撑。

一、高校学生活动的概念界定及研究路径

高校学生活动，是根据在校大学生自己的特长、兴趣、爱好所开展的具有特殊意义的活动，是高校课堂教学的重要补充和延伸，是在教学计划之外，引导和组织学生开展的各种有益的政治性、学术性、知识性、健身性、娱乐性、公益性的活动。而民族高校中的学生活动除具有以上特点外，还应兼具民族性和特色性，应通过活动展示我国各民族独特的风俗习惯和文化传承。大学生在校期间，不仅要进行专业系统知识的学习，还要注重个人能力的锻炼和培养，高校更应该以此为目标，努力为学生自身的发展创造条件，着力打造具有特定文化、特色和内涵的精品活动。因此，加强对学生活动的监管，优化学生活动的管理模式，对学生活动进行有效指导，以提高学生活动质量、打造校园品牌活动具有十分重要的意义。

基于以上的认识，我们首先对“什么是学生活动的有效指导”进行了深入的探究。第一，指导要有计划，要从实施的整体层面上进行考虑，要做好顶层设计。第二，指导要有研究，不单要研究学生活动的内容本身，更要对学生本身进行研究。对学生的研究就是要关注学生发展的需求，学生活动要适合学生发展的需要，体现学生的诉求，正契合了素质教育所提倡的“为了人的一切，为了一切的人”的理念。第三，指导要有方向，要有明确的目的性，要明确学生活动的目标是什么。第四，指导要有实践，要在实践中反复检验指导的效果，并根据反馈及时进行调整。第五，指导要有手段，应该借助网络、手机、多媒体等先进手段，强化指导的直观性

和直接性，从而提高有效性。学生活动的有效指导其实不是为了“强制”学生必须达成什么目标，而是要在学生需要时或学生探究过程中出现问题时进行指导，“帮助”学生实现活动的预期目的。同时，辅之以科学的学生活动管理模式，使我校的学生活动达到“少而精”的标准，使广大同学能够真正通过校园活动提高自身的综合素质，得到应有的锻炼。

二、目前学生活动存在的主要问题及成因分析

应当说，经过多年的探索和尝试，在学校有关部门和老师、同学们的共同努力下，我校学生活动从数量到质量上，都得到了长足发展，有了质的飞跃，对培养各民族优秀人才起到了不可估量的重要作用。但是，面对新时代大学生的成长需求，学生活动还有进一步提升的必要，尤其在活动质量和精品化、品牌化方面。通过实地观察和调研访谈，我们发现，目前我校学生活动存在问题总体可以概括为两个大的方面：一是活动名目繁多，但大多无特色、无新意、无作用、无积极影响，低水平重复严重，可称之为精品的品牌活动寥寥无几；二是社团得不到有效的监管和指导，管理和运行没有理顺。同学们面对众多社团，要么不知如何选择，要么选择后发现与预期大相径庭，无法真正在活动中受益。因此，许多学生活动已明显失去了其应有的意义和作用，突出表现就是参与度不够，积极性不高，成效不显著。

导致这些问题出现的原因有很多，主要有两个方面：一是学生社团管理方式不合理。我校学生社团受我校团委的领导和管理，但由申报成立该社团的院系进行指导，由于管理者和指导者被人为割裂，权利义务划分不明确，导致遇事相互推诿，许多学生社团的活动得不到有效的监管和指导。二是学生活动的管理体制不成熟，没有形成一套完善的、科学的、合理的、有自己特色的管理体制和方法，缺乏目的性、有效性、实践性等方面的价值考量，重活动轻效果，对学生活动的指导缺乏有效性。许多学生活动外表华丽，但实质内容相对缺乏，形式大于内容，缺乏实践意义，不能让广大学子得到应有的锻炼和提高。

三、构建基于有效性视角的优化学生活动指导模式

基于这些发现和研究，我调研小组以现有学生活动基本框架为蓝本，通过强化目的性及价值意义考量，着眼于学生活动的有效性、实践性，提

出了优化学生活动的指导方案，试图构建富有民族高校特色、“少而精”的学生活动体系。

（一）建立新型的、科学的学生活动组织管理制度和体系

学生组织是开展学生活动的直接领导团体，健全学生组织的管理制度，完善学生组织体系是提高学生活动质量的有力保障。目前，我校学生活动之所以出现繁杂且无精品，不能充分体现价值的原因就在于学生组织的管理制度和体系还存有漏洞，学生组织在运行中还存在诸多问题。鉴于此，我调研小组以中央民族大学外国语学院学生会为实验对象，对其管理制度进行了创新性的改革。我院学生会的改革工作始于2009年，即我学院第23届学生会。创新型学生管理工作机制的体系为：

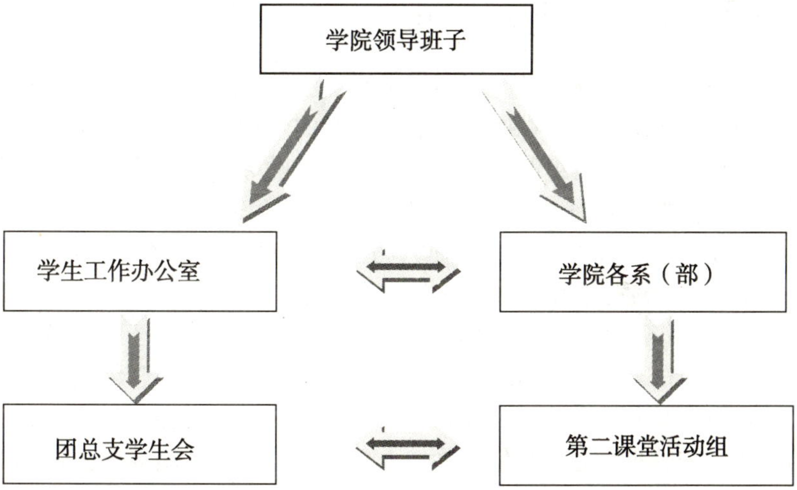

我院创新型学生活动管理机制的工作模式为：在学院党政领导班子的统一领导下，学生工作办公室和各系部各负其责，学生工作办公室主要负责学院的大型、综合性学生活动，一般由团总支学生会具体组织实施；学院各系（部）等教学单位一般负责和专业学习有关的第二课堂活动，由相应的第二课堂活动小组负责具体组织实施。学生工作办公室和各系（部）之间既有分工又有合作，相互支持、相互配合。同理，团总支学生会和第二课堂兴趣小组之间也存在合作关系。在工作中，各部门职能明确、相互配合、所有的工作流程都有据可循，以保证衔接顺畅、无责任模糊的地方。各部门内部责任明确到个人，分工细致、明确，运转效率高。

我们认为，这种管理机制的优势在于，真正着眼于学生的成长成才和

全面发展，让学生活动始终和专业学习有机渗透、相互促进、共同提高。活动的开展采取学生自我管理的模式，激发同学们的创新思维、发挥同学们的能动作用、培养同学们的主人翁意识、锻炼同学们的管理能力，让同学们真正得到全面发展。

实践证明，这样的创新性学生组织管理模式是有效的。自外国语学院学生会管理模式改革以来，其工作效率有了明显改观，并且活动质量也显著提高，呈现出井井有条、重点突出、别具特色的发展态势，形成了今日“三大品牌、一大特色”的喜人局面，即“外语之夜”、“同读一本书”、“全校外语演讲比赛”三大品牌活动，以及外语戏剧大赛、外语配音大赛、韩国饮食文化节等与专业相关性较强的特色活动。我院学生活动所取得的成绩，得到了学校领导和有关部门的充分肯定。

（二）创新学生活动组织管理理念

我院创新型学生组织管理的核心理念为：工作，不在做大，而在做细；活动，不在做多，而在做精。学生组织的管理理念就好比是学生组织的灵魂，它决定着学生组织结构的优劣、作用的大小、影响的好坏。有什么样的管理理念，就有什么样工作作风的学生组织；有什么样的管理理念，就有什么样的组织成员。因而，为了提高对学生活动的有效性指导，优化学生组织管理理念是不可缺少的一个部分。

自2009年起，中央民族大学外国语学院学生会在管理上开始逐步采取优化方案，现在，已基本形成了着重强调“人的思想和理念创新”的管理思想。我们在对大学本质思考的基础上，提出了“一切为了学生、为了学生的一切”的管理理念。我们认为，大学的本质是一个培养学生们具有健全人格和必备专业知识和技能的地方。“学会做人”是教育之本，“学会生存”是教育之基。学生会，作为学生“自我管理、自我教育、自我服务”学生自治组织，需要在管理思想上注重人的意识，需要在管理方法上实行人性化，需要在策划活动时切实从人的角度出发，才能取得好的效果，达到预期的目的。

在“一切为了学生、为了学生的一切”的管理理念的指引下，外国语学院学生会具有强大的凝聚力、号召力和影响力。学生会的全体成员相互尊重、彼此包容，并为全院同学组织策划高质量、高效率、且形式丰富多彩的学生活动，不断用创新思维为全院学生服务。以外国语学院第23届学生会为例，由于该届处于管理体制改革阶段，该届学生会的任期仅有短短的6个月（每学年8个月，通常每届学生会的任期为一学年），但他们却在这短短的6个月里，承办了中央民族大学第11届“外语之夜”，创办了中央民族大学第一届“同读一本书系列活动”、外国语学院第一届新生辩论赛和外国语学院第一届“宿舍文化节”，并且创新性地开展了女子足球联赛和元旦舞会。这样的管理理念，不仅使学生会这个组织得以优化，也使外国语学院的全体同学从中受益。自第23届学生会开始，外国语学院的全体同学对学生会这个组织十分向往，对这个组织的工作态度和工作质量十分满意，愿意积极响应学生会的号召，甚至加入这个组织来丰富自己的校园生活、锻炼自己的各方面能力。

（三）将学生思想政治教育有机渗透到学生活动当中

我研究小组经过实地考察研究发现，将学生思想政治教育工作与学生活动相结合，二者不但不会相互抵触，反而会相互促进、相得益彰，并最终达到对学生活动的有效指导。

以外国语学院的“同读一本书”系列活动为例，到目前为止，该活动已成功举办过三次。该活动始办于2009年9月份，时值外国语学院学生会管理制度改革之时，活动的倡导者是中央民族大学外国语学院院长郭英剑教授。活动开展的目的在于以高尚的精神塑造人，以优秀的作品鼓舞人，倡导同学们在快节奏、物质化的后信息时代静下心来细细品读一本好书，并能从中有所感、有所悟，使同学们养成“爱读书、会读书、读好书”的良好习惯和读书风气，同时，打造交流平台，凝聚人心。该活动所选取的书目都是院长推荐的书目，具有一定的教育意义，如《巨人三传》、《近距离看美国》和《中国，少了一味药》。在每届“同读一本书”系列活动的最后，我们都会举办一场典礼，邀请我院院长及其他著名学者来就所选书目为同学们做演讲。为了对该活动进行有效指导，达到在学生中广泛受益的效果，我院在筹划活动时，将工作做精、做细，做出效果。以中央民族大学第一届“同读一本书”系列活动为例，本次活动历时3个月，前期为阅读阶段；后期为开展活动阶段，其中包括“读后感评比”和“读书知识竞赛”两个部分。“读后感评比”活动旨在激发同学们去思考，要让同学们读有所感、读有所学、读有所获，并且锻炼同学们的中文写作能力和表达能力。“读书知识竞赛”活动旨在调动同学们的参与热情、培养同学们的团队意识和团队精神，另外，考察同学们对基础文学常识的掌握程度。为了活动的顺利开展和成功举办，我院特意组建了临时活动小组。该小组由院领导班子、党团办主任、学生工作处老师、各教研室主任及学生干部等各个层面的人员组成。队伍人员之庞大，体现了我们院领导班子对该活动的重视。在活动过程中，活动小组的全体成员本着公平、公正、严谨的态度认真对待，并进行了全面、细致的筹划和安排，工作成果得到了校领导的肯定和同学们的广泛好评，也为其他各兄弟院系带来了很大的积极影响。

“同读一本书”系列活动不仅仅是学术活动，更是具有思想政治教育意义的活动。同学们通过阅读图书、参加与所选书目相关的知识竞赛、写读后感、听讲座等一系列活动，不仅可以对所选书目有比较深刻的理解，也会在思想认识上有所提高，让同学们学会为自己的人生设置目标，并采取实际行动不断向目标奋进。从活动效果上来看，外国语学院的“同读一本书”系列活动是将学生思想政治教育渗透到学生活动当中去的成功范例。

（四）突出特色和亮点，打造我校学生活动的精品品牌

我校学生活动虽然数量很多，形式多样、内容丰富，但在突出特色、强化亮点、打造品牌方面还需要进一步努力。鉴于此，我们在实践中贯彻学生活动“少而精”的原则，积极探索，突出学生活动的特色和亮点，强化学生活动的品牌意识，让每一个学生活动都别具特色，让每一个学生活动都具有实际效益，让每一个学生活动都达到优质的标准。

以外国语学院开展的学生活动为例。我们针对我院多语种的特点，精心打造了“外语之夜”大型文艺晚会活动。“外语之夜”每隔一年举办一次，每一次都有其独特的主题，每一次都比之前有一定的突破和创新。以中央民族大学外国语学院第 23 届学生会举办的第 11 届“外语之夜”为例，整场晚会由英俄日韩法等语言支持，包含歌曲、舞蹈、话剧、服装秀等多种形式，演出人员均系我院老师和学生，节目从内容到形式，都体现了外国语学院广大师生的创新精神，使观众们眼前一亮，整场晚会，掌声和呐喊声此起彼伏，获得了全校师生的广泛好评。这样的晚会不仅大大丰富了学生的课余生活，也让全院的老师和同学们都有施展自己才能的机会，也促进了老师和同学的交流，加深了师生感情。最重要的是，大家在筹备晚会的过程中，将想象力和创造力都集中到一起，将其最优化并最终将其实现，在这个过程中，广大同学是最终的受益者。同学们的专业能力、组织能力、沟通能力、创造能力、团队协作能力等都在这一过程中得到了充分的发掘和锻炼。

另外，针对我院以英语为主的特点，我们在英语专业的同学当中开展了英语戏剧大赛和英语辩论赛等，这是同学们将专业知识与学生活动相结

合的成功典例，同学们参与此类活动的热情十分高涨，活动开展得有声有色。

四、加强教师指导能力建设，提升学生活动指导水平

对于民族高等院校学生活动管理这个问题，单单从学生本身出发来考虑还是不够完善的，教师对学生活动的指导工作有着重要的导向性作用。我调研小组在本次调研活动中，对如何提高教师对学生活动指导的有效性这个问题也进行了系统的调查和研究。我们认为提高教师对学生活动指导的有效性有以下三种途径：一是设计与制定教师指导方案，增强教师指导的计划性；二是注重加强学生活动程序性方法和问题解决方法的指导，提高指导的能效性；三是建立教师对学生活动指导的基本行为规范或指导常规，消除对学生活动指导的盲目性。

（一）设计与制定教师指导方案，增强指导的计划性

目前，高校的辅导老师在指导学生活动方面，由于缺乏一个长期的、持续的和相对稳定的指导思想，往往采取“即兴创作式”的态度对学生活动进行指导。我们认为，虽然学生活动是千变万化的，但学生活动的指导思想却应当是相对稳定的，应当在坚守有利于学生成长成才的基本价值取向的基础上，进行有针对性的指导，否则就是随波逐流、舍本逐末。我调研小组通过观察发现，目前普遍存在问题是，学生活动的目的性不强，“应景”的成分多，只管组织活动而往往忽略活动的目的、意义和效果。即使是同一类型的活动，举办思想也缺乏持续性和连贯性，使同学们身处于名目繁多的活动之中而不知该如何取舍，同时也会使学生会等学生组织中的成员盲目地筹办各式活动但却不知其终极目的所在。这样的指导行为，不仅不利于学生的锻炼和提高，也不利于学校打造特色和品牌的学生活动，可以说是“双输”。因此，我们认为，要想对学生活动进行有效的指导，首先要做好顶层设计，设计与指定教师指导方案，以增强教师指导的计划性，避免学生们盲目地筹备活动、盲目地参加活动，既“劳民伤财”又浪费同学们的宝贵时间。如果指导教师在指导学生活动之前能制定一套完整的指导方案，那么校园学生活动就会逐步走向“少而精”的发展方向，学生活动的质量也将有所保证，学生活动的特色和校园精品活动也会逐步打造出来。

（二）注重加强学生活动程序性方法和问题解决方法的指导，提高指导的能效性

学生活动说到底，其目的是为了学生。学生活动不仅仅是丰富校园生活、丰富学生们课余生活的一种手段，更是一个培养同学们思维模式和锻炼同学们能力的平台。我们应该把这个平台搭建好，让同学们通过筹备活动和参与活动从中得到应有的培养和锻炼。我调研小组在实地调查中发现，很多辅导老师在对学生活动进行指导时，并没有注重培养学生们的思维模式，也不注重锻炼学生们的能力，仅仅是通过简单的“发号施令”的方法完成指导工作。很多积极参与到学生会等学生组织的同学，只是从事简单的体力劳动。一方面，学生各方面能力并没有得到实际的提高，另一方面，也无形中增加了教师的工作量，指导的能效性很低。

基于以上这些现实的问题，我调研小组认为，教师在指导学生活动时应该注重加强在学生活动程序性方法和问题解决方法上对学生进行指导。程序性方法是指培养学生们的做事思维模式，使同学们在筹办活动时做到有条理、有步骤，各部门在筹备活动时要依照活动程序各司其职，并相互配合，使整个筹办小组的人员调配最优化，做到省时省力、高效高质。问题解决方法是指锻炼同学们解决问题的能力，这是当今社会高校毕业生必须具备的能力，我们不怕在筹备和举办活动过程中出现问题，但我们一定要锻炼同学们解决和处理这些问题的能力，这样同学们才能在筹备和参与活动的过程中真正地得到锻炼和提高，从中有所收获。

（三）建立教师对学生活动指导的基本行为规范或指导常规，消除指导的盲目性

我调研小组在实地观察过程中发现，目前许多高校辅导员缺乏作为一名合格的辅导员应具备的专业素养，因而往往盲目地对学生活动进行指导。鉴于此，我调研小组建议高校管理层在加强培训的基础上，建立教师对学生活动指导的基本行为规范或指导常规，以规范辅导教师对学生活动的指导方法和方式，消除对学生活动指导的盲目性。高校管理层还可以根据制定的“规范”对各院系的辅导员进行相关考核，使辅导员队伍更加规范化，同时，促进辅导员对学生活动的指导工作，以达到对学生活动进行有效性指导。

通过本次课题的研究，我调研小组对民族高校学生活动有效性指导的概念进行了廓清，探寻了有关研究路径，分析了存在的问题及成因。同时，以中央民族大学外国语学院为例，提出了基于有效性视角的学生活动组织构架，就有关优化学生活动的指导方案进行了剖析，并从辅导教师角度出发，对如何做到优化学生活动的指导进行了较为深入的探讨。我们相信，优化和完善我校学生活动的管理模式和方法，提高学生活动指导的有效性，不仅可以使我校学生活动少而精，各具特色，百花齐放，还可以使我校广大学子通过丰富多彩、形式多样的学生活动来充分挖掘潜力，提高自身的综合素质，锻炼自身各方面的能力，成为一名合格的大学毕业生。

（作者单位：外国语学院）